LE VAMPIRE DU MILIEU

Des mêmes auteurs

La Chine sera-t-elle notre cauchemar ? Les Dégâts du libéral-communisme en Chine et dans le monde, Mille et une nuits, 2005.

Ouvrages de Philippe Cohen

Le Grand Bluff républicain : à quoi servent les élections ?, Arléa, 1997.

Protéger ou disparaître : les élites face à la montée des insécurités, Gallimard, coll. « Hors série Connaissance », 1999.

La Face cachée du Monde : *du contre-pouvoir aux abus de pouvoir* (avec Pierre Péan), Mille et une nuits, 2003.

BHL, une biographie, Fayard, 2005.

La Face kärchée de Sarkozy (avec Richard Malka et Riss), Vents d'Ouest-Fayard, 2006.

Au revoir Royal. Entretien avec Marie Noëlle Lienemann, Perrin, 2007.

Sarko Ier, (avec Richard Malka et Riss), Vents d'Ouest-Fayard, 2007.

Carla et Carlito ou la vie de château, 12 bis-Fayard, 2008.

Notre métier a mal tourné. Deux journalistes s'énervent (avec Élisabeth Lévy), Mille et une nuits, 2008.

Ouvrages de Luc Richard

Voyage à travers la Chine interdite, Presses de la Renaissance, 2003.

Pékin 2008. Pourquoi la Chine a déjà gagné, Mille et une nuits, 2008.

Philippe Cohen
Luc Richard

Le Vampire du Milieu

Comment la Chine nous dicte sa loi

MILLE ET UNE NUITS

Couverture : Olivier Fontvieille, Off.

ISBN : 978-2-84205-985-9

« Observons avec calme,
garantissons nos positions,
gérons les affaires avec sang-froid,
cachons nos capacités et attendons notre heure,
sachons garder un profil bas,
ne prétendons jamais au leadership,
toujours cherchons des réalisations. »

DENG XIAOPING
(*la stratégie en 28 caractères*)

Avertissement

Pouce, on ne joue plus ! Les grands enfants qui peuplent le monde des élites mondialisées sont en train d'en prendre conscience : les dirigeants chinois sont des « kantiens » en peau de lapin. Le Président Hu Jintao a placé sa diplomatie publique[1] sous les auspices bienveillants de l'« harmonie internationale » qui rappelle la « paix perpétuelle » du philosophe allemand. La Chine offre depuis des années le visage avenant d'un pays qui s'ouvre au monde, séduit les touristes et redonne du pouvoir d'achat aux populations des pays développés. Mais le monde médusé a redécouvert en décembre 2009 que la peine de mort reste en vigueur dans le pays, que rencontrer le dalaï lama demeure un crime diplomatique pour le Parti communiste chinois (PCC) et que les enquêtes concernant le piratage des boîtes e mails de Google remontent à des hackers chinois

1. La diplomatie publique se définit comme l'action internationale d'un État en direction d'acteurs non étatiques : citoyens, entreprises, ONG, etc.

dont le lien avec le régime est évident. Le 12 mars 2010, Rana Foroohar et Melinda Liu publient dans l'hebdomadaire libéral américain *Newsweek* un cri d'alarme angoissé. Le titre de l'article : « Le monde appartient à la Chine, nous ne faisons qu'y vivre » (« It's China world, we're just living in it[1]. ») La Chine est responsable de la disparition de deux emplois industriels sur cinq en France depuis trente ans[2]. Même Éric Le Boucher, éditorialiste aux *Échos* et insatiable barde de la société de marché, a arrêté de gratter sa mandoline : « La Chine, écrit-il, après avoir aspiré les productions industrielles sur son territoire, est en passe de s'imposer dans les secteurs de haute technologie. Que restera-t-il en France, en Europe, en Amérique[3] ? » Attention M. Le Boucher, avec de tels propos, vous allez attiser la sinophobie !

Cette Chine aimable devenue la vitrine de l'art contemporain, qui s'apprête à recevoir à Shanghai les 70 millions de visiteurs de l'Exposition universelle, fouille dans les boîtes aux lettres électroniques des dissidents mais aussi des journalistes et des hauts fonctionnaires étrangers. Effroi, double langage, gueule de bois.

George Orwell nous avait pourtant prévenus : le langage totalitaire manie volontiers les contraires. « La guerre, c'est la paix ! » proclamait Big Brother dans

1. Article traduit par Nouvelobs.com, 16 mars 2010.

2. « La désindustrialisation en France », par Lilas Demmou, document de travail de la Direction générale du Trésor et de la Politique économique, ministère de l'Économie et des Finances, février 2010 – cité par Emmanuel Lévy : « 63 % des destructions d'emploi françaises dues à la mondialisation ! », Marianne2, 23 février 2010.

3. « La Chine est irresponsable », Slate.fr, 20 janvier 2010.

son roman, *1984*. Avec son « harmonie universelle », le slogan de Hu Jintao, la Chine obéit à cette règle du langage consubstantielle au totalitarisme. La Chine attaque. Et c'est sans doute pour mieux masquer tous les points de conflit qui demeurent au cœur de sa relation avec le monde que les dirigeants chinois s'entichent d'harmonie.

À Pékin, on a créé, voici quelques années, un « Bureau du patrimoine » dont le nom résumait la vocation. Allait-on enfin sauver l'architecture chinoise en la préservant de la rapacité des promoteurs immobiliers ? Ce noble intitulé abrite au contraire les pires opérations de promotion immobilière. Les habitants de tout quartier de la capitale que l'on s'apprête à raser peuvent bien se réjouir de voir les banderoles de ce Bureau du patrimoine précéder de peu l'arrivée des bulldozers, on rase les *hutong*, ces quartiers de ruelles qui enserrent les maisons traditionnelles aux cours carrées, mais c'est pour mieux « préserver le patrimoine ».

La même comédie se joue dans le commerce. Officiellement, la Chine a basculé dans l'économie de marché depuis plus de trente ans. Mais seuls les idiots utiles du système – et ils sont plus nombreux dans les pays développés qu'en Chine – ont pris au sérieux cette assertion, à moins qu'ils ne fassent semblant par pur intérêt. En réalité, le PCC ne cesse d'accroître sa mainmise sur le monde des affaires dans le pays. Neuf ans après l'entrée de la Chine dans l'Organisation mondiale du commerce, ses partenaires occidentaux attendent toujours une lutte efficace du gouvernement chinois contre la contrefaçon, l'éclosion d'un droit des affaires indépendant, de même que les ouvriers attendent toujours la création d'un droit du travail respecté uniformément par tous les patrons chinois. Quant aux pauvres Européens, que le numéro un chinois ne prend même plus la peine d'écouter trois quarts d'heure[1], ils compilent à Bruxelles leurs griefs et récriminations contre toutes les entraves au bon fonctionnement du marché. Nous en sommes à 400 pages de jérémiades. *And so what ?*

Que cache l'estimable formule de l'harmonie universelle ? La découverte, par les dirigeants chinois, que l'économie est la continuation de la guerre par d'autres moyens, selon la formule de Paul André[2]. Les dirigeants chinois rétorqueraient qu'ils ne font qu'exiger la place que mérite leur pays, ne serait-ce que par sa taille : si la population chinoise représente 20 % de l'humanité, pourquoi le pays ne jouirait-il pas, en peuple laborieux et courageux, de 20 % des richesses du monde, et non pas de 6 ou 7 % comme aujourd'hui ? Passons sur le fait que la dévaluation du yuan agit en trompe-l'œil : si on estime à sa véritable valeur la monnaie chinoise, la part du pays dans le PIB mondial se rapproche à grands pas du seuil des 20 %. Ce qui inquiète le monde est d'une autre nature : la montée en puissance de la Chine coïncide, c'est une évidence,

1. Allusion au bref sommet sino-européen du 30 novembre 2009 à Nankin entre Frederick Reinfeld, Wen Jiabao et Manuel Barroso.

2. *La Notion d'État dans la pensée politique chinoise et ses conséquences sur la scène internationale*, thèse de doctorat de sciences politiques, Université Paris-Est, 2009.

avec le déclin des pays développés et surtout avec un horizon de plus en plus obstrué pour leurs classes moyennes. On nous serine que les deux phénomènes sont sans rapport. Un Parisien élégant peut se faire couper une superbe chemise sur mesure à Pékin[1] pour la modique somme de 7 euros. Le même service lui coûterait vingt fois plus cher dans la capitale. Formidable gain de pouvoir d'achat, applaudissent les économistes. Or, si ce même Parisien est aussi un père de famille qui doit entretenir ses deux enfants diplômés, mais chômeurs, ce gain est très illusoire… La démonstration vaut aussi si l'on achète une paire de collants chez H&M plutôt qu'une paire fabriquée en France ou en Italie.

En dépit des assertions réitérées de quelques économistes et des phrases volontaristes et rassurantes des hommes politiques, l'intuition du salarié occidental est que la croissance chinoise ne lui apporte pas que du bonheur. Nous cherchons à vérifier en quoi il a raison, ou tort. En 2005, nous avions publié *La Chine sera-t-elle notre cauchemar ?* en pleine euphorie « sino-béate ». Notre thèse était simple : nous formulions que l'insertion de la Chine dans la mondialisation ne serait profitable ni aux classes populaires chinoises, surtout celles des campagnes, ni à celles des pays développés. Nous ajoutions que le marché n'engendrerait pas forcément la démocratisation du pays. Le livre connut un certain succès auprès de ses lecteurs, mais les experts

1. Encore faut-il bien choisir le fournisseur : il y a en Chine des stocks considérables de boutons friables dont la durée de vie excède rarement les deux mois…

et les journalistes firent la moue, quand ils ne haussèrent pas les épaules. Cinq ans après, la Chine est partout. Non seulement parce que nos chemises et nos ordinateurs sont fabriqués là-bas, mais aussi parce que le capital chinois est parti à l'assaut du monde.

Nous avons donné pour titre à notre ouvrage « Le Vampire du Milieu ». Par plaisir du jeu de mots, pour signifier que le capitalisme de copains qui émergea à Shanghai et à Shenzen il y a trente ans est devenu prédateur hors des frontières chinoises. Et par volonté de désigner une situation réelle, car la Chine et son régime libéral-communiste vampirisent ses pays voisins comme les productions industrielles des pays éloignés. Elle vampirise par ses multiples contrefaçons comme elle mêle intimidation et séduction envers le grand rival, les États-Unis. Ce « Vampire du Milieu » possède indéniablement des muscles puissants que nous avons tenté d'identifier : les usines chinoises et leur redoutable efficacité, la valeur du yuan favorable aux exportations, les fonds souverains et les multinationales chinoises encadrés par un dirigisme étatique. Il bénéficie de la complicité active des multinationales américaines et européennes qui profitent des prix chinois. Le Vampire a aussi des bras, en l'occurrence une immense diaspora d'étudiants, de cadres et de commerçants installée de Dakar à Astana et de Prato à Phnom Penh. Elle alimente la mère patrie en capitaux et, de plus en plus, en savoir-faire. Quitte à espionner et à copier les innovations et les découvertes que l'intelligence du monde imagine pour notre bien-être. Car le « Vampire du Milieu » a de grandes oreilles que les Français, souvent insouciants, tardent à percevoir : nous nous sommes, en quelque sorte, endormis quand la Chine s'est réveillée, comme l'avait justement annoncé Alain Peyrefitte[1], qui n'était pas le plus imbécile des gaullistes.

Cette faiblesse envers le Vampire se comprend : la Chine sait aussi enjôler. En langue diplomatique, cela s'appelle le *soft power*. À nous de saisir quels objectifs sont poursuivis à travers la diffusion du mandarin, du tai-chi ou de la médecine chinoise, toute la culture traditionnelle orientale qui a tant d'attrait pour nous.

Économie, énergies, intelligence économique, diaspora, *soft power*, où s'arrêtera la Chine ? Voilà ce que ne se demandent plus nos dirigeants, qu'ils coiffent des pays ou des entreprises : devant un compagnon de jeu aussi puissant, ils préfèrent rentrer la tête dans les épaules, ou faire mine de sourire. Personne aujourd'hui n'ose plus rien dire à la Chine, comme si son leadership imminent, dont chacun fait comme s'il était déjà arrivé, ne pouvait tolérer la moindre contestation. Dans un texte adressé à ses lecteurs chinois, Hubert Védrine mettait en garde les dirigeants du PCC : « Les autorités chinoises mesurent certainement le problème que représenteraient pour elles une coalition des inquiétudes et un rapprochement entre les États-Unis, l'Europe, l'Inde, le Japon et la Russie[2]. » Notre ancien ministre se trompe, à moins qu'il

1. *Quand la Chine s'éveillera... le monde tremblera*, Fayard, 1973.
2. « L'émergence de la Chine vue de France », *Politique étrangère,* automne 2006.

ne bluffe : la coalition qu'il évoque a peu de chance d'exister, comme si la Chine avait su entraîner tous ces pays dans les eaux glacées d'un égoïsme néo-nationaliste.

Le Vampire du Milieu n'est donc pas une métaphore gratuite. Nous souhaitons exposer sous tous ses aspects le nouveau pouvoir d'influence de la Chine, interpeller les élites et les dirigeants, et provoquer un large débat.

Nous avons donc choisi de donner à lire, sans fard, la réalité du régime… Oui, l'harmonie universelle de M. Hu Jintao ne cache plus le dessein de son Parti : la Chine attaque, et ses adversaires-partenaires semblent encore paralysés.

1

Le nerf de la guerre : *mingong* corvéables et yuan faible

La Chine est en train de changer le monde. Personne, aujourd'hui, ne peut contester cette réalité. Mais les analystes s'interrogent. Quel est donc le socle de cette croissance chinoise qui dure sans discontinuer depuis la fin des années 1970 ? S'agit-il de la taille du pays ? De la formidable capacité de labeur du peuple chinois ? La croissance repose-t-elle sur la stratégie de Deng Xiaoping qui a créé quatre zones économiques spéciales pour attirer les investissements étrangers, et notamment ceux des Chinois d'outre-mer ? Toutes ces données de base ont certes joué à l'origine, mais la croissance chinoise et surtout la facilité avec laquelle l'économie de la Chine s'est insérée dans la mondialisation nous semblent reposer sur un double atout très compétitif : le faible coût de la main-d'œuvre et la faiblesse de la monnaie chinoise. Or, ces deux questions font débat parmi les observateurs.

Le faible du coût du travail en Chine est-il transitoire, comme il l'a été en Corée et au Japon lors de la phase de décollage de ces deux économies ? Ou bien la taille de la Chine et la spécificité de son régime libéral-communiste sont-elles constitutives de ce qui serait alors un dumping social durable ? Les réponses à ces deux questions divisent les analystes, et le temps passant ne les réconcilie pas. En 2005, dans notre premier ouvrage, *La Chine sera-t-elle notre cauchemar ?*, nous avions pris clairement position. Ceux que nous qualifions de « sino-béats » pensaient mécaniquement que la Chine emprunterait le même chemin que les pays émergents qui l'ont précédée. « Donnez du temps à la Chine » disaient-ils ! Leur position était dominante[1]. Or, nous écrivions strictement l'inverse : « Contrairement aux péroraisons d'économistes, d'experts et de journalistes peu rigoureux, on ne constate en Chine aucune corrélation entre la croissance économique et le salaire des ouvriers[2]. » Plus loin, nous affirmions encore que l'« observation détaillée du décollage » chinois montrait que le régime était « bien décidé à tout faire pour maintenir durablement son avantage compétitif, à savoir le bas coût de sa main-d'œuvre[3] ».

1. Il suffit de se rappeler le succès d'un livre comme celui d'Erik Izraelewicz, *Quand la Chine change le monde*, Grasset, 2005. Ce livre, quoique très instrumentalisé par les « sino-béats », émettait cependant des réserves sur l'issue du décollage chinois.

2. *La Chine sera-t-elle notre cauchemar ?*, Mille et une nuits, 2005, p. 192.

3. *Ibid.*, p. 222.

Lors de la parution de notre livre, notre « pessimisme » fut vilipendé chaque fois, ou presque, que nous étions conviés à un débat. Oser donner des chiffres et assurer que, contrairement à ce que l'on aimerait voir advenir, il n'y avait pas de hausse des salaires, était un scandale. Ces polémiques nous ont rendus très prudents, voire frileux sur le sujet. Depuis l'hiver 2005, nous avons consciencieusement pris note de tous les faits et articles pouvant venir contredire cette thèse absolument centrale dans notre réflexion sur la place de la Chine dans le monde.

Défendre une thèse quand on est journaliste est un exercice risqué. Le journaliste n'a pas la légitimité de l'expert ni du chercheur. Il reste un humble témoin du réel et ce statut l'incite à une certaine prudence qui confine parfois à une forme de lâcheté. Il n'empêche, ne défendant, quoi qu'on en pense, aucune théorie préétablie, nous étions tout prêts à reconnaître que les choses avaient évolué si l'observation du réel nous en avait convaincus. Aujourd'hui, il faut nous rendre à l'évidence : notre intuition, à l'époque étayée par un faisceau de faits, était la bonne, et ceux qui pensaient, classiquement, que le décollage de la Chine suivrait celui du Japon ou de la Corée se sont trompés. L'écart entre le salaire chinois et celui des Occidentaux s'est non seulement maintenu, mais il s'est encore accru. Ce n'est pas nous qui l'affirmons, c'est Antoine Brunet, président d'AB Marchés et ancien chef stratégiste à HSBC France : « En 2004, j'étais invité à faire un exposé au siège social d'une grande entreprise manufacturière européenne présente en

Chine et aux États-Unis. Les responsables m'avaient soumis à une devinette : "Quel est le rapport entre le coût salarial horaire moyen dans leurs douze usines en Chine et le coût salarial horaire dans leur dizaine d'usines aux États-Unis ?" Je croyais être audacieux en répondant "1 à 40". "Non, ont-ils corrigé, le rapport est de 1 à 80 ! Et ce rapport ne tient compte ni de la productivité (qui est la même de toute façon), ni de la flexibilité, beaucoup plus élevée en Chine qu'aux États-Unis[1]. » Et Antoine Brunet de commenter cette annonce stupéfiante : « Voilà les chiffres auxquels nous sommes confrontés. Du jamais vu dans l'histoire du monde ! Il y a une période pendant laquelle l'Europe, avec son agriculture intensive, a été confrontée à la concurrence de l'agriculture extensive en provenance de Russie, d'Australie, des États-Unis, du Canada et d'Argentine et où, selon Jacques Marseille, les produits agricoles en provenance de ces pays, comparés à ceux produits par la France, l'Allemagne et la Grande-Bretagne, étaient dans un rapport de 1 à 40. Là, nous sommes dans un rapport de 1 à 80 pour tous les produits manufacturés. Voilà l'enjeu des relations internationales… »

1. Colloque « La France et l'Europe dans les tenailles du G2 ? » (18 janvier 2010, Fondation Res Publica).

La croissance vue du taxi pékinois

Antoine Brunet a raison de s'alarmer : si ce qu'il dit est vrai, entre 2005 et 2009, l'écart entre le coût du travail européen ou américain et celui du travail chinois, qui était déjà de un à trente, a plus que doublé ! Admettons cependant que son exemple soit extrême[1]. Il reste que de nombreux autres indices montrent à tout le moins que l'écart de salaire entre la Chine et les pays développés ne s'est pas réduit. Ces observations sont confirmées par le résultat d'enquêtes faites en Chine même, surtout depuis la crise de septembre 2008.

Lorsque nous partons en janvier 2009 dans le sud de la Chine enquêter sur l'impact de la crise sur l'emploi, les autorités de Pékin sont sur le point d'annoncer que 20 millions de travailleurs migrants, les fameux *mingong*, ont perdu leur travail en raison de la chute des exportations de la Chine vers les États-Unis. Or, ces exportations, avec les investissements directs étrangers, sont l'un des piliers de la croissance chinoise. Celle-ci a pris son essor dans les années 1990, puis s'est envolée avec l'entrée de la Chine dans l'OMC en décembre 2001. Juste avant que n'éclate la crise, les exportations de la Chine représentaient 45 % de son PIB,

1. Il faut toutefois relativiser la notion de « salaire chinois » : compte tenu de la taille du pays, les disparités entre les régions côtières et intérieures peuvent être considérables. C'est d'ailleurs ce décalage qui a fondé l'optimisme de ceux que nous qualifions de « sino-béats ».

situation anormale pour un pays de 1 300 millions d'habitants. En 2001, au moment de son entrée dans l'OMC, l'excédent commercial chinois était de 22,5 milliards de dollars. Il est passé à 102 milliards de dollars en 2005, 177 milliards en 2006 et près de 300 milliards pour 2008. La crise financière de l'automne 2008, en se propageant à l'économie réelle, a stoppé net ce mouvement : les exportations chinoises ont baissé de 25 % au premier semestre 2009, et leur contribution à la croissance chinoise de 47 %[1].

Avant que n'éclate la crise, la pénurie de main-d'œuvre venue des campagnes[2] ainsi que les revendications croissantes de *mingong* plus éduqués ont contraint les autorités et les chefs d'entreprise des régions côtières à négocier et à concéder quelques avantages sociaux aux ouvriers. À partir de 2005-2006, les salaires auraient commencé à connaître une faible augmentation. En 2007, une loi sur le travail a été votée par l'Assemblée nationale populaire : celle-ci prévoit de réduire le nombre de salariés sans contrats, de faire payer les heures supplémentaires et d'obtenir des négociations salariales dans les grandes entreprises. D'après les avocats proches de la mouvance des droits civiques, spécialistes des conflits du travail que nous avons

1. Voir l'article de Rémi Bourgeot dans Marianne2, « L'Europe muette face aux excès de Pékin », 18 janvier 2010 (http://www.marianne2.fr/L-Europe-muette-face-aux-exces-de-Pekin_a183518.html).

2. Causée notamment par l'arrivée sur le marché du travail des premières générations issues de la « politique de l'enfant unique ».

rencontrés, l'impact de cette loi a été très faible, car elle a été très peu appliquée. Ce léger mouvement vers une amélioration a été stoppé en 2008.

On en est donc encore et toujours au même point : aucune progression des salaires n'a été enregistrée.

Rappelons que l'abondance de statistiques sur la Chine n'éclaire guère les chercheurs sur la situation réelle des ouvriers. Qu'il s'agisse du salaire des migrants ou de celui des cadres, techniciens et ingénieurs, il est très difficile d'appréhender leur évolution : « Il n'y a tout simplement pas de statistiques officielles sur ces questions », explique Pierre Mongrué, de la mission économique française en Chine rattachée à l'ambasssade de France[1]. Les données sont régionales et le plus souvent réglementaires. La connaissance du salaire minimum du Sichuan est utile, mais ne nous renseigne guère sur l'évolution du pouvoir d'achat en Chine. Il faut donc prendre son bâton de pèlerin et collecter un certain nombre d'indices de façon artisanale. Nous ne connaissons pas d'autres méthodes pour approcher la vérité du terrain chinois.

Pour ce qui est de la question des salaires et de la flexibilité dans les usines manufacturières, fer de lance des exportations, entre janvier et mars 2009, dans la région de Canton puis dans celle, voisine, du Jiangxi, nous avons réalisé des dizaines d'entretiens avec des *mingong*, des responsables d'ONG, des avocats du travail. Qu'en ressort-il ? Selon Zhang Zhiru, responsable de Chunfeng, une ONG basée à Shenzhen et qui pro-

1. Entretien avec l'auteur.

pose une assistance juridique aux travailleurs migrants, « une étude citée par le journal de Canton *Nanfang Zhoumou*[1] montre que le pouvoir d'achat mensuel des *mingong* dans le delta de la rivière des Perles, entre 1993 et 2005, a augmenté de 68 yuans (7,20 euros) seulement. La situation s'est cependant améliorée ces dernières années, notamment avec l'entrée en vigueur de la nouvelle loi sur le travail (2007) ». À Shenzhen, la loi a reçu un début d'application réelle, mais de vigoureuses protestations sont venues… des chambres de commerce américaines et européennes ! Celles-ci ont argumenté sur le fait que la mise en œuvre d'une telle loi risquait de faire perdre aux marchandises fabriquées en Chine leur avantage comparatif. Selon les patrons européens et américains, la loi réduirait la flexibilité et augmenterait le coût du travail. Et pour Dany Lau Tat-pong, président de l'association des PME hongkongaises que nous avons rencontré, « cette loi a causé beaucoup de dégâts »… Toujours est-il que la crise a mis un coup d'arrêt à ce début d'amélioration sociale. Le nombre des conflits sociaux a augmenté sans qu'ils menacent toutefois la « société harmonieuse » chère aux maîtres du pays. Lors d'une enquête réalisée à Dongguan en janvier 2009, nous avons discuté deux ouvrières d'une usine qui sous-traite une partie de la production de chaussures de sport de la marque américaine Nine West. Avec la crise, les commandes venues des États-Unis se sont taries. Quelques semaines avant que nous

1. http://finance.sina.com.cn/leadership/cjzh/20051226/03002226785.shtml

rencontrions les ouvrières de l'usine Longhong, le patron a subitement disparu alors qu'il devait verser les arriérés de plusieurs mois de salaire aux 230 employés de l'usine. Les ouvrières se sont retournées vers les autorités qui, dans un premier temps, ont envoyé la police matraquer et jeter en prison celles qui protestaient. Dans un deuxième temps, les autorités ont versé 60 % des salaires dus avant d'inciter les *mingong* à rentrer dans leurs villages, à la campagne, sans doute pour calmer les esprits.

Pourquoi la multiplication de mouvements sociaux de ce type ne débouche-t-elle pas sur une explosion de grande ampleur ? En fait, les milliers de conflits qui éclatent dans le delta de la Rivière des perles – la région de Canton, de Shenzhen et de Dongguan – ne s'articulent pas les uns avec les autres, et ils ne portent que des revendications locales, limitées, dans un contexte où sont écrasées toutes les tentatives d'organisation collective des *mingong*. Et les autorités satisfont une partie des revendications – comme dans le cas de l'usine Longhong. « Pour qu'il y ait une explosion sociale, il faut un détonateur. Or, il n'y a rien de tout cela à l'horizon », nous a expliqué Han Dongfang, responsable du China Labour Bulletin, un organisme basé à Hongkong qui défend les droits des ouvriers.

La crise a stoppé net toute avancée sociale

Que sont devenus ces millions de *mingong* subitement privés de travail ? Selon Duan Yi, avocat spécialisé dans les conflits du travail établi à Shenzhen, « la nouvelle génération de *mingong*, qui a un meilleur niveau d'études, est différente des précédentes. Ces jeunes d'une vingtaine d'années veulent profiter de la vie citadine. Souvent, ils ne connaissent plus rien à l'agriculture. À la campagne, la surface de terres arables ne cesse de diminuer, en raison de l'urbanisation galopante et de la dégradation des sols. Ils vont revenir en masse chercher du travail. C'est le problème majeur auquel va bientôt devoir faire face le gouvernement chinois ». Depuis notre passage dans la province de Canton, les exportations ont légèrement redémarré, provoquant un afflux de *mingong* dans les zones industrielles côtières. Cela fait autant de monde à se battre pour décrocher un emploi, et l'abondance de main-d'œuvre, on le reconnaîtra aisément, ne contribue guère à l'augmentation du salaire ouvrier.

Voilà pourquoi les dirigeants des provinces et les patrons ont pu mettre le holà à la tendance de légère hausse des salaires qui se dessinait. Le mouvement de balancier est donc reparti dans l'autre sens, à la faveur de la crise, gelant les timides avancées de 2007 et suspendant le versement d'indemnités sociales pour les ouvriers licenciés.

Lorsque nous les avons interrogés pendant notre enquête dans le delta de la Rivière des perles, les ouvriers nous ont tous dit qu'ils accepteraient des salaires moins élevés s'ils retrouvaient du travail. « Depuis huit ans que je travaille en usine, mon salaire n'a pas vraiment augmenté : 1 000 à 2000 yuans par mois (100 à 200 euros), selon les commandes et la période de l'année », nous a expliqué Lin Qihui, un ouvrier âgé de vingt-neuf ans rencontré dans le village de Baishi, au cœur de la province pauvre du Jiangxi, alors qu'il venait de perdre son emploi, en février 2009. « L'usine textile Gaohao qui m'employait recevait encore beaucoup de commandes dans la première moitié de l'année 2008. Nous exportions aux États-Unis ou en Amérique latine. Avec la crise, les commandes ont chuté. Aujourd'hui, il n'y a plus que 300 ouvriers, contre un millier avant la crise. » Quand nous avons rencontré Qihui, il espérait toujours que l'usine le rappellerait, une fois le carnet de commandes à nouveau rempli. « J'attends encore un peu et si je n'ai pas de nouvelles, j'irai chercher du boulot ailleurs. » Lui aussi était prêt à accepter une moins bonne rémunération pour retrouver du travail.

Selon Pierre Mongrué, « les salaires des *mingong* restent globalement très bas. Par ailleurs, il n'y a pas de revendications sociales fortes de leur part. Ils exigent surtout de toucher leur paie. On l'a vu en septembre 2009, lorsque les millions de *mingong* retournés à la campagne, faute de travail, sont revenus en ville en acceptant des emplois avec des salaires plus bas. Pourquoi ? Il n'y a pas d'autre revendication sociale de leur part, car le système de cotisation sociale n'est pas harmonisé d'une province à l'autre, alors que les *mingong* se déplacent fréquemment pour chercher du travail. Par ailleurs, en Chine, il n'y a aucune confiance dans un système de cotisation sur la durée. Voilà pourquoi, la seule revendication qu'ont les *mingong*, c'est de percevoir leur salaire, même si celui-ci est en baisse. Voilà aussi qui n'incite pas beaucoup les autorités à changer de politique. Tant que la stabilité sociale n'est pas menacée...[1] »

Ces dernières années, l'enrichissement des *mingong* était l'argument massue par lequel on justifiait les sacrifices consentis par les classes populaires en France ou en Italie face à la déferlante de produits bon marché arrivés de Chine. « Avant la crise, bien que nous n'ayons pas de chiffre sur les *mingong*, on peut dire qu'il y a eu une augmentation réelle des salaires. Mais elle n'est pas considérable. Leur situation ne devrait pas beaucoup évoluer vers le haut. Il y a un potentiel de 250 millions de *mingong*, c'est-à-dire [de personnes] sans emploi à la campagne. Sur ce total, il y en a 140 millions qui migrent effectivement. Il en reste donc 110 millions en réserve, mobilisables. C'est pour cela que les salaires n'augmentent pas. Il y a une pression à la baisse[2]. »

Certains observateurs affirment néanmoins que le salaire moyen aurait doublé en Chine entre 2002 et 2007[3]. « Dans la mesure où il n'y a pas de statistiques fiables sur la question, cela me semble très difficile à affirmer, commente Pierre Mongrué. Mon impression est que cette estimation est très exagérée. » Selon lui, « en 2009, un coup d'arrêt dans les salaires a eu lieu. Pour

1. Pierre Mongrué, entretien avec l'auteur.

2. *Ibid.*

3. C'est le cas de Jean-Luc Domenach dans *La Chine m'inquiète* (Perrin, 2008) qui cite (p. 85) une statistique officielle sur le salaire moyen à Pékin qui serait passé de 700 à 1 400 yuans (70 à 140 euros).

certains *mingong*, la baisse peut être estimée à 10 %, voire 20 % ».

Lorsqu'ils ne trouvent plus de travail à la ville, les *mingong* retournent dans leurs familles qui possèdent de petites exploitations agricoles. Ces lopins de terre leur assurent un moyen de subsistance minimale. Pékin fait actuellement la promotion d'une « nouvelle campagne socialiste ». Une vague de réformes a été annoncée à l'automne 2008, qui porte sur le droit d'usage des terres agricoles. L'objectif affiché est d'accroître le niveau de vie des paysans en vue de stimuler la consommation intérieure du pays pour qu'elle se substitue aux exportations dans le contexte de la crise financière. Mais selon Claude Aubert[1], économiste à l'INRA, l'un des meilleurs spécialistes de l'agriculture chinoise, si elles étaient appliquées, ces mesures, loin d'accroître la productivité globale ou le revenu des paysans, pourraient bien fragiliser encore plus leur statut. Le morcellement des terres agricoles chinoises, qui reste le filet social de la population rurale, possède l'immense vertu de nourrir le pays le plus peuplé du monde : quand on n'a plus rien, on peut toujours vivre de la culture de son coin de terre. Mais, si les terres sont prises aux paysans, que se passera-t-il ?

1. « Réforme du secteur rural en Chine : sous sa séduisante apparence, cette annonce n'est-elle pas illusoire ? », entretien avec Claude Aubert, 14 octobre 2008 (www.agrobiosciences.org).

LA FABLE DE LA CONSOMMATION CHINOISE

La crise va-t-elle permettre à la Chine de relancer la consommation intérieure et de rééquilibrer sa croissance par une redistribution moins inégalitaire des formidables revenus du pays ? Ce n'est pas du tout évident. Certes, le ralentissement des exportations n'empêche pas la Chine d'afficher une croissance insolente. Selon les chiffres officiels[1], elle s'est finalement élevée à 9,7 % en 2009 et à 12 % au premier trimestre 2010. Cette performance est le fruit du volontarisme des dirigeants chinois. Dès l'automne 2008, Pékin avait annoncé un formidable plan de relance de 4 300 milliards de yuans (430 milliards d'euros), le plus important au monde derrière celui des États-Unis.

Peut-on en déduire que la consommation intérieure va enfin décoller ? Les industriels étrangers doivent-ils se remettre à rêver d'un « marché gigantesque », de « contrats mirobolants » et d'une « relance de la croissance mondiale par la Chine », comme l'annonçait Alexis Brezet dans un éditorial du *Figaro-Magazine*[2] ? Les 4 300 milliards de yuans injectés dans l'économie en 2008 étaient-ils destinés à (re)lancer la consommation intérieure et permettre la généralisation de filets de protection sociaux, comme le claironne Pékin sans discontinuer depuis des années ?

---

1. Estimation du 21 janvier 2010.
2. « Identité : l'occasion manquée », *Le Figaro-Magazine*, n° 20384, 13 février 2010.

Ces annonces ne correspondent à aucune volonté politique. En décembre 2009, un diplomate de l'ambassade de France à Pékin, expert de ces questions, nous dévoilait l'envers de cette « relance » : « Il y a un excès d'épargne des entreprises d'État et des grands monopoles qui engrangent d'importants bénéfices. Par exemple, Sinopec ou Petrochina jouissent, en Chine, de la non-déréglementation du prix de l'essence. Les entreprises chinoises de télécoms bénéficient de l'absence de concurrence. La State-owned Assets Supervision and Administration Commission (SASAC) a mis en place une taxe, mais celle-ci est entièrement recyclée par les entreprises d'État. Les dividendes de ces entreprises pourraient être recyclés dans la dépense sociale, or, les autorités, si elles en parlent, ne le font pas, ou alors très peu. Les dirigeants chinois n'appliquent pas une politique de relance par la consommation des ménages et rien n'indique qu'elles vont le faire prochainement. » Les dirigeants chinois perçoivent le maintien du taux de croissance au-dessus de la barre des 8 % comme une question de survie du régime. En réalité, le terme de consommation intérieure ne doit pas abuser. Les investissements nets dans les infrastructures ou l'immobilier en sont le ressort principal, comme le note Valérie Niquet : « On nous dit que les autorités chinoises vont stimuler le marché intérieur, instaurer un système de santé, bref, atténuer le poids des exportations dans la croissance. Or, la croissance chinoise actuelle repose essentiellement sur les investissements volontaristes dans l'immobilier et l'industrie autorisés par une politique de prêt à grande échelle aux institutions locales et aux entreprises d'État.

En réalité, la consommation demeure faible et les exportations ont chuté de 25 %[1]. »

Il ne s'agit pas de relance par les biens de consommation ou d'équipement des ménages chinois. Au contraire, la part de la consommation des ménages dans le produit intérieur brut du pays ne cesse de s'éroder. En 2008, elle était de 35,3 % ; sept ans auparavant, alors que la Chine entrait à l'OMC, elle s'élevait à 45,2 %. Par comparaison, dans les années 1980, celle-ci était restée remarquablement stable, à près de 50 % du PIB ; elle avait commencé lentement à diminuer dans les années 1990, avant de plonger à des niveaux records après 2001.

Si une partie des urbains chinois s'est fortement enrichie[2], l'avènement d'une vaste classe moyenne chinoise n'a pas eu lieu. En 2009, la Chine a ravi à l'Allemagne son titre de premier exportateur mondial ; cependant elle serait bien incapable d'absorber ce qu'elle produit[3]. Outre une pollution endémique, sa

1. Le chiffre concerne l'ensemble de l'année 2009. Interview du 2 octobre 2009, Marianne2.fr (http://www. marianne2.fr/La-reprise-chinoise-est-artificielle_a182106.html).

2. Dans son ouvrage *La Chine m'inquiète* (*op. cit.*, 2008), Jean-Luc Domenach indique que 60 millions de Chinois percevraient un revenu annuel de 20 000 dollars.

3. Ainsi que nous l'a expliqué en janvier 2009 le président de l'Association des PME hongkongaises, Dany Lau Tat-pong : « Les jouets fabriqués par les sociétés hongkongaises en Chine représentent un volume de 28 milliards de dollars. Plus de 90 % de notre production est destiné à l'exportation. Le marché chinois serait incapable d'en absorber une fraction significative. »

politique économique au forceps engendre d'importantes surcapacités de production et alimente la bulle immobilière. En pronostiquant pour cette économie déséquilibrée et maintenue en surchauffe « un Dubaï » d'une puissance « mille fois » supérieure « ou pire », James S. Chanos joue-t-il les Cassandre ? L'homme, qui dirige un fonds spéculatif en vue de Wall Street, a forgé sa renommée en prédisant, entre autres, la faillite d'Enron.

400 MILLIONS DE CHINOIS SORTIS DE LA PAUVRETÉ ?

Comment en sommes-nous arrivés à croire à l'émergence massive d'une classe de consommateurs en Chine ? Une classe qui se serait constituée à mesure que le pays s'insérait dans la mondialisation néolibérale ? Sur quoi un Jean-Pierre Raffarin ou un François Fillon fondent-ils leurs envolées lyriques et leurs affirmations péremptoires ? Le regretté Jacques Marseille écrivait par exemple : « En trente ans, la Chine est devenue la troisième puissance économique mondiale. 400 millions de Chinois – presque l'équivalent de la population européenne – ont été sortis de la pauvreté, une ville de la taille de Paris sort de terre tous les mois et, calculé en parité de pouvoir d'achat, le revenu disponible moyen pour ces membres de la classe moyenne n'est pas très éloigné de celui des Français de... 1968. » Loin d'être une menace, « la Chine doit être au contraire considérée comme une formidable opportunité par les Français qui ont autre chose à vendre que la complainte de leur grandeur passée[1]. » Quant à Jean-Pierre Raffarin, il considère que « la Chine d'aujourd'hui, ce sont des chiffres qui donnent le tournis. Depuis vingt-cinq ans, 400 millions de Chinois sont sortis de l'extrême pauvreté. Le pays absorbe la moitié du ciment de la planète. Le revenu par habitant a été multiplié par cinq en vingt-cinq ans[2]… », etc.

Quatre cents millions de Chinois sortis de la pauvreté en une génération : ce chiffre a fait le tour du monde, repris sans discussion et utilisé comme un argument massue en faveur du modèle chinois par nombre d'observateurs ou d'institutions – comme le Programme alimentaire mondial des Nations unies. Il mérite pourtant que l'on s'y attarde. Premièrement, pour constater qu'il est fourni… par les autorités chinoises. Par exemple, dans le titre d'un article du *Quotidien du Peuple*[3]. Dans son essai *Chine : l'envers de la puissance*[4], Cai Chongguo conteste ce chiffre en montrant comment les autorités chinoises ont relevé la définition officielle du seuil de pauvreté pour élargir l'assiette du nombre de personnes sorties de la pauvreté : « Le gouvernement chinois se réfère à deux critères, comme l'ambassadeur de Chine à l'ONU,

1. « Considérons l'essor de la Chine comme une chance, pas comme une menace », chronique de Jacques Marseille, www.investir.fr, juillet-août 2008.

2. « Une stratégie européenne pour la Chine », blog de Jean-Pierre Raffarin, www.carnetjpr.com

3. « 400 millions de Chinois sortent de la pauvreté », *Le Quotidien du Peuple*, 22 décembre 2003.

4. *Chine : l'envers de la puissance*, Mango, 2005.

M. Sha Zucan, l'a confirmé à ses pairs le 18 avril 2005 à Genève. Le premier critère est la pauvreté relative, notion marxiste, dont le seuil équivaut en Chine à un revenu annuel de 800 yuans ou 80 euros. Le second critère, celui de la pauvreté absolue, correspond à un revenu annuel de 600 yuans (60 euros). Deux seuils très inférieurs à celui des Nations unies, qui retiennent pour le monde entier un revenu de 1 dollar par jour, soit 350 dollars par an (ou 300 euros)[1]. »

Le seuil de pauvreté à la chinoise est donc quatre à cinq fois inférieur à celui des Nations unies qui est une référence mondiale et prend évidemment en compte les différences de niveau de vie entre pays riches et pays pauvres.

Dans son ouvrage publié en 2008, qui s'emploie à analyser le capitalisme chinois et ses caractéristiques[2], Huang Yasheng, professeur américain du MIT, revient sur les trente ans de réformes économiques initiées par Deng Xiaoping. Il insiste sur le tournant essentiel qu'ont constitué la répression de Tiananmen, le 4 juin 1989, et la période qui l'a immédiatement suivie. Si l'on considère la réduction de la pauvreté enregistrée en Chine depuis 1978, selon les critères retenus par les autorités chinoises, le nombre d'individus pauvres serait passé de 250 millions en 1978 à 34 millions en 1999. Or, si l'on s'en tient aux arguments développés par ceux qui croient en la réduction de la pauvreté

1. Voir *Chine : l'envers de la puissance*, *op. cit.*, p. 137-138.

2. Huang Yasheng, *Capitalism with Chinese Characteristics. Entrepreneurship and the State*, Cambridge University Press, 2008.

grâce à la forte croissance, cette réduction aurait dû s'accélérer dans les années 1990, à mesure que la Chine s'insérait dans la mondialisation. Selon Huang Yasheng, il n'en a rien été. Dans les années 1980, dans un contexte encore très fermé, 154 millions de personnes auraient été tirées de la pauvreté, contre seulement 62 millions dans la décennie suivante, alors que montaient en puissance les exportations chinoises et les investissements étrangers. Selon lui, le principal facteur de réduction de la pauvreté, notamment dans les campagnes, aurait été la création dans les années 1980, aux premières années de la réforme de Deng Xiaoping, de petites entreprises bénéficiant du soutien à l'entreprenariat rural dans les provinces de l'intérieur, tandis que cette évolution était menée dans un contexte très fermé au commerce international et aux investissements étrangers.

Cette logique de soutien accordé aux petites entreprises est remise en cause et abandonnée en 1989, au lendemain de la répression de Tiananmen. C'est une réorientation très ferme des réformes qui s'opère, selon deux axes : ouverture à la mondialisation et, dans le même temps, reprise en main de l'économie par le Parti communiste chinois. D'après Huang Yasheng, cette reprise en main s'est accompagnée d'une politique délibérée d'« étouffement » du petit entreprenariat privé qui avait prospéré dans les zones rurales. Ce qui eut pour conséquence la prolétarisation accélérée des ménages ruraux dont les membres, bientôt, alimenteraient l'armée de réserve des *mingong*.

Si l'on suit le raisonnement du professeur du MIT, 1989 aurait donc marqué un tournant « antilibéral » dans l'orientation des réformes : le régime aurait alors privilégié le développement d'un « capitalisme de copains », fondé sur l'omniprésence du PCC, sur la corruption et la prédation du foncier, au détriment des petits entrepreneurs ruraux. Le « libéralisme pragmatique » des paysans chinois dans les années 1980, appuyé par des dirigeants réformistes comme Zhao Ziyang, avait, de fait, prospéré et fait des émules, sans qu'il ait eu besoin de lui insuffler une dose d'idéologie néolibérale digne des Chicago Boys, alors très actifs en Amérique latine ou en Indonésie[1].

Après 1989, la Chine choisit de s'éloigner du « capitalisme entrepreneurial » pour se rapprocher du modèle néolibéral : restructuration des entreprises d'État, marchandisation de la santé et de l'éducation, chômage de masse, priorité aux exportations au détriment de la consommation intérieure. À son échelle, la réalité chinoise vit l'opposition, de plus en plus évidente dans la mondialisation, entre les entrepreneurs et les financiers, les promoteurs immobiliers et les oligopoles de type Walmart.

1. *Capitalism with Chinese Characteristics, Entrepreneurship and the State*, *op. cit.*, p. 104.

Le tournant de Tiananmen

Il faut donc revenir sur l'interprétation de la croissance chinoise depuis trente ans. Elle relève d'une véritable mystification sous l'œil myope des médias occidentaux, une vision enchantée qui croit en un progrès linéaire... Beaucoup se contentent des « cartes postales » impressionnistes montrant les buildings flambant neufs jaillis de terre et illuminés par des néons publicitaires multicolores. Justement, ce qui gêne aujourd'hui, c'est Tiananmen, or il faut en repasser par là !

La thèse de doctorat de Paul André[1] corrobore elle aussi l'interprétation qui mène à considérer Tiananmen comme le virage dans l'histoire de l'économie chinoise. Selon ce chercheur en économie politique internationale, le taux de croissance de la Chine – stable sur toute la période à 8-14 % – est un indicateur politique, un « taux de croissance forcé ». Qui veut mesurer la santé de l'économie chinoise doit, selon lui, pondérer cet indicateur « politique » – partiellement réalisé – avec d'autres chiffres, comme le taux de chômage (celui des analystes, pas le taux officiel qui n'est que de 3 %) et le taux de profit moyen des entreprises. De son analyse, Paul André tire la conclusion, comme les auteurs évoqués précédemment, que les dirigeants chinois ne s'appuient

1. *La Notion d'État dans la pensée politique chinoise et ses conséquences sur la scène internationale*, thèse de doctorat de sciences politiques, *op. cit.*

pas sur l'augmentation de la demande – très faible en fait –, mais sur toutes sortes d'interventions d'État pour maintenir un taux de croissance « politiquement correct » et éviter les cycles naturels dans une économie de marché… Ce qui fait que manifestement la Chine n'en est pas une. La formule, quelque peu « oxymorique », « socialisme de marché » doit sans doute être prise à la lettre : avec un État contrôlant au moins 70 % de la production des richesses, la Chine est restée, malgré trente-deux ans d'ouverture et de libéralisation, une économie très largement étatiste. Il est amusant de constater que des économistes d'obédience « libérale », qui dénoncent régulièrement l'omniprésence de l'État, voire son hold-up sur l'économie française, considèrent la Chine comme un parangon d'économie libérale. Quel est donc le critère prouvant que l'on a bien affaire à une économie libérale ? Le nombre de clubs de golf par milliardaire ? L'inverse ? Les ventes de Bentley ?

Le nouveau virage

Ce n'est pas parce que l'État chinois dirige l'économie que celle-ci n'évolue pas. Ainsi la Chine a-t-elle de moins en moins besoin des pays développés. Elle ouvre l'accès à son marché quand elle a besoin d'investissements étrangers qui génèrent des transferts de technologies, et le referme une fois ces technologies acquises. Par exemple, la Chine a annoncé en 2009 qu'elle construirait seule… 42 lignes de TGV ! La première, ouverte en décembre 2009, permet de relier Canton à Wuhan (dans le centre du pays) en trois heures, à la vitesse de 350 km/h. La France a été remerciée. Désormais, ce marché sera totalement fermé aux étrangers. De la même façon, EADS a dû accepter que la fabrication des Airbus destinés à sa flotte s'effectue en Chine, et les dirigeants d'Areva ont conscience qu'ils sont peut-être en train de préparer leurs derniers contrats chinois puisque, dans ce domaine également, la Chine entend fabriquer et exporter. En revanche, dans le domaine de l'environnement, les marchés restent grands ouverts, qui autorisent et incitent même les transferts de technologies, conformément au système des « crédits carbone » et à l'obligation pour une société étrangère de prendre un partenaire chinois. Hormis ce secteur, nous assistons à « un fort ralentissement des réformes et de l'ouverture économique initiée par Deng Xiaoping en 1978 », conclut un diplomate français à Pékin.

La Chine évoluerait donc vers une fermeture progressive de son marché intérieur et continuerait son développement vers l'exportation à marche forcée... Formidable, se réjouissent les amis de la Chine et les libéraux doctrinaires. Ils n'ont pas forcément raison.

Alors que la croissance allemande est fondée depuis des décennies sur les exportations, le secrétaire d'État aux Affaires européennes, Werner Hoyer[1], rejette ce modèle suivi aujourd'hui par la Chine. Il constate que la recherche continue d'excédents commerciaux entraîne

1. Werner Hoyer : « Nous avons besoin d'une meilleure coordination des politiques économiques en Europe », interview au quotidien *Les Échos*, 17 janvier 2010.

naturellement à l'accumulation de réserves faramineuses de devises – plus de 2 000 milliards d'euros pour la Chine –, phénomène qui peut conduire à de très mauvaises affaires en cas de dévaluation du dollar. Et d'avertir : « Les Chinois seraient bien avisés de ne pas s'accrocher à cette façon de penser.[1] »

Ces prédictions paraissent de bon sens. Elles ne sont d'ailleurs pas nouvelles. Mais l'honnêteté intellectuelle oblige de constater que les dirigeants chinois déploient un talent tout particulier à déminer les explosions sociales et les bulles immobilières. Jusqu'à quand ?

L'ARME FATALE, LE DUMPING MONÉTAIRE

Les exportations ne bénéficient pas que du faible coût de la main-d'œuvre chinoise, elles sont aussi favorisées par une formidable subvention de fait : la faiblesse de la monnaie chinoise, le yuan.

En théorie, la faiblesse de la monnaie chinoise reflète, dans l'esprit des économistes, le retard de l'économie chinoise elle-même et la faible productivité de ses entreprises. Or, la parité entre la monnaie chinoise et les autres monnaies n'a guère bougé depuis 1984 – le gouvernement chinois ayant arrimé le yuan

---

1. Notons toutefois que, lors de la crise grecque, Angela Merkel a défendu bec et ongles le modèle allemand fondé sur les exportations, qui provoque pourtant un déséquilibre des échanges en Europe.

au dollar – alors que la Chine est devenue la troisième puissance mondiale, et qu'elle devrait accéder au deuxième rang en 2010.

De plus, la productivité de ses entreprises a beaucoup progressé. Les autorités chinoises n'ont jamais été très ouvertes à la discussion sur la réévaluation de leur monnaie. Depuis le milieu des années 2000, Washington fait bien pression sur Pékin dans le but d'obtenir une augmentation du cours du yuan. Sur le fond, les arguments américains sont plus que compréhensibles. Depuis l'entrée de la Chine dans l'Organisation mondiale du commerce, en 2001, le déficit commercial des États-Unis, qui augmentait de 9 milliards de dollars par an entre 1997 et 2001, a triplé, passant à 30 milliards de dollars par an pour atteindre 338 milliards en 2008, dont 230 pour la seule Chine. Selon Robert E. Scott, ce déficit a supprimé en dix ans la bagatelle de 2 millions d'emplois américains[1].

Les Chinois interprètent évidemment ces chiffres d'une autre façon. Pour eux, les exportations chinoises profitent beaucoup plus aux Américains que les chiffres ne le disent[2] : d'abord, les exportations chinoises – 223 milliards de dollars entre 1996 et 2003 – ont fait économiser 600 milliards de dollars aux consommateurs américains durant la même période ; ensuite, les expor-

1. Source : http://www.epi.org/publications/entry/bp188

2. On trouvera l'ensemble de cet argumentaire développé sur le site du ministère du Commerce de la République populaire de Chine : http://french.mofcom.gov.cn/aarticle/actualite/200709/20070905072686.html

tations chinoises vers les États-Unis relèvent de la sous-traitance à environ 60 % ; cet argent est donc américain et peut « revenir au pays », plaident les Chinois ; enfin, les entreprises américaines qui investissent en Chine réalisent des profits... qui profitent à l'Amérique.

La ligne de défense chinoise est parfaitement réglée sur le dogme néolibéral : la concurrence illimitée optimise les allocations de ressources de tous les acteurs ; la prospérité chinoise profite aux consommateurs et aux entreprises américaines. Il est d'ailleurs amusant de constater que les argumentaires chinois s'appuient souvent sur les articles d'économistes américains[1], qui, sans doute involontairement, tirent une balle dans le pied de leur pays. Il est vrai que l'intérêt de Walmart ne se confond pas forcément avec celui de l'Amérique.

Le raisonnement chinois est évidemment illusoire d'un point de vue américain et même européen. Les profits des sociétés américaines ne sont pas forcément réinvestis en Amérique, loin de là. Les investissements réalisés en Chine sont une perte sèche vis-à-vis d'investissements qui auraient pu être réalisés aux États-Unis mêmes. À long terme, les gains « offerts » aux consommateurs américains ne dureront guère si, parallèlement, le chômage explose dans le pays. Enfin, les États-Unis comme nation se rendent dépendants de la

1. Le texte du ministère du Commerce extérieur cite à l'appui de son argumentation l'universitaire américain Huang Yasheng, professeur au Massachussetts Institute of Technology, qui aurait déclaré : « Bien que la Chine ait acquis des avantages salariaux dus à la mondialisation, elle n'a pas pu conserver les bénéfices dus à celle-ci. »

Chine en laissant leur déficit commercial s'accroître de façon continue.

Au-delà des intérêts américains et même occidentaux, le modèle d'une croissance chinoise adossée à la demande extérieure n'est tout simplement pas possible sur le moyen terme, comme le démontre Rémi Bourgeot[1] : « Imaginons simplement que la Chine exporte toujours 40 % de son PIB, mais qu'elle ait atteint le niveau de richesse de l'Allemagne (soit un PIB par habitant d'environ 35 000 dollars, en parité de pouvoir d'achat). Cela signifierait que la Chine exporterait pour environ 9 000 milliards de dollars par an, soit plus de cinq fois plus que l'Allemagne actuelle ! Il y a malheureusement fort à parier que l'économie mondiale ait le plus grand mal à absorber les exportations de plus de cinq Allemagne supplémentaires… »

UN DOLLAR POUR 2 YUANS ?

Quelle est la part de la faiblesse du yuan et de celle du coût du travail dans le déficit commercial qui ne fait que croître entre l'économie chinoise et les économies européennes et américaine ? Ce point n'est jamais éclairci dans les écrits des économistes. Certains pensent que l'impact de la monnaie est faible, voire neutre dans les échanges, celle-ci n'étant que le reflet de la réalité économique. D'autres au contraire estiment que

1. « L'Europe muette face aux excès de Pékin », Marianne2.fr, 18 janvier 2010.

la monnaie est deux fois plus importante que le coût du travail dans la compétitivité-prix, puisque le travail ne représente qu'une part – de 20 à 80 % selon les produits et services – du prix alors que la parité monétaire joue sur 100 % du prix. Cette incertitude n'empêche pas les uns et les autres de chiffrer le niveau de surévaluation auquel est parvenu le yuan, soit entre 80 et 100 %, voire davantage de son cours actuel par rapport au dollar et plus encore sans doute par rapport au cours de l'euro, déjà pénalisé par la faiblesse du dollar. Pour Antoine Brunet par exemple, il faudrait que le dollar soit échangé contre 2 yuans pour que le commerce se rééquilibre progressivement entre les économies américaine et chinoise.

Dans les années 2000, Washington est tout de même parvenu à convaincre les dirigeants chinois de réévaluer leur monnaie d'environ 20 % : de 8,28 yuans pour 1 dollar en juillet 2005, le yuan est ainsi passé à 6,85 yuans pour 1 dollar. Beaucoup d'experts ont immédiatement voulu y voir un signe indubitable de la volonté de la Chine de rejoindre progressivement les standards mondiaux et de s'appuyer davantage sur la croissance intérieure[1]. En effet, les économistes établissent un lien direct entre une monnaie faible et la croissance intérieure, considérant que le choix d'une parité monétaire faible donne de fait la priorité à la croissance extérieure au détriment de la consommation intérieure.

1. Ce même mouvement semblait s'amorcer en avril 2010 : plusieurs économistes chinois ont été autorisés à déclarer que la monnaie chinoise devrait être un peu réévaluée.

On le comprend aisément puisque la priorité aux exportations repose sur un coût du travail le plus faible possible ; pour Jean-Luc Gréau, « le maintien de la monnaie à un faible niveau entérine l'avantage en terme de coût du travail. Dévaluer sa monnaie, c'est rendre son travail moins cher à l'échelon international[1] ». On pourrait ajouter que c'est aussi affaiblir le pouvoir d'achat des salariés du pays.

Sur le terrain, Pierre Mongrué, de la mission économique française en Chine[2], confirme l'analyse : « La consommation des ménages ne pèse que 35,3 % du PIB. C'est un record, la Chine se situe même bien en dessous de l'Inde sur ce point (50 %). »

Contrairement à ce que prétendent les adeptes du modèle chinois, cette stratégie d'écrasement du pouvoir d'achat des ménages n'est absolument pas un passage obligé du développement, comme le montre le contre-exemple indonésien avec une consommation qui représente 65 % du PIB[3].

1. Entretien avec l'auteur.
2. Entretien avec l'auteur.
3. Cas qui nous a été signalé par Jean-Luc Gréau.

2

Quand la Chine achète le monde

« Certains disent que la Chine est arrogante, qu'elle est dure. Mais le développement pacifique de la Chine n'affectera aucun pays. »
Wen Jiabao, Premier ministre

La Chine n'est plus un pays émergent. Depuis mars 2010, elle est devenue la deuxième puissance mondiale en termes de produits manufacturés et deviendra avant la fin de cette même année la deuxième puissance mondiale (du moins, en ce qui concerne le PIB), en avance sur le calendrier établi par les théoriciens des BRICs[1]. Grossir quand on est pauvre est – relativement – facile, un peu moins quand le pays devient plus

1. Selon Jim O'Neill, Dominic Wilson et Roopa Purushothaman, rédacteurs en 2003 du rapport économique annuel pour Goldman Sachs, les BRICs (Brésil, Russie, Inde et Chine) doivent dépasser les pays industrialisés en 2050, et la Chine doit devancer les États-Unis

riche. Or, les dirigeants chinois considèrent qu'une croissance à deux chiffres est à la base du contrat social qu'ils proposent au peuple chinois – et qu'elle constitue la garantie de la survie de la bureaucratie dirigeante. Si l'avantage compétitif conféré par le statut d'atelier – mais aussi de laboratoire – du monde demeure essentiel à la folle croissance chinoise, celle-ci implique désormais une expansion hors de ses frontières. Le pays a besoin de ressources de toutes natures pour garder son rang : du pétrole certes, mais aussi de l'acier, du fer, des minerais, du cuivre, des métaux rares, et même des terres agricoles – la création de zones industrielles sur des parcelles spoliées aux paysans étant l'une des causes, avec la désertification ou la pollution, de la raréfaction des terres arables des provinces intérieures chinoises. Depuis dix ans, la diplomatie de Pékin est tout entière déterminée par la nécessité d'accroître et de sécuriser ces approvisionnements.

Dans un premier temps donc, il s'agissait d'abord de nourrir l'appareil productif chinois en ressources énergétiques. Quand le « développement des forces productives » chinoises est passé à la vitesse supérieure, la République populaire s'est d'abord approvisionnée en matières énergétiques au Moyen-Orient, en Amérique

---

en 2030. Reconnaissons que nous n'avions peut-être pas totalement raison, dans notre précédent livre, de brocarder ces auteurs : pour le moment, la Chine et les trois autres pays émergents se conforment parfaitement à leurs prévisions. Mais il reste quarante ans pour valider totalement leur thèse…

latine et en Asie du Sud-Est. À partir de 1995, Pékin a engagé une politique énergétique internationale globale afin de minimiser sa dépendance excessive vis-à-vis du pétrole de cette région. La Chine cherche à diversifier ses importations vers l'Afrique, l'Amérique latine, l'Asie centrale ou la Russie... Dans toutes ces régions du monde, la percée s'est accélérée au cours de la décennie écoulée. La demande chinoise est telle qu'elle déstabilise à elle seule le marché des hydrocarbures. Pour s'approvisionner, la Chine n'a aucun état d'âme à soutenir des États au ban des nations, comme la junte birmane, le Zimbabwe de Robert Mugabe ou le régime de Khartoum à la tête du Soudan. La Chine profite de l'isolement de ces pays pour nouer avec leurs régimes des relations privilégiées, voire exclusives. La dictature est souvent le maillon faible sur lequel s'appuie la diplomatie chinoise pour pénétrer une région.

Le pétrole est la matière énergétique ciblée en priorité. Selon Pierre Terzian, l'un des meilleurs spécialistes de l'industrie pétrolière, « les Chinois font preuve d'une agressivité beaucoup plus grande que les Indiens pour remporter des marchés et des concessions. Quand il le faut, ils n'hésitent pas à payer le prix fort et proposent des accords globaux[1] ». Au Nigeria, par exemple, la Chine a troqué l'exploration pétrolière contre la construction d'une ligne ferroviaire. Fer de lance de cette stratégie, les entreprises pétrolières chinoises : CNPC, Sinopec ou Cnooc. Publiques, elles sont néanmoins

1. Entretien avec l'auteur.

cotées aux bourses de Hongkong et de Shanghai, ce qui montre que le « marché » sait se montrer large d'esprit. Sinopec est la neuvième entreprise mondiale par le chiffre d'affaires – 208 milliards de dollars. D'autres sociétés, moins importantes, sont officiellement privées, en réalité dirigées par d'anciens ministres.

Toutes ces sociétés ont encore du chemin à faire avant d'arriver au niveau des premiers mondiaux dans leur secteur. Elles sont encore de taille moyenne, mais cela ne les empêche pas de réussir quelques beaux coups. Le cas de l'Irak est intéressant, car il montre la capacité d'adaptation de ces multinationales. À la fin 2009, la Chine y est devenue le premier opérateur étranger dans le secteur pétrolier. Elle devance les *majors* historiques dans un pays qui recèle les troisièmes plus grandes réserves trouvées au monde. « Ce qui est frappant, c'est l'arrivée en force des compagnies chinoises alors que l'Irak était, jusqu'à la nationalisation totale du pétrole en 1975, une chasse gardée des Britanniques[1] », explique Rouba Housari, fondatrice du site spécialisé Iraq Oil Forum.

Pour Pékin, le pétrole irakien n'a pas d'odeur. Peu importe que le pays soit gouverné par Saddam Hussein ou par les Américains, l'essentiel est d'accéder aux réserves d'or noir. La compagnie CNPC, par exemple, était déjà présente en Irak en 1997. L'un des contrats qu'elle avait signé portait sur le champ pétrolier d'al-Adhab, situé à 180 kilomètres au sud-est de Bagdad. Il

1. Cité par Sammy Ketz, « La Chine devient le premier opérateur étranger dans le pétrole irakien », AFP, 5 novembre 2009.

a été renégocié et reconduit après le passage du pays sous contrôle américain. Les stratèges américains ne voient pas forcément d'un mauvais œil la progression chinoise sur ces territoires qu'ils ont soumis par la force. Il faut même se demander jusqu'où les Américains sont prêts à aller pour rompre leur isolement diplomatique. En février 2010, trois mois après avoir remporté plusieurs appels d'offres lui permettant d'accéder aux hydrocarbures irakiens, la Chine a décidé d'annuler 80 % de la dette irakienne. Sous cette latitude, le G2 (États-Unis-Chine) est déjà en marche. Autre exemple significatif, l'Arabie Saoudite. La Chine est devenue au début 2010 le premier client de la société nationale pétrolière, AMCO. Selon les experts, cette position explique le choix des dirigeants saoudiens en faveur du TGV chinois, au détriment de l'offre française.

La CNPC a remporté le contrat d'exploitation du plus grand champ pétrolier de l'Irak – Roumaila, dans le sud du pays, dont les réserves sont estimées à 17,7 milliards de barils – en s'associant au britannique BP, quitte à accepter de rabaisser au maximum sa rémunération au baril. En échange, le contrat de service pour la CNPC est d'une durée de vingt ans, avec pour objectif de passer d'un million de barils par jour à 2,85 millions d'ici à six ans. « La stratégie chinoise consiste à s'implanter dans les pays producteurs de pétrole pour garantir sa sécurité d'approvisionnement à long terme. Ces compagnies n'ont pas les mêmes contraintes que leurs rivales occidentales, tenues de réaliser des profits qui satisfassent leurs actionnaires », explique encore Rouba Housari.

PÉTROLE, FLOTTE DE GUERRE ET « COLLIER DE PERLES »

Comment définir, du point de vue chinois, la stratégie adoptée en matière d'hydrocarbures ? Éric Laurent rapporte un entretien qu'il a eu avec le professeur Ma[1]. Pour ce spécialiste chinois de la sécurité énergétique, la stratégie chinoise est née d'une double inquiétude. Premièrement, le souci des approvisionnements : les pays du Nord-Est de l'Asie (Corée du Sud, Chine, Japon et Taïwan) consomment 27 % de la production pétrolière, alors qu'ils n'en produisent que 9 % et ne disposent pas d'une organisation comme l'Opep pour définir une politique. Deuxièmement, la sécurité des voies maritimes, vecteur essentiel de l'approvisionnement chinois, notamment en provenance des pays du Golfe : les tankers qui importent le pétrole à Shanghai effectuent un périple de 12 000 kilomètres. Une ligne de transport étirée et donc vulnérable. Cette fragilité explique la volonté de diversifier les sources d'approvisionnement du côté de la Russie, de l'Asie centrale ou encore à travers la Birmanie, où la construction d'un oléoduc a commencé en 2010. Mais le professeur Ma se veut rassurant : la Chine n'a aucun objectif belliciste, elle entend seulement se développer et pour cela trouver toute l'énergie dont elle a besoin. La diplomatie des approvisionnements énergétiques et des matières premières, pour laquelle a opté la Chine, tient cependant de la raison d'État : tout lui est subordonné et la Chine est prête

1. Éric Laurent, *La Face cachée du pétrole*, Plon, 2006.

à fournir des armes à des dictatures pour devenir client des ressources énergétiques qu'elle juge indispensables à son indépendance énergétique. C'est aussi la raison pour laquelle la marine est devenue une nouvelle priorité militaire chinoise. Les objectifs de la défense semblent avoir été redéfinis en fonction de cette sécurisation de l'approvisionnement énergétique.

Le 60e anniversaire de la marine chinoise, en avril 2009, a été l'occasion d'une régate de haute tenue à laquelle les autorités chinoises ont convié, comme le rapporte la lettre confidentielle *Vent de la Chine*, les représentants de quatorze pays étrangers. L'événement montre l'importance prise par la marine dans la défense : « Cette marine militaire chinoise a fait des progrès considérables depuis dix ans, grâce à ses budgets annuels en milliards de dollars. [...] La Chine ne fait pas mystère de ses objectifs : protéger ses routes maritimes, ses 98 % d'exportations convoyées par mer et ses 95 % d'importations de pétrole : “On ne peut pas confier nos ambitions de puissance émergente au bon vouloir de l'étranger, entendez, l'Amérique”, dit [un] expert chinois[1]. » Pékin s'inquiète des capacités maritimes américaines en cas de conflit.

Bien avant cet anniversaire, Valérie Niquet, chercheur à l'Institut français des relations internationales (IFRI) et auteur de *Chine-Japon, l'affrontement*[2] avait déjà bien repéré l'importance nouvelle accordée par le gouvernement chinois à son équipement naval. Elle

1. *Vent de la Chine*, numéro de mai 2009.
2. Perrin, 2006.

cite ainsi un analyste chinois, Peter Kien-hong Yu, pour lequel « l'objectif de la Chine est d'acquérir une flotte, qui, avant la fin des années 2010, devrait se trouver à parité avec les forces d'autodéfense du Japon[1] ». Et elle note aussi : « Alors que, jusqu'au début des années 1990, la Chine ne possédait que des bâtiments inaptes à des missions en haute mer, elle a lancé la construction de destroyers et de frégates plus modernes, et elle a mis l'accent sur la production et l'acquisition de nouveaux sous-marins plus silencieux[2]. »

Cette information est confirmée, et même amplifiée, par un article d'Élodie Franco sur le site français du ministère de la Défense[3]. Selon l'auteur, la Chine consacrerait entre 15 et 20 % de son budget militaire à la marine, à laquelle elle assigne deux missions : d'abord, la défense nationale contre d'éventuelles menaces (Taïwan, Japon) ; ensuite la protection de l'approvisionnement énergétique de la Chine, à travers le contrôle de la mer de Chine, la sécurisation des espaces maritimes et des tankers pétroliers, notamment face aux risques de piraterie ou de terrorisme.

Ce même lien entre défense, commence et approvisionnement est aussi à l'œuvre dans la stratégie dite du collier de perles, selon l'expression forgée par des stra-

1. *Ibid.*, p. 55.
2. *Ibid.*, p. 56.
3. http://www.defense.gouv.fr/defense/ada/la_chine_renfloue_sa_marine_pour_asseoir_ses_ambitions_regionales

tèges américains sous l'administration de George W. Bush. Objectif : créer un réseau d'alliances commerciales et maritimes autour de l'Inde, l'éternelle rivale. « Ce collier fait partie d'une stratégie indirecte visant, comme au jeu de go, à entrelacer l'Inde dans une toile d'araignée qui réduit ses options en cas de crise[1] », explique Jean-Pierre Cabestan, professeur de sciences politiques à l'université baptiste de Hongkong. Le Népal, bien qu'il ne possède pas de façade maritime, pourrait bientôt être considéré comme une « perle » du collier chinois. Traditionnellement, celui-ci fait partie de la zone d'influence indienne. Mais la Chine a signé en février 2010 un accord avec le gouvernement népalais pour y entraîner des forces de sécurité paramilitaires. Par ailleurs, 40 000 Tibétains fuyant la Chine ont trouvé refuge au Népal. Pour la première fois, Pékin se trouve en position de contrer la diaspora tibétaine. La question du Tibet est incompréhensible si l'on oublie qu'elle est intimement liée aux ressources dont la Chine est vorace. Le sous-sol du Haut Plateau regorge de pétrole, gaz, charbon, uranium, cuivre, plomb, zinc, fer… Sans compter les ressources hydriques : nombre de grands fleuves d'Asie y prennent leur source, puis traversent le Pakistan, l'Inde, le Bangladesh, la Birmanie, la Thaïlande, le Laos et bien sûr la Chine. Il s'agit de l'Indus, du Gange, du Brahmapoutre, de la Salouen, du Mékong, du fleuve Bleu ou encore du fleuve Jaune…

---

1. Cité par Bruno Philip, « La Chine tisse un ambitieux "collier de perles" portuaire autour de l'Inde », *Le Monde*, 24 février 2010.

Croissance économique, ressources énergétiques, voies d'approvisionnement... Officiellement, il ne s'agit que de commerce, mais en cas de conflit, chaque « perle » pourrait devenir une base militaire protégeant la route du pétrole. C'est par l'océan Indien, en effet, que passent les voies chinoises d'approvisionnement énergétique. Des ports sont déjà achevés, au Pakistan, ou en chantier en Birmanie, au Sri Lanka ou au Bangladesh.

Sur la côte orientale africaine, au Kenya, le projet de port géant à Lamu pourrait compléter ce dispositif. À l'opposé, au-delà du détroit de Malacca, les îles Spartley et Paracel[1] voient croître leur importance, l'enjeu étant le contrôle de ses eaux territoriales, et donc les routes d'approvisionnement. En 2009, la question de l'appartenance de ces îlots a dominé les relations entre les Philippines, la Malaisie, le Vietnam et la Chine. Pékin est de plus en plus revendicatif, et la montée en puissance de sa flotte de haute mer s'accompagne de l'augmentation des patrouilles de bâtiments chinois dans la zone.

LES NOUVEAUX HABITS DE LA CHINE EN AFRIQUE

La « Chinafrique » est une vieille histoire. Dans le sillage de la conférence de Bandung en 1955, la Chine populaire tissa des liens avec les nouveaux États afri-

1. Ces archipels d'îlots inhabités en mer de Chine méridionale font l'objet d'un différend territorial entre Hanoi, Manille, Djakarta, Kuala Lumpur et Pékin.

cains. Alors qu'à cette époque les déplacements diplomatiques chinois étaient fort rares, Chou En-Lai effectua en 1963-1964 un voyage de deux mois dans une dizaine de pays africains. Ce rapprochement visait à imposer Pékin comme guide du tiers-monde face à l'Union soviétique. Il se traduisit par le soutien à certaines guérillas, comme celle de l'Unita en Angola, et aboutit aux premiers grands travaux chinois en Afrique, comme le chemin de fer Tanzam (Tanzanie-Namibie).

Après l'avoir délaissée dans les années 1980, la Chine s'intéresse à nouveau à l'Afrique après 1989, mais dans une perspective essentiellement prédatrice et mercantile[1]. Sa relation avec l'Occident a été contrariée par les retombées du massacre de Tiananmen. Elle tire aussi les leçons de l'effondrement du bloc soviétique et en déduit la nécessité de ne pas s'enfermer dans un face-à-face dangereux avec l'Europe ou les États-Unis. Sous l'administration de Bush père, les États-Unis adoptent une stratégie de *containment*, qui consiste à provoquer une conversion de la Chine à la démocratie par le commerce. La Chine décide alors de retendre les liens distendus avec l'Afrique, mais avec de nouveaux objectifs, quitte à mouler son discours dans les anciennes thématiques tiers-mondistes de solidarité entre pays du Sud, contre les puissances ex-coloniales. Et dans le même temps, pour légitimer sa présence, elle n'hésite pas à

1. Ainsi que le souligne une étude sur la stratégie africaine de la Chine du Centre d'analyse et de prévision du ministère des Affaires étrangères en date du 30 mai 2006. Références : N/06-053.

instrumentaliser des épisodes historiques déconnectés de tout enchaînement causal avec la période contemporaine, comme les expéditions maritimes de l'amiral Zheng He[1], au XVe siècle.

Son objectif initial, marginaliser diplomatiquement Taïwan sur le continent africain, devient vite secondaire, remplacé par l'ambition de « capter des ressources et un marché pour les produits chinois[2] ». En 2000, se tient à Pékin le premier Forum sur la coopé-

1. Sous la dynastie des Ming, le grand eunuque impérial Zheng He dirigea d'importantes expéditions maritimes qui le conduisirent, entre autres, jusqu'à l'Afrique de l'Est. Un empereur Ming décida d'interrompre ces explorations, qu'il jugeait sans intérêt. En 2005, le sixième centenaire des expéditions de Zheng He fut commémoré à Pékin à grand renfort de propagande. L'intitulé des célébrations était le « voyage pacifique » de Zheng He, allusion à peine voilée à l'« émergence pacifique » de la Chine. Un an plus tard, à l'occasion du sommet Chine-Afrique de Pékin, était présentée par les médias officiels la « fille chinoise » du Kenya. Des experts chinois se seraient rendus dans une région où aurait échoué un navire de la flotte de Zheng He. Sur place, ils auraient prélevé des échantillons d'ADN sur la population africaine. Selon leurs conclusions, certains habitants descendraient des survivants au naufrage ! Mwamaka Shariff, une jeune Kenyane, fut mise en avant par les médias : du sang chinois coulerait dans ses veines ! Avec ce « symbole de l'amitié sino-kenyane », le PC chinois tient le chaînon manquant pour légitimer son opportunisme pétrolier en Afrique. Justement, Mwamaka Shariff est originaire de l'archipel de Lamu, où la Chine projette de construire un port géant équipé de terminaux pétroliers pour ses super-tankers.

2. Centre d'analyse et de prévision du ministère des Affaires étrangères, *op. cit.*

ration entre la Chine et l'Afrique, et ce rendez-vous est renouvelé depuis tous les trois ans. En janvier 2006, un livre blanc paraît sur la stratégie africaine de la Chine (« China's African Policy[1] ») : il développe une stratégie qui se démarque ouvertement de la politique occidentale et japonaise. Les pays européens, les États-Unis et le Japon ont mis des années à s'accorder, notamment dans le cadre de l'OCDE, sur quelques règles de bonne conduite : aides déliées de l'achat de produits à la puissance qui aide, appels d'offres en bonne et due forme, respect de l'environnement, appel à la main-d'œuvre locale[2]. L'arrivée de la Chine sur le marché africain bouscule tous ces beaux principes. Les aides chinoises aux États africains sont totalement dépourvues de conditionnalité, comme le respect de la démocratie électorale, des droits de l'homme ou des règles commerciales de l'OMC. De ce fait, « les programmes d'aide chinois peuvent s'apparenter à une forme déguisée de corruption[3] ». Ils sont établis dans le cadre de relations bilatérales avec la quasi-totalité des États africains. S'il existe à Pékin une seule politique chinoise de l'Afrique, il y a cinquante-trois politiques africaines de la Chine, une par pays.

1. Consultable sur le site du ministère des Affaires étrangères chinois : http://www.mfa.gov.cn/eng/zxxx/t230615.htm

2. Entretien avec Olivier Delafosse, de l'Agence française pour le développement.

3. Centre d'analyse et de prévision du ministère des Affaires étrangères, *op. cit.*

La liste des moyens mis en œuvre par la Chine pour siphonner les hydrocarbures africains donne le vertige. Durant l'année 2004, l'Angola a reçu à lui seul 2 milliards de dollars d'aides, sous forme de crédit auprès de l'Exim Bank of China. « La Chine apporte une aide et établit un partenariat qui vise à promouvoir une coopération réciproque sans poser de condition préalable », commente José Eduardo Dos Santos, le président angolais[1]. Cette politique a permis à la Chine de s'imposer dans la reconstruction de ce pays, ravagé par plusieurs décennies de guerre, et de se tailler une part de lion dans les réserves en pétrole du pays, évinçant ses concurrents anglais ou français. Depuis 2004, selon Serge Michel et Michel Beuret, ce sont en tout 10 milliards de dollars qui auraient transité entre Pékin et Luanda[2].

En visite au Nigeria en 2006, Hu Jintao y a obtenu des contrats exceptionnels, notamment quatre licences d'exploitation dans la zone du delta du Niger. En échange, les Chinois se sont engagés à investir 4 milliards de dollars dans la raffinerie de Kaduna, qui doit subir d'importants travaux. Lors d'un banquet donné en l'honneur du président chinois, le président Obasanjo a levé son verre : « Nous souhaiterions que la Chine dirige le monde et, quand ce sera le cas, nous voulons être juste derrière vous. Quand vous irez sur la

1. Cité par Xavier Harel, *Afrique, pillage à huis clos*, Fayard, 2006, p. 231.
2. Serge Michel et Michel Beuret, *La Chinafrique*, Grasset, 2008, p. 289.

lune, nous ne voulons pas être laissés derrière, nous voulons être avec vous[1]. » Une déclaration d'affection qui se passe de commentaires.

En 2010, la compagnie Cnooc devrait commencer l'exploitation du pétrole dans le nord du Kenya. Parallèlement, les Chinois ont lancé des études de faisabilité pour la construction du plus grand port d'Afrique orientale, à Lamu. Ce port moderne géant comprendra des terminaux pétroliers, des autoroutes, des voies ferrées, un aéroport, une raffinerie de pétrole et des zones de mouillage profondes pour les supertankers. Il sera relié par oléoduc et par voies routières et ferroviaires jusqu'à la frontière avec le Sud-Soudan. L'aménagement de ces infrastructures, d'un coût de plusieurs milliards d'euros, offrira une alternative à l'acheminement du pétrole du sud vers le nord du Soudan. Mais il dévastera l'ancienne cité portuaire historique de Lamu, berceau de la culture swahili, jusqu'ici épargné par le tourisme de masse qui a ravagé Zanzibar ou Mombassa. L'agression contre le patrimoine s'accompagne d'une autre menace, sur l'environnement. Nombre des 85 000 habitants de Lamu vivent de la pêche et craignent que le dragage du port ne détruise les zones de reproduction des poissons, sans compter la pollution qu'entraîneront les déversements d'hydrocarbures.

La percée chinoise s'est faite par étapes. Jusqu'en 1992, la Chine n'avait de lien substantiel en Afrique

1. Cité par Antonio Garcia, « La boulimie pétrolière de Hu Jintao », RFI, 27 avril 2006.

qu'avec l'Angola pour ses approvisionnements en hydrocarbures. À partir de l'année suivante, ce pays passe au quatrième rang des fournisseurs de la Chine, qui établit alors des liens avec d'autres pays du continent noir[1]. En moins de dix ans, celle-ci multiplie par cinq ses importations de pétrole africain. En 2006, au moment du sommet Chine-Afrique de Pékin, qui a vu la capitale de la République populaire se couvrir d'affiches géantes d'éléphants, de girafes et de zèbres, le pétrole africain représentait 30 % des importations chinoises.

En 1997, la CNPC s'associa avec des sociétés malaisiennes et canadiennes pour prendre pied au Sud-Soudan, dans le bassin de Muglad, où elle conduisit un ensemble de prospections, puis la mise en place et l'exploitation d'oléoducs. Ce projet, qui a coûté un milliard de dollars, a été le premier de ce type sur le continent africain. Depuis, il a prospéré au-delà de toute espérance pour le régime de Khartoum. Non seulement la Chine lui achète son pétrole, en dépit de l'embargo qui touche le Soudan, mais elle est aussi un allié irremplaçable au sein du conseil de sécurité de l'ONU. Enfin, elle lui fournit les armes dont il a besoin pour écraser le Darfour ou faire la guerre au Tchad. Les contrats avec les États africains sont présentés comme des opérations bénéfi-

1. Comme l'explique le chercheur Chung-lian Jiang, docteur en sciences politiques à la Sorbonne et spécialiste des relations sino-américaines, dans « La Chine, le pétrole et l'Afrique », Geopolitis.net, 28 novembre 2004.

ques pour les deux parties, *win-win*, dit-on aussi dans le chinois des affaires. Mais dans ce monde soumis aux aléas de la spéculation, le *win-win* peut devenir subitement *lose-lose*. Ainsi du mirifique accord signé par le Congo-Kinshasa (RDC) avec la Chine en avril 2008. À l'époque, la cotation du cuivre connaît un sommet historique puisque la tonne s'achète à 8 400 dollars contre 500 dollars en 2000. Déjà très présente en Zambie[1], le deuxième exportateur de cuivre, la Chine propose un méga-contrat au gouvernement congolais : en échange d'un accord portant sur la livraison de 6 500 millions de tonnes de cuivre, la Chine s'engageait à investir 3 milliards de dollars dans l'exploitation des mines et la bagatelle de 6 milliards de dollars pour la construction d'infrastrures : autoroutes, voies ferroviaires, hôpitaux, logements sociaux, tout l'investissement bien utile après des décennies de guerre allait ainsi être épongé par le « grand-oncle » chinois. À 8 400 dollars, le contrat représentait une bonne affaire pour la Chine, mais il en va tout autrement dès lors que le cuivre a perdu 75 % de sa valeur en quelques mois[2] : dès la fin de l'année 2008, les ouvriers chinois de Kinshasa ont tout le temps de jouer au majong tandis que les petits commerçants débarquées dans leur sillage plient bagage…

Depuis, la Chine a étendu son champ d'action en Afrique à de nombreux autres pays : Égypte, Gabon,

1. « CA Éclairages. La Chinafrique », n° 140, mars-avril 2010.
2. Voir Colette Braeckman, *Vers la deuxième indépendance du Congo*, Le cri-Afrique édition, 2009.

Congo-Brazzaville... Selon l'EIA[1], en 2008, la Chine importait d'Afrique 1,1 million de barils de brut par jour, soit 30 % de son approvisionnement total, tandis que 50 % provenait du Moyen-Orient. En 2008 toujours, sur un total de 56 milliards de dollars d'importations africaines, le pétrole en représente 39. Le reste est composé de minerais (cuivre, nickel, fer, bauxite, uranium, pierres précieuses...), de bois, de coton ou de produits de la pêche.

Durant cette même année 2008, Pékin a exporté une somme identique de marchandises en Afrique, inondant le continent africain de son électroménager bon marché, d'automobiles, de motos, de bicyclettes, de textiles. Voilà résumée par les chiffres « bruts », si l'on peut se permettre ce jeu de mots, des échanges, toute la perversité du *deal* économique chinois proposé aux Africains : l'Empire du Milieu siphonne leurs ressources, en échange d'une véritable invasion commerciale de produits *low cost* qui maintiennent leurs pays dans un statut de pays rentier, le chemin le plus sûr vers la faillite économique. Selon Jean-Louis Martin, économiste du Crédit Agricole[2], la Chine semble avoir capté durablement la production industrielle de masse, ce qui interdit de fait aux pays africains de s'engager sur la voie classique « évolutionniste » de passage de l'agriculture à l'industrie, puis aux activités de service.

---

1. EIA : US Energy Information Administration (http://www.eia.doe.gov/).

2. « CA Éclairages, la Chinafrique », *op. cit.*

La diplomatie du stade national

En Afrique, la Chine n'a que faire de la « bonne gouvernance » ânonnée par les Européens et les Américains. Elle a trouvé un moyen imparable de séduire les chefs d'État et dirigeants locaux, en faisant vibrer une corde sensible, celle du sport et du football en particulier.

Stade contre pétrole. Telle est la formule qui résume le mieux la diplomatie chinoise du stade national. Elle a été officialisée par Wen Jiabao, le Premier ministre chinois, lors du sommet Chine-Afrique 2006 : la Chine allait soutenir la construction d'installations sportives à travers tout le continent. Puis le numéro deux est allé visiter en personne le stade de Dar es-Salaam, en Tanzanie, un pays ami de longue date : son président, père de la nation depuis l'indépendance, Julius Nyerere, avait collectivisé l'agriculture sur le modèle chinois en 1967. L'ancien stade national, vétuste édifice de 6 000 places, a été remplacé par un nouveau, qui accueille 60 000 spectateurs et porte son nom. Le chantier a été opéré par le Beijing Construction Engineering Group qui a importé les matériaux et les ouvriers nécessaires à la construction[1]. La ville, grâce à son port, est vouée à devenir pour la Chine une plateforme de transports qui rayonneront dans la région.

1. « Chinese, Tanzanian PMs inspect ultra-modern stadium site », Xinhua, 23 juin 2006.

Le stade de Dar es-Salam a été inauguré en février 2009 par Hu Jintao lors de son déplacement en Tanzanie pour la signature d'accords de coopération. Dans le même temps, l'Angola, où les Chinois sont omniprésents, poursuivait ses préparatifs de la Coupe d'Afrique des Nations qui devait se dérouler en janvier 2010. Pour cette occasion, l'État angolais a dépensé près d'un milliard de dollars pour transformer Luanda en vitrine clinquante, tandis que 70 % de la population de ce pays survit en dessous du seuil de pauvreté. Les quatre stades qui ont accueilli la compétition, à Luanda, Cabinda, Benguela et Lubango, ont été construits pour 600 millions de dollars par des sociétés chinoises qui avaient remporté les appels d'offres. Le pays n'est certes pas en manque de fonds : il est le troisième producteur de pétrole d'Afrique. Durant les travaux, « la progression des chantiers des stades a été pratiquement classée "secret d'État", et les organisateurs refusent encore aujourd'hui d'aborder la question de l'origine des fonds alloués à la construction des stades[1] ». Est-ce un hasard si la Chine qui a construit des stades en Angola importe désormais 13 % de son pétrole brut, et si ce pays est devenu son premier client sur le continent ? La même opacité a été relevée autour de la signature pour la construction de deux stades au Ghana en 2005. Dans le cas du Ghana, de l'Angola et de nombreux autres pays – à l'exception de l'Afrique du Sud –, les chantiers de construction ne

1. Joachim Barbier, « La diplomatie du stade national », *So Foot Afrique 2010*, supplément au n° 71, janvier 2010.

profitent pas aux populations locales : pratiquement tous les ouvriers employés sont chinois.

Le magazine *So Foot* a consacré une enquête à la « diplomatie [chinoise] du stade national ». Selon Joachim Barbier, la Chine est sur le point de construire des stades dans une vingtaine de pays africains : Bénin, Cameroun, République centrafricaine, Congo-Brazzaville, Djibouti, Gambie, Liberia, Mali, Maurice, Mozambique, Niger, Sénégal, Sierra Leone, Togo, Ouganda et Zambie. Personne n'est oublié : Robert Mugabe a lui aussi droit au financement de la rénovation du stade national du Zimbabwe, à Harare, qui devait être prêt pour la Coupe du monde 2010, organisée chez le voisin sud-africain. Les militaires putschistes en Guinée-Conakry, responsables d'une fusillade qui a causé la mort de 157 personnes en septembre 2009, ont obtenu de la Chine le cadeau d'un stade national, en même temps qu'un investissement dans le secteur minier d'une valeur de 7 milliards de dollars.

Cette diplomatie des équipements sportifs ne s'arrête pas à l'Afrique : au Laos, où les projets et investissements chinois se multiplient, le stade de Vientiane, financé par China Development Bank, a été offert pour les Jeux d'Asie du Sud-Est.

L'Amérique latine, moderne Eldorado

En Amérique latine, la Chine est en train de concurrencer sérieusement l'influence américaine traditionnelle sur le continent. Avec 100 milliards de dollars en 2007 (contre 12,6 en 2001 !), elle est devenue le troisième partenaire commercial de l'Amérique du Sud. Le Brésil est depuis 2009 le premier partenaire commercial de la Chine avec 36,44 milliards de dollars (2008).

Là encore, les enjeux de ressources sont à l'origine des manœuvres chinoises. Le pétrole est, ici aussi, la priorité de Pékin. La Chine a conclu des partenariats importants d'exploitation, de prospection et de transport non seulement avec le Venezuela de Chávez, tout heureux de se dégager de l'emprise de son client nord-américain, mais aussi avec le Brésil, l'Argentine et l'Équateur. D'autres contrats concernent le nickel à Cuba et au Brésil, le cuivre au Pérou et au Chili, le fer au Pérou encore. Enfin, les terres agricoles du continent intéressent aussi la Chine, grosse importatrice du soja brésilien et argentin.

Mais là encore, pas question pour les dirigeants chinois de laisser se creuser un déficit commercial avec le continent sud-américain. La Chine exporte ses produits bon marché pour la vie quotidienne et concurrence durement le textile sud-américain.

En 2009, la Chine a conclu plusieurs accords bilatéraux visant à se passer du dollar pour les échanges commerciaux. Le Brésil et l'Argentine figuraient parmi les partenaires privilégiés de l'Empire du Milieu. Mais cette émancipation progressive du roi-dollar n'implique pas pour autant une relation sur un pied d'égalité avec les nations sud-américaines, comme l'explique François Lafargue : « La dépendance des pays d'Amérique latine est incontestable, la Chine est la destination de 70 % du fer, de 47 % du plomb et de 37 % du cuivre exportés par le Pérou, de 33 % de l'étain exporté par la Bolivie, et de 16 % du cuivre partant du Chili. Loin de permettre le développement, le commerce avec la Chine fragilise sur le long terme les économies d'Amérique latine[1]. »

EN ASIE CENTRALE : LE GRAND JEU CHINOIS

En 2000, constatant les déséquilibres de développement sur son territoire, la Chine décide de s'attaquer à son « Grand Ouest » (les provinces du Xinjiang et du Qinhai). Ces vastes étendues, majoritairement désertiques, ouvrent sur une autre région du monde qui attise sa convoitise : l'Asie centrale. Au XIXe siècle, le Grand Jeu opposait Russes et Britanniques qui cherchaient à y établir leur domination. La frontière occidentale de la Chine était le point de friction de la tectonique des deux puissances, or l'Empire du Milieu était alors presque absent de la lutte feutrée qu'elles se livraient. Aujourd'hui, le Grand Jeu est une chinoiserie.

En 2000, Pékin lance donc sa politique de développement du « Grand Ouest ». L'objectif affiché est de désenclaver plusieurs régions du Xinjiang, ce territoire montagneux et désertique, trois fois grand comme la France, annexé, en 1884, pour en faire une province

1. « La Chine en Amérique latine », *Perspectives chinoises* n° 97, septembre 2006.

de l'Empire. L'État investit dans les infrastructures de transport et l'exploitation des hydrocarbures dont cette province regorge. En mandarin, « Xinjiang » signifie « nouvelle frontière ». Par son histoire, sa géographie, sa culture et sa population, cette région appartient plutôt à l'Asie centrale et au monde turc. S'ils étaient libres de donner leur point de vue, les Ouïghours, ses habitants d'origine, parleraient de « Turkestan oriental ». Une appellation qu'ils n'utilisent jamais. Qui la prononcerait se verrait immédiatement accusé par les autorités chinoises de soutenir les « trois forces » – terrorisme, séparatisme et extrémisme religieux[1].

Ce territoire stratégique est considéré à Pékin comme la case centrale d'un échiquier sur lequel la Chine avance ses pions. Par ses frontières, le Xinjiang est bordé par la Mongolie, la Russie, l'Inde, le Kirghizstan, le Tadjikistan, l'Afghanistan, le Pakistan et le Kazakhstan. Mais le « Grand Ouest » ne se limite pas à son seul territoire national. Loin d'être sur la défensive au Xinjiang, la Chine est en train de l'utiliser comme camp de base pour prendre pied chez ses voisins. Des contrats énergétiques sont signés avec l'Iran.

---

1. Après l'attentat des Twin Towers, la Chine a d'ailleurs obtenu des États-Unis, comme le notent Stéphanie Balme et Daniel Sabbagh, l'ajout par Washington du Mouvement islamiste du Turkestan oriental à la liste des organisations terroristes afin de lutter contre le « séparatisme ouïghour » au Xinjiang. Voir Stéphanie Balme et Daniel Sabbagh, *Chine/États-Unis. Fascinations et rivalités*, Autrement, 2008, p. 51.

Une nouvelle route vers le Pakistan est en construction dans la chaîne montagneuse du Karakorum. À ce pays allié, un port clés en main a déjà été livré en 2007. Un grand gazoduc a été inauguré en décembre 2009, qui relie la Chine au Kazakhstan et au Turkménistan.

En Afghanistan aussi la Chine est de retour. Avant le 11 septembre 2001, Pékin entretenait des relations cordiales avec l'Afghanistan des talibans. Peu après, il soutenait la liste noire des organisations terroristes dressée par Washington. Alors qu'il n'était pas encore le numéro deux mondial des équipements de télécommunication, le géant chinois Huawei avait signé avec le régime du mollah Omar des contrats pour la vente de fibre optique ; depuis, cette entreprise liée à l'Armée populaire de libération (APL) aimerait faire oublier cette ancienne relation. Les projets de Huawei ont été brutalement interrompus par l'invasion américaine en octobre 2001. La Chine fait profil bas à Kaboul. Son ambassade est discrète, elle se veut rassurante. Dans sa compétition avec l'Inde, sa stratégie pourrait bien lui permettre de remporter la mise.

Là encore, l'enjeu n'est guère idéologique. Il s'agit de la mine de Mes Ainak, dans la province du Logar, au sud-est de Kaboul, le second plus important gisement de cuivre au monde, aux réserves estimées à 13 millions de tonnes. Au prix actuel du cuivre, la valeur du gisement atteindrait les 30 milliards de dollars (20,3 milliards d'euros). Mes Ainak est une mine connue depuis l'Antiquité, qui a donné naissance à une ville datée par les archéologues entre le IIIe et le Ve siècle. Bientôt s'élèvera à l'emplacement du site archéologique exceptionnel une ville minière chinoise peuplée d'une dizaine de milliers d'ouvriers et d'employés chinois. Cinquante bâtiments sont déjà construits, gardés par des centaines de policiers afghans. À Mes Ainak, le China Metallurgical Group, une entreprise d'État chinoise, a misé gros. Avec l'achat de la concession, la firme a déclaré vouloir investir 3,5 milliards de dollars dans le projet. Le double de la somme annoncée par les quatre autres concurrents lors de l'appel d'offres. Une fois la mine en activité, elle versera 400 millions de dollars chaque année à l'État afghan. « C'est le plus important investissement étranger dans l'histoire de l'Afghanistan », explique le ministre afghan des Mines, Mohamed Ibrahim Adel, cité par le journaliste Jean-Pierre Perrin, qui a enquêté sur place[1]. Une fois la mine en pleine exploitation, 300 000 tonnes de minerais en seront extraites chaque année.

Pour alimenter en énergie la ville et l'exploitation minière, le groupe chinois s'est engagé à construire une centrale thermique de 400 mégawatts, dont une partie de l'électricité alimentera Kaboul. Et donc à prospecter du charbon, pour fournir la centrale. Une fonderie sera construite, ainsi qu'une ligne ferroviaire qui reliera la mine au Tadjikistan et au réseau chinois. La Chine s'est aussi engagée à réaliser des investissements dans l'enseignement, le logement et la santé.

Quant aux fragiles vestiges antiques de Mes Ainak, fleur sublime de l'art gréco-bouddhique du Gandhara

1. Jean-Pierre Perrin, « Le bouddha afghan sacrifié pour le cuivre », *Libération*, 17-18 octobre 2009.

– que les Américains ont commencé à piller –, les archéologues afghans et français avaient jusqu'au mois d'avril 2010 pour en organiser le sauvetage en catastrophe, avant que ne déferlent les bulldozers chinois[1].

Si le chemin de fer voit le jour, l'Afghanistan sera rattaché par le rail à la Chine. Cette liaison compléterait le dispositif existant, à savoir le complexe portuaire bâti au Pakistan sur financement chinois, dans la province du Baloutchistan, à Gwadar – port qui pourrait devenir une des plus importantes bases navales de la Chine.

Comment les États-Unis perçoivent-ils cette poussée au cœur de leur aire d'influence ? « Les Américains, pour qui l'AfPak [Afghanistan et Pakistan] est essentiel, laissent les Chinois investir en Afghanistan. Ils espèrent les piéger et faire en sorte qu'ils rejoignent la coalition d'une manière ou d'une autre », nous a expliqué Chong-pin Lin, universitaire et ancien ministre de la Défense de Taïwan[2]. Une analyse confirmée par la tribune publiée par le stratège américain Mark Brzezinski peu avant la visite de Barack Obama en Chine, à l'automne 2009. Ce qu'il nomme la *China List*[3] est l'inventaire des questions

1. La Chine a promis 1,5 million de dollars pour les fouilles, mais personne n'en a vu la couleur. Philippe Marquis, archéologue et directeur adjoint de la Délégation archéologique française en Afghanistan, déplore « un massacre archéologique d'une ampleur délirante ». Cité par J.-P. Perrin, *ibid.*

2. Entretien avec l'auteur.

3. Mark Brzezinski et Mark Fung, « The China List », *The New York Times*, 30 octobre 2009.

prioritaires à aborder par le président américain avec son homologue chinois. En numéro deux, après le Pakistan, figure la mine de cuivre de Mes Ainak. Non pas pour mettre en garde les Chinois, mais au contraire pour qu'ils accélèrent la réalisation de leur projet, car les Américains espèrent qu'il apportera la stabilité à cette région qu'ils peinent à contrôler. Proche de Kaboul, le Logar est aussi connu comme la « porte du jihad », et les talibans y sont très actifs.

En Afghanistan, la course aux ressources oppose plutôt les Chinois aux Indiens. « Tandis que les autorités indiennes conçoivent l'Afghanistan comme un lieu où se joue leur opposition à Islamabad, Pékin le considère comme un fournisseur de richesses pétrolières, gazières ou minérales, et un futur partenaire commercial », analyse Sarah Davison, une journaliste basée à Kaboul[1]. Depuis, plusieurs autres gisements de cuivre ont été découverts en Afghanistan, ainsi qu'un gisement de fer à Hajigak, sur la route qui mène de Kaboul à Bamyan, avec 1,8 milliard de tonnes de réserve. Un appel d'offres a été lancé et cinq compagnies indiennes sont en concurrence avec une société d'État chinoise. Cette dernière est donnée favorite.

L'une des étapes les plus spectaculaires de la percée chinoise en Asie centrale est assurément l'achèvement du gazoduc long de 1 833 kilomètres qui relie le Xinjiang à l'axe Kazakhstan-Ouzbékistan-Turkménistan. Celui-ci a été inauguré en grande pompe le 14 décem-

1. Sarah Davison, « Inde et Chine se disputent l'Afghanistan », *Le Monde diplomatique*, décembre 2009.

bre 2009 à Astana par Hu Jintao et ses homologues kazakhstanais, ouzbek et turkmène. L'installation, qui part des champs gaziers de Samandepe, et que chacune des trois Républiques alimentera d'un tiers, devrait fournir à terme 40 milliards de mètres cubes de gaz chaque année. Ceux-ci seront acheminés jusqu'à Shanghai *via* le Xinjiang, 6 000 kilomètres plus à l'est. Présenté comme le pipeline le plus long du monde, ce gazoduc devrait aider la Chine à réduire ses émissions de CO_2, explique benoîtement le quotidien officiel *China Daily*. Il s'agit surtout du premier pipeline d'exportation kazakhstanais qui contourne la Russie et permettra d'exporter directement en Chine le gaz turkmène. Construit en trois ans par 8 000 ouvriers chinois et financé par la Banque chinoise du développement, il marque une étape supplémentaire dans le glissement des Républiques d'Asie centrale de l'orbite russe à l'aire d'influence chinoise.

Des cinq Républiques d'Asie centrale, la Chine a sa favorite : le Kazakhstan. Les deux pays ont signé un partenariat dit « stratégique », le plus élevé sur son échelle diplomatique. Pékin considère en effet Astana comme un allié primordial dans la région. En deux décennies, depuis la chute de l'Union soviétique, les liens entre les deux pays se sont considérablement multipliés. Dans un long article très documenté, paru en 2008 dans la revue *Perspectives chinoises*, Sébastien Peyrouse[1] explique comment la Chine est devenue le

1. Chercheur au Central Asia and Caucasus Institute SAIS à l'université John Hopkins, Washington DC.

deuxième partenaire économique du Kazakhstan[1] – et peut-être le premier, depuis 2008. En vingt ans, la montée en puissance continue des échanges entre les deux pays a fait décoller le PIB du Kazakhstan, devenu le deuxième pays le plus riche de l'espace postsoviétique. Mais les déséquilibres de la relation commencent sérieusement à inquiéter les élites locales. Du seul point de vue de la population, la Chine est 86 fois plus peuplée que son voisin (1 333 millions d'habitants contre 15 millions). En 2006, les échanges sino-kazakhstanais représentaient 9 milliards de dollars. En 2008, ils s'élevaient à 17,5 milliards de dollars[2]. En 2006, les exportations chinoises constituaient 15,5 % du commerce extérieur du Kazakhstan. Il sera intéressant de surveiller l'évolution des échanges commerciaux après l'entrée en service du gazoduc.

En 2006, la Chine exportait au Kazakhstan 80 % de la consommation locale de produits finis et manufacturés : chaussures, textile, jouets, électroménager, électronique, produits pharmaceutiques et agroalimentaires… De son côté, le Kazakhstan exportait 85 % de sa production de matières premières en Chine. Cette complémentarité inquiète les experts kazakhstanais. S'ils peuvent désormais acheter des marchandises chi-

1. Sébastien Peyrouse, « La présence économique chinoise au Kazakhstan », *Perspectives chinoises*, n° 2008/3. Cet article, l'un des rares paru à ce jour sur ces questions, nous a fourni l'essentiel des informations sur le Kazakhstan.

2. Selon l'agence Xinhua : « Le président chinois arrive au Kazakhstan pour une visite officielle », 13 décembre 2009.

noises à bas prix, les citoyens kazakhs assistent impuissants à la liquidation de leurs dernières usines de transformation et de leur industrie agroalimentaire. Sébastien Peyrouse cite le principal sinologue de l'Institut d'études stratégiques du Kazakhstan, Konstantin Syroezhkin. Selon lui, « les succès économiques de la Chine vont de manière objective à l'encontre de tous les intérêts économiques centrasiatiques dans les secteurs du traitement industriel et dans une certaine mesure de l'agriculture ».

À la différence des autres Républiques d'Asie centrale, où sont majoritairement présents les groupes étatiques chinois, le Kazakhstan a vu s'accroître le commerce « privé[1] » chinois, à côté des entreprises d'État. En 1995, on comptait 300 *joint-ventures* sino-kazakhstanaises. Elles étaient 4 000 en 2007, essentiellement tournées vers le commerce des matières premières, et non la production ! Les experts rencontrés par Sébastien Peyrouse s'inquiètent de l'absence de transfert de savoir-faire et s'interrogent sur l'activité réelle de ces entreprises : près des deux tiers d'entre elles disparaîtraient dans l'économie de l'ombre. Leur activité dissimulerait-elle trafics et pillages de ressources ?

La méfiance des Kazakhstanais est alimentée par d'autres pratiques chinoises. À Aktobe, à Atyrau et à Kzyl-Orda, on ne voit pas d'un bon œil la priorité donnée au personnel chinois, qui vit coupé du pays

1. Il est intéressant de noter que les CCPX, ou Corps de production et de construction du Xinjiang, sont considérés comme des entrepreneurs privés, alors qu'il s'agit de colonies semi-militaires !

dans ses « bases-vie », alors que ces régions connaissent un fort taux de chômage. Un seuil minimal de salariés locaux est néanmoins requis à l'embauche. Mais, selon Sébastien Peyrouse, les autorités kazakhstanaises auraient autorisé ces entreprises à fonctionner selon le droit du travail chinois[1], en vertu de quoi les revendications syndicales des employés kazakhstanais auraient été freinées. Ils seraient même obligés de saluer durant l'hymne national chinois !

Cette servitude peu volontaire semble avoir suscité le ravissement de la journaliste du *China Daily* qui suivait la délégation accompagnant Hu Jintao à Astana, le 14 décembre 2009. « Malgré la différence de climat, la capitale du Kazakhstan n'est pas une ville très exotique pour nous, parce que nous y trouvons une empreinte de la culture chinoise », écrit-elle. Après avoir relevé que nombre de ses interlocuteurs kazakhstanais parlaient mandarin, elle conclut son reportage sur ces propos sidérants : « Personne dans notre délégation n'a eu ici le sentiment de se trouver dans un pays étranger[2]. »

Dans le dispositif de captation des ressources énergétiques mis en place par Pékin, le Kazakhstan joue un rôle clé. Il permet en effet à la Chine d'avoir accès au

---

1. Ces pratiques qui rappellent le principe du projet de circulaire Bolkenstein en Europe, semblent communes aux groupes chinois. Lors d'une enquête en Algérie, en 2006, nous avions constaté que les entreprises de BTP chinoises appliquaient sur les chantiers le droit du travail chinois, et non pas algérien.

2. Wu Jiao, « For Chinese visitors, Astana is a germ with many facets that are familiar », *China Daily*, 14 décembre 2009.

pétrole de la Caspienne, surtout depuis que le groupe Cnooc et la KazMunaïGaz, une société d'État locale, ont signé en 2005 un accord d'exploration du gisement de Darkhan, dont les réserves sont estimées à 11 millions de barils. En 2006, les groupes chinois présents auraient produit en tout 18 millions de tonnes de pétrole brut, c'est-à-dire 26 % du total de la production kazakh.

L'effort chinois consiste désormais à relier entre eux les différents oléoducs déjà construits à travers le pays. En 2010-2011, quand sera achevé le dernier tronçon, la Chine bénéficiera d'un oléoduc de 3 000 kilomètres, reliant la mer Caspienne au Xinjiang, avec une capacité de 20 millions de tonnes par an. À terme, ce pipeline devrait permettre le transport de 10 % des importations chinoises de pétrole. De ce fait, la Chine offre une alternative à la dépendance du Kazakhstan et du Tukménistan vis-à-vis de l'ancien maître russe.

L'implantation massive de la Chine au Kazakhstan se manifeste aussi par des prises de participation dans les sociétés locales. En 2006, le groupe CITIC a racheté la société Nation Energy. La CNPC a acquis 67 % du groupe PetroKazakhstan. Elle a aussi pris le contrôle de MangistauMunaiGaz, société kazakhstanaise d'hydrocarbure, en coopération avec KazMunaïGaz, et en échange d'une ligne de crédit de 10 milliards de dollars à Astana.

Au Kazakhstan, les critiques contre la présence chinoise ne manquent pas. Alida Achimbaeva, directrice de l'Institut du marché mondial, considère que l'opacité des décisions dans l'attribution des gisements est dangereuse et que la Chine est anormalement favorisée lors des appels d'offres[1]. Un autre spécialiste rencontré par Sébastien Peyrouse déplore que la Chine « refuse de tenir compte des expertises archéologiques faites sur le tracé du pipeline et [qu'elle ait] saccagé des sites préhistoriques et antiques précieux ». Enfin, Murat Auezov, un sinologue qui est aussi un opposant renommé au président Nazarbaev, s'émeut que l'entretien et la sécurité des pipelines soient confiés à des firmes chinoises, et non pas kazakhstanaises. Selon lui, la Chine achèterait des gisements à faible rentabilité non pas pour des raisons de sécurité énergétique mais pour des motifs stratégiques : en quadrillant ainsi le territoire kazakhstanais, Pékin serait en mesure de faire fléchir Astana en cas de tension politique.

Il peut sembler surprenant que la Russie laisse les ex-Républiques soviétiques d'Asie centrale glisser ainsi dans l'orbite chinoise, sans présenter plus de résistance. La raison réside peut-être dans le fait que la Chine, incapable de réfréner son appétit en matières énergétiques, achète aussi le gaz russe. Et puis les liens entre les Républiques d'Asie centrale et Moscou sont encore solides. Reste que la Chine, à travers le groupe CNPC, est le premier pays étranger à accéder directement aux ressources énergétiques turkmènes. Gurbanguly Berdymukhamedov, le président turkmène, dont le pays est en délicatesse avec le géant russe Gazprom, a mis en avant, le 14 décembre 2009, la dimension politique du

---

1. Propos rapportés par Sébastien Peyrouse, « la présence économique chinoise au Kazakhstan », *op. cit.*

partenariat qu'il organise avec la Chine. Celle-ci a accordé à son pays un prêt de 3 milliards de dollars pour prospecter un champ gazier près de la frontière afghane.

La diplomatie chinoise des pipelines s'étend bien au-delà de l'Asie centrale. À son Extrême-Orient, Pékin semble avoir obtenu la construction d'une ramification vers la Chine de l'oléoduc ESPO (Sibérie orientale-océan Pacifique), inauguré par Vladimir Poutine le 28 décembre 2009 à Nakhodka. Deux mois plus tôt, le 28 octobre, un accord avait été signé entre les compagnies publiques russe Transneft et chinoise CNPC concernant l'extension chinoise (Skovorodino-Daqing) de l'ESPO. Les hésitations et les revirements quant à la construction de cet oléoduc qui, une fois achevé, sera le plus long du monde (4 900 kilomètres), sont la partie visible des affrontements feutrés autour de l'énergie que se livrent en Extrême-Orient la Russie, la Chine, le Japon et la Corée. Une fois la ramification en service, la Russie s'est engagée à livrer pendant vingt ans à la Chine 15 millions de tonnes de pétrole chaque année.

En novembre 2009, le groupe CNPC a annoncé avoir commencé la construction d'un oléoduc qui reliera la province du Yunnan à l'océan Indien, *via* la Birmanie. L'oléoduc birman permettra de contourner le détroit de Malacca et de raccourcir les distances. Pour un coût de 2 milliards de dollars, 22 millions de tonnes de brut, à terme, devraient être livrés chaque année à la Chine. Le projet se doublera aussi d'un gazoduc. Long de 771 kilomètres, il s'étirera de Maday à Ruili, dans le Yunnan.

LA RUÉE CHINOISE SUR LES TERRES ARABLES ET LE BOIS

La boulimie de la Chine ne s'arrête pas aux hydrocarbures et aux minerais. Elle s'étend désormais aux forêts et aux terres arables. Avec l'Inde ou l'Arabie Saoudite, la Chine participe à ce mouvement frénétique auquel les banques, les fonds d'investissement de grands groupes industriels ou les milliardaires se prêtent. Tous se ruent sur les terres agricoles du tiers-monde pour les mettre en exploitation intensive et produire des céréales (blé, riz, maïs, sorgho...) ou des agrocarburants. Dans cette ruée, Pékin ne veut pas être en reste. Les sociétés chinoises qui en font l'acquisition ont l'avantage d'être soutenues par les autorités centrales qui leur ouvrent des lignes de crédit quasi illimitées. En 2006, le sommet sino-africain a validé un investissement de 5 milliards de dollars d'aide aux entreprises prêtes à investir dans l'agriculture africaine[1].

À l'été 2009, un envoyé extraordinaire de Pékin en Afrique a tenté de calmer les inquiétudes suscitées par cet appétit foncier. L'intérêt accru de la Chine pour les terres d'Afrique ne serait motivé par aucun autre désir que celui « d'aider au transfert de technologies pour appuyer les pays africains en matière agricole[2] ». Au Cameroun, il y a trois ans, l'État a cédé pour 99 ans

1. « CA Éclairages. La Chinafrique », *op. cit.*

2. « La Chine n'a pas de visées sur les terres agricoles africaines », 31 juillet 2009, Forum sur la coopération sino-africaine.

10 000 hectares de terres agricoles à la société Sino Cam Iko. Des voix s'élèvent pour dénoncer l'opacité de la transaction et l'absence de garantie que la production agricole de Sino Cam Iko ne sera pas exportée en Chine. Les investisseurs chinois ont lancé des cultures expérimentales en riz, maïs, fruits, légumes et manioc. « Nous allons vulgariser le moment venu les variétés très performantes que nous produisons dans tout le pays et même dans toute l'Afrique afin d'aider les populations locales à satisfaire leurs besoins alimentaires et augmenter leurs revenus », a déclaré M. Zhao, le directeur par intérim de la société, qui emploie une dizaine de Chinois et des paysans locaux par intérim[1]. Au-delà du cas de Sino Cam Iko, des ONG comme Grain[2] dénoncent les pratiques de Pékin qui exporte sa propre main-d'œuvre et dissémine des semences hybrides avec le risque de bouleverser la biodiversité d'origine.

En République démocratique du Congo, le géant chinois des télécommunications ZTE aurait obtenu une concession de 2,8 millions d'hectares (pratiquement la superficie de la Belgique) pour y implanter la plus grande palmeraie du monde[3]. En janvier 2008, le

1. Charles Nforgang, « Chinois au Cameroun : une incompréhension foncière », *Le Messager*, 6 janvier 2010.

2. http://www.grain.org/accueil/

3. Selon Olivier De Schutter, rapporteur spécial des Nations unies pour le droit à l'alimentation (www2.ohchr. org). Cet investissement est confirmé par la note de Catherine Mollière, économiste au Crédit Agricole (« CA Éclairages, La Chinafrique », *op. cit.*). Il porterait sur un milliard de dollars.

site de l'ambassade de Chine en RDC a confirmé la concession à ZTE de 300 000 hectares[1].

En 2007, le pétrolier chinois Cnooc s'est associé avec la compagnie indonésienne Sinar Mas Agro Resources and Technology et une société hongkongaise pour investir 5,5 milliards de dollars dans le développement des agrocarburants à Bornéo et en Nouvelle-Guinée occidentale.

En Indonésie comme en Papouasie-Nouvelle-Guinée, la Chine fait coup double : la dévastation des forêts primaires de ces pays, parmi les dernières de la planète, libère de l'espace pour ses plantations géantes et lui fournit des bois tropicaux bon marché : 75 % du commerce du bois papou est lié aux exportations vers la République populaire. La majorité de ces coupes sont illégales[2]. Le bois transformé nourrit les exportations chinoises de meubles et de contreplaqué vers le monde entier.

En Birmanie, des concessions d'hévéas ont été attribuées à au moins deux sociétés chinoises, Ho Nan Ching et Yunnan Hongyu. Certains réfugiés qui ont fui le pays sous la férule de la junte sont des fermiers spoliés de leurs terres : leurs anciennes parcelles ont été regroupées dans des plantations d'hévéas, dont certaines sont dirigées par des entreprises chinoises[3]. Le commerce

---

1. http://cd.china-embassy.org/fra/xw/t399806.htm
2. Bruno Philip, « Le marché exponentiel du bois en Chine », *Le Monde*, 30 mars 2006.
3. Denis D. Gray, « China farms the world to feed a ravenous economy », Associated Press, 4 mai 2008.

illégal de bois entre la Birmanie et la Chine a lui aussi exposé en volume, bien qu'il soit très difficile d'en faire une estimation.

Françoise Mengin rapporte l'importance du rôle joué par les opérateurs chinois au Cambodge et l'imbrication des relations d'intérêts entre sociétés sino-cambodgiennes et le pouvoir politique de Hun Sen, Premier ministre du Cambodge[1]. Le cas de la nébuleuse Pheapimex-Wuzhishan mérite d'être cité. En 2000, le gouvernement cambodgien a signé un contrat avec Pheapimex Co. Ltd, une société détenue par des oligarques sino-khmers, disposant qu'une superficie totale de 315 000 hectares lui était concédée pour 70 ans. Additionnée à ses autres concessions (foncières et forestières, mine d'or), Pheapimex possède 5,8 % du territoire cambodgien. En 2004, Wuzhishan – une entreprise sino-cambodgienne dont l'un des dirigeants siège aussi à Pheapimex et qui partage avec elle la même adresse – s'est vu concéder 200 000 hectares, vingt fois le maximum légal, dont 10 000 hectares de plantations de pins immédiatement exploitables. Des opérateurs chinois sont directement associés à cette nébuleuse et l'une des concessions est financée par des prêts gouvernementaux chinois. Les dirigeants de Pheapimex-Wuzhishan sont des proches de la famille du Premier ministre Hun Sen. Pheapimex est la principale source de financement de son parti, le PPC.

1. Françoise Mengin, « La Présence chinoise au Cambodge, contribution à une économie politique violente, rentière et inégalitaire », *Les Études du CERI*, n° 133, février 2007.

Et Françoise Mengin parvient à la même conclusion que les observateurs de la Chinafrique : « L'investissement chinois, encore pionnier au Cambodge dans [le domaine du tourisme], contribue à la remise en cause des droits et des ressources des populations locales[1]. » La société chinoise New Cosmos a obtenu en 2003 un bail de 70 ans sur un terrain de 900 hectares pour y réaliser un vaste complexe touristique. Le terrain, qui se trouve dans la réserve naturelle de Phnom Aural, devra accueillir un hôtel, un centre commercial, un casino, un parc à thème, des villages artificiels ou encore un golf pour la réalisation duquel une rivière sera détournée. Ces installations font peser une menace sur la minorité Suy, ainsi privée de ses ressources traditionnelles.

Bien qu'étant l'un des pays de la planète ayant connu les pires déforestations et qu'il ait l'une des couvertures forestières les plus faibles, la Chine est devenue le premier exportateur mondial de produits dérivés du bois. Elle compte parmi les plus gros importateurs de bois de grume[2] – pour son marché intérieur de la construction. Depuis les crues du Yangtsé en 1998, qui furent dévastatrices en raison de la déforestation massive des berges, les autorités ont opéré un virage à 90 % de leur politique ; les barrières douanières sur l'importation de grumes ont été levées, et les filières d'approvisionnement sécurisées : Nouvelle-Guinée,

1. *Ibid.*

2. Sylvain Mathon, « Bois : un marché qui pèse 200 milliards de dollars », www.edito-matieres-premieres.fr, 8 juillet 2009.

Birmanie, Indonésie et Russie – cette dernière a pris une place prépondérante, 70 % des grumes de résineux chinois sont achetées à la Russie, ce qui fait de la Chine le second importateur mondial. Depuis, la Nouvelle-Zélande, les îles Salomon et le Gabon sont venus s'ajouter à la liste de ses fournisseurs.

La demande chinoise connaît une telle croissance que les coupes illégales à son profit se multiplient. En Sibérie, elle alimente un trafic qui dévorerait la taïga par millions d'hectares. Au Mali, les Chinois sont accusés de dévaster les forêts pour en récupérer le bois d'ébène. Selon l'analyste François-Xavier Léger[1], 90 % du bois exporté de la Guinée équatoriale est le fait de déboisements massifs et illégaux. Les exportations de bois gabonais sont à 70 % illégales. La décision du gouvernement gabonais d'interdire, à partir de 2010, l'exportation de bois en grume, au profit des industries locales de transformation, sera-t-elle effectivement appliquée ?

La diplomatie chinoise est donc devenue très largement économique, et cette évolution n'est pas seulement la conséquence logique de l'adhésion du pays à l'OMC. L'insertion de la Chine dans le marché mondial ne l'a guère conduite à adopter les règles formelles qui y préside, mais plutôt à en exploiter les failles et les interdictions à son profit. Avec l'arrivée des multinationales chinoises sur les marchés mondiaux, les dirigeants occidentaux vont pouvoir le vérifier.

1. Entretien avec l'auteur.

3

Les multinationales arrivent

À côté des investissements de ressources, la Chine développe des investissements d'expansion hors de ses frontières. Premier détenteur mondial de capitaux, elle investit dans le monde entier pour rentabiliser son capital et surtout monter en gamme, c'est-à-dire prendre la première place dans les technologies nouvelles et les services, de la même façon qu'elle l'a conquise dans celui de l'industrie. Dans *La Chine sera-t-elle notre cauchemar ?*, répondant aux libre-échangistes persuadés qu'il fallait abandonner l'industrie aux pays émergents et nous concentrer sur les produits à forte valeur ajoutée, nous écrivions : « L'innovation technologique est le moteur de l'économie productive depuis des siècles. Pourquoi les Asiatiques, Indiens ou Chinois, qui disposent des capitaux et de centaines de milliers de diplômés souvent formés dans les universités européennes, passeraient-ils à côté[1] ? » Nous ne nous étions pas trompés : les fonds souverains chinois multiplient aujourd'hui les acquisitions d'entreprises.

Dans la guerre économique qui se dessine, Pékin dispose de quelques outils efficaces pour conquérir des positions dans la course aux énergies fossiles, des terres arables. Il y a bien sûr le fonds souverain China Investement Corporation (CIC). Créé en septembre 2007, il dispose d'une mise de 300 milliards de dollars pour mener ses acquisitions. Son conseil d'administration est très politique : Lou Jiwei, son président, âgé de cinquante-neuf ans et membre du PCC, a été vice-ministre des Finances et vice-gouverneur de la province du Guizhou. Parmi les autres membres, des représentants du ministère des Finances, de la National Development and Reform Commission (NDRC), une agence gouvernementale créée en 2003 qui fait fonction de Plan.

Le CIC a toutefois du mal à s'imposer dans l'appareil chinois. Il est bien moins légitime que la State Administration of Foreign Exchange (SAFE), l'organisme qui gère les réserves de change (2 100 milliards). Jusqu'à maintenant, les investissements du CIC étaient purement financiers, et ils n'ont pas toujours été rigoureux : le fonds chinois a perdu une bonne partie (50 % en septembre 2009) des 3 milliards de dollars placés dans le fonds d'investissement américain Blackstone ; quant aux 9,9 % de Morgan Stanley achetés au prix fort peu avant la crise, ils ne témoignent pas non plus d'un grand flair

1. *La Chine sera-t-elle notre cauchemar ?*, *op. cit.*, p. 223.

chez les financiers chinois. D'autant qu'à la différence des fonds d'investissements privés, les fonds souverains qui participent aux réserves des États doivent être gérés normalement comme des placements de pères de famille. Les investissements conduits dans l'économie réelle sont, en principe, destinés à pallier la faible rentabilité des bons du Trésor américain dans lesquels est investie la très grande masse des réserves chinoises. Du coup, le CIC s'est replié sur des valeurs plus terre à terre depuis l'automne 2009 : le pétrole (le CIC détenait 1,6 % de Total au début 2010), les énergies nouvelles, les matières premières (700 millions de dollars dans l'entreprise charbonnière mongole SouthGobi Energy Resources, 500 millions dans Iron Mining International, en Mongolie également).

Pour mener d'autres acquisitions, l'État chinois dispose d'outils plus classiques. Il s'agit des conglomérats contrôlés par l'État – et donc par le Parti communiste. Parmi ceux-ci, il y a ces groupes modelés par les maîtres du pays, qui ont taillé dans les actifs des anciennes entreprises publiques pour structurer des géants prêts à s'internationaliser. Il y a aussi des entreprises dites « privées », qui sont en réalité insérées dans un réseau de relations et dépendances entre l'administration, les banques et le pouvoir politique. Ce contrôle à distance en fait des relais de l'ambition de la Chine.

Les multinationales chinoises connaissent un développement fulgurant. Elles sont toutes contrôlées par l'État. Ceux qui croient que la Chine a rejoint le monde de l'économie de marché devraient s'informer sur les réglementations pointilleuses auxquelles sont soumises les entreprises chinoises désireuses de plonger dans le grand bain capitaliste mondial. Au-dessus d'un million de dollars, l'entreprise qui investit doit faire valider son projet par cinq organismes : l'ambassade de Chine du pays visé par le projet ; l'administration locale de la province où l'entreprise a son siège ou les services locaux du Conseil d'État ; la National Development and Reform Commission (NDRC) ; le ministère du Commerce (MOFCOM) ; la State Administration of Foreign Exchange (SAFE) qui gère le contrôle des changes. Lorsque l'investissement est inférieur à un million de dollars, le contrôle est « limité » (si on peut dire) à trois de ces organismes : ambassade, administration locale ou Conseil d'État et la SAFE.

Pour atténuer encore la fluidité de ce contrôle bureaucratique, les auteurs du livre *Les Multinationales chinoises*, l'une des rares études sur le sujet[1], rapportent qu'au sein de chaque organisme, il faut compter en sus avec l'obligation, à chaque niveau hiérarchique, de faire remonter l'évaluation au chef du niveau supérieur. Avec le temps, la puissance financière chinoise semble bien pallier ce handicap. En 2006, le magazine américain *Fortune* comptabilisait 22 groupes chinois sur les 500 premiers groupes mondiaux. Mais compte tenu de la taille des entreprises chinoises, assez petites dans le tissu industriel du pays, cette performance ne reflète pas vraiment un phénomène d'internationalisation réel.

Les grands groupes qui émergent dans le paysage mondial se situent dans des secteurs industriels traditionnels : le pétrole (CNPC, Cnooc, Sinopec) l'acier

1. Sous la direction de Jean-Paul Larçon, Eska, octobre 2009.

(Baoestel et Shougang), les écrans plats (Boe), l'électroménager (Haier, Hinsense Group), le textile (China Worldbest Group), les télécommunications (Huawei, ZTE), la moto (Jincheng), les ordinateurs personnels (Lenovo, ex-IBM), les équipements électriques (Holley, Sangai Electric), les métaux non ferreux (NFC), l'électronique grand public (TCL) et les pièces pour automobiles (Wanxiang). Dans ce dernier secteur, le début de l'année 2010 a vu émerger, avec le rachat de Volvo, une société que l'on n'attendait guère à ce rang dans le gotha mondial de l'automobile : le groupe Geely, qui acquiert l'automobiliste suédois pour 1,8 milliard d'euros, n'était que la onzième entreprise d'automobile chinoise. Le hasard – ou au contraire la conscience de ses lacunes – a voulu que ce soit ce groupe, dont l'un des modèles, la Freedom Cruiser, a été moquée comme la « voiture de la mort » après son insuccès aux crash-tests aux États-Unis, qui rachète le fabricant des voitures réputées parmi les plus sûres. L'acheteur a déclaré que Volvo resterait Volvo et Geely n'a toutefois pas évoqué de synergies possibles. Après un entretien d'une heure quarante, les dirigeants syndicaux de l'entreprise (22 000 salariés) ont approuvé la fusion. Il faut croire que les Chinois savent toujours parler aux ouvriers... ou que le rapport de force, qui ne leur est décidément guère favorable, ne leur donnait pas d'autre choix que d'accueillir les dirigeants de Geely avec le sourire. Il est vrai que les syndicalistes ne sont pas les seuls à croire à l'avenir de Geely : Warren Buffett a investi 250 millions de dollars dans la firme, et Goldman Sachs 230 millions.

À cette étape, les autorités chinoises ont d'abord un objectif stratégique : le transfert de technologies, pour lequel le gouvernement a défini plusieurs priorités à travers son programme « Grands Projets technologiques » (concernant circuits intégrés et logiciels, Internet, téléphonie mobile, technologie informatique évoluée, biotechnologies, génétique, médecines, aviation civile, satellites météo océanographiques et de telecom, nouveaux matériaux). L'expansion chinoise bute sur un obstacle de taille : le management de filiales et de sociétés en *joint-venture* pose de gros problèmes. D'où l'attention portée aux Chinois d'outre-mer, supposés être imprégnés d'une « double culture » et mieux à même de faire le job.

Dans la théorie de l'économie libérale, l'investissement privé est censé fournir la meilleure allocation de ressources au profit du développement local. Bénis soient les rachats d'entreprises s'ils permettent la croissance de l'économie locale. L'expansion chinoise se moque bien de cette théorie. D'abord, l'investissement est, on l'a vu, étroitement contrôlé par l'État, qu'il provienne d'une entreprise publique ou privée. Ensuite, cet investissement est avant tout au service d'un État prédateur. En Europe, la Chine arrive par le BTP. En cet automne 2009, les dirigeants de la Fédération de l'industrie européenne de la construction (FIEC) sont inquiets : une entreprise chinoise du BTP vient de remporter deux mégacontrats pour la construction d'une voie rapide en Pologne. Selon les responsables, le tarif proposé, 310 millions d'euros, inférieur de 25 % au moins aux propositions des deux autres entreprises candidates, polonaise et irlandaise, implique forcément l'importation d'une main-d'œuvre chinoise à des salaires inférieurs aux minima de la législation polonaise. Ainsi la Chine est-elle en train d'importer en Europe ses pratiques de dumping sur les contrats du BTP comme elle le fait depuis des années en Afrique. Un peu partout sur le continent les offres chinoises se multiplient, en contradiction totale avec le droit européen. Mais les États laminés par la crise se laissent tenter, comme les pays africains, par les « cadeaux chinois », via des offres de prêts irrésistibles. Ainsi le contrat polonais a-t-il été assorti d'une avance de 100 millions d'euros, qu'en ces temps de crise le gouvernement polonais a appréciée. Le même type de contrat accompagné de prêts à des taux irrésistibles a été signé en Ukraine, en Macédoine et en Serbie. *Le Moniteur des travaux publics* a également relevé de nombreuses candidatures de sociétés chinoises sur un certain nombre de projets : une société mixte de construction de logements à Kielce, en Pologne ; un projet de pont sur le Danube en Roumanie ; des appels du pied de la Hongrie pour devenir la plateforme régionale de la Chine en Europe… Comme le précise le journaliste Sylvain Lapoix[1], tous ces gouvernements se sont bien gardés d'alerter Bruxelles sur ces cas de dumping flagrant pratiqués par des entreprises d'État[2].

1. Voir « Comment la Chine rafle les travaux publics en Europe », Marianne2.fr, 16 novembre 2009 (http://www.marianne2.fr/Comment-la-Chine-rafle-des-marches-de-travaux-publics-en-Europe_a182789.html).

2. La Fédération de la construction européenne signale cependant le cas de l'Italie, où un contrat a été cassé par le Tribunal administratif de Lozio.

Autre cas d'investissement prédateur, celui de Plysorol. Cette entreprise française, ex-leader européen du contreplaqué, compte près de 500 salariés répartis entre les sites de Lisieux, d'Épernay et de Fontenay-le-Comte. En 2008, elle est mise en liquidation judiciaire. En avril 2009, elle est reprise par un homme d'affaires chinois, Zhang Guohua, avec l'aval des employés de Plysorol. Il faut dire que celui-ci avait garanti qu'il maintiendrait les emplois pendant trois ans et investirait 15 millions d'euros sur les trois sites français, puis 20 millions d'euros par an dans l'entreprise. En Chine, ce rachat est approuvé par le ministère chinois du Commerce.

Zhang Guohua est actionnaire-dirigeant du groupe Longsheng et de Honest Timber Gabon. Le groupe Longsheng est basé à Linyi, dans la province du Shandong. Sur son site Internet, celui-ci est présenté comme une « des plus importantes entreprises privées [du Shandong] qui reçoit un soutien important du gouvernement municipal[1] ». Activités principales : importation de bois, exportation de contreplaqué, exploitation minière. Les importations de bois du groupe Longsheng s'élèvent à 300 000 mètres cube par an.

Les mois passent, et Plysorol connaît à nouveau des difficultés financières, du chômage partiel et surtout des problèmes d'approvisionnement. L'actionnaire chinois fait le mort, à tel point que le ministre de l'Industrie Christian Estrosi se sent obligé de hausser le ton et de rappeler les engagements qui avaient été pris. En

1. http://www.sdlsgroup.com/En_index. asp

septembre 2009, le comité d'entreprise de Plysorol accuse : « Il nous apparaît aujourd'hui que la principale motivation de M. Zhang pour reprendre notre entreprise repose sur l'intérêt que représentent les deux filiales gabonaises [de Plysorol] Leroy Gabon et Pogab, entreprise de découpage et de placage de bois Okoumé. […] Il est possible d'imaginer que, pour mettre la main sur l'exploitation forestière gabonaise de Plysorol, il suffirait juste de transférer la concession forestière de 600 000 hectares de Leroy Gabon à Honest Timber, la société gabonaise de monsieur Zhang[1]. » La nouvelle direction de Plysorol dément fermement et promet que la situation va s'améliorer.

En mars 2010, rien ne va plus. Les salaires ne sont plus versés aux employés de Plysorol, la production est désorganisée et les usines manquent de matière première : les fameuses grumes, en provenance du Gabon, n'arrivent plus. Les employés se retrouvent au chômage technique. Les hectares de forêts africaines étaient-ils la principale motivation de M. Zhang pour reprendre Plysorol et promettre au tribunal de commerce le maintien de l'emploi pendant trois ans ? C'est ce que soupçonnent les employés de Plysorol[2].

Michèle Lemazurier, secrétaire FO du CE de la société, affirme : « La direction reconnaît investir 20 millions au Gabon, où Plysorol détient une forêt de bois

1. « Gabon : Plysorol rit jaune », *GabonEco*, 26 septembre 2009.

2. « Plysorol : encore une déception », *L'Union Champagne-Ardenne-Picardie*, 2 mars 2010.

Okoumé, mais dans une usine de Honest Timber, une autre des filiales du groupe, au lieu de renforcer l'usine gabonaise de Plysorol. Avec, en arrière-pensée, d'arrêter le déroulage des grumes en France, et de transférer nos machines dans l'usine africaine de Honest Timber[1]. » Pour l'élue du comité d'entreprise, la direction « gagne du temps pour mettre en place une filière de production chinoise, et nous laisser tomber ensuite ». L'interdiction d'exportation des grumes décrétée par le gouvernement gabonais en 2010 aurait-elle compromis l'opération ?

Le rachat de Le Cabanon, usine de conserve de tomate, obéit à une logique voisine, si ce n'est que la marque, distribuée en hypermarché, jouit d'une grande notoriété commerciale. Chalkis est le plus puissant groupe agroalimentaire de Chine. Sa particularité : il est la filiale d'un conglomérat militaro-industriel : CCPX, acronyme pour Corps de production et de construction du Xinjiang, fer de lance de la colonisation chinoise dans la province désertique vouée au programme de développement du « Grand Ouest ».

À partir de 1955, les militaires envoyés dans la région par Pékin créent des colonies pénitentiaires encadrées par l'armée. Dans les 152 fermes d'État du CCPX les travaux les plus durs sont réservés aux prisonniers qui sont souvent des condamnées politiques. Le CCPX administre le Xinjiang pour le compte de Pékin : il fore des puits de pétrole et défriche la steppe pour en faire des oasis. En 1992, Deng Xiaoping donne aux militai-

1. Patrick Bottois, « Plysorol dépecé pour une forêt ? », *L'Usine nouvelle*, 1er mars 2010.

res chinois le droit de faire des affaires. Les officiers qui dirigent le CCPX s'exécutent et se mettent à diversifier leurs activités. Ils créent Xinjiang Chalkis Limited Company, une émanation des corps de production qui devient un énorme conglomérat. Entre 2001 et 2003, la taille de Chalkis décuple. Il possède des bureaux à Moscou, Kiev et Alma-Ata. Il est présent en Afrique, en Europe et aux États-Unis ; 1 400 salariés sont employés en Chine, pour un chiffre d'affaires de plus de 100 millions d'euros. Véritable État dans l'État, contrôlé par des militaires démobilisés, il est néanmoins considéré comme un groupe privé, car CCPX ne conserve que 45 % de ses parts. Le reste du capital était détenu par des petits porteurs et d'autres sociétés « privées » dont les dirigeants sont d'anciens militaires... Ce qui nous intéresse : Chalkis est devenu le numéro deux mondial de la tomate, son produit phare, parmi d'autres activités (élevage bovin, produits chimiques, textile, matériaux de construction...). Or la tomate est une passion française et ses agriculteurs en développent 315 variétés.

En Provence[1], à Camaret, du temps du plan Marshall, un millier de producteurs de tomate s'étaient associés et avaient créé une coopérative agricole de transformation, Le Cabanon, spécialisée dans le concentré de tomates et

1. Voir sur ce sujet l'article de Pierre Gentelle, géographe français spécialiste de la Chine, directeur de recherche émérite au CNRS, « Chalkis ou la mondialisation expliquée aux enfants », *Le Courrier de Cassandre* n° 86, 15 décembre 2008 (http://www.cafe-geo.net/article.php3 ?id_article=1455).

la tomate pelée. En 1998, le droit de douane sur les produits de première transformation est levé : la purée de tomate perd 50 % de sa valeur à la vente. Les marges diminuent, le groupe est bientôt dans le rouge, si l'on peut se permettre ce jeu de mots. En 2003, il rebaptise sa marque Conserves de Provence. Les pertes s'accumulent. Pourtant, le groupe rassemble 2 000 paysans, essentiellement dans le Vaucluse, et réalise 70 millions d'euros de chiffre d'affaires par an.

C'est alors que se présentent les Chinois sous le visage souriant de M. Liu, un ancien militaire reconverti dans les affaires. Le groupe de M. Liu a les moyens d'aider Le Cabanon-Conserves de Provence. La coopérative lui vend 40 % de ses parts, il injecte 7 millions d'euros. Il attend, sans faire grand-chose, qu'on le sollicite à nouveau, puis prend 55 % des parts. Un plan social est réalisé pour l'usine de transformation. En 2005, Conserves de Provence et Le Cabanon deviennent des filiales à 100 % de la société Chalkis[1], dont M. Liu n'était que le faux nez. Chalkis regroupe désormais, verticalement, toutes les activités dérivées de la tomate.

En 2004, Chalkis est devenu le numéro un de la tomate en Chine. Le conglomérat développe ses activités dans le monde entier. Une filiale de conditionnement est créée à Tianjin. Elle réalise le même travail que dans le Vaucluse, mais à prix cassé. Selon Pierre

1. Inutile de chercher sur le site de la marque des informations à ce sujet, quant à l'origine des tomates et aux « procédés de fabrication », la page est « actuellement en construction » (mars 2010).

Gentelle, « l'entreprise enrichie se dote d'un outil industriel à la pointe du progrès, qu'elle achète à l'étranger pour produire en Chine une grande diversité de produits qu'elle exporte ensuite à l'étranger ». En 2005, elle possédait 14 usines au Xinjiang, dans la province du Gansu et en Mongolie intérieure ; 50 000 tonnes de tomates fraîches y étaient traitées chaque jour. Chalkis dispose aujourd'hui de bureaux de représentation dans le monde entier et ambitionne de devenir une marque mondiale.

La présence chinoise est, on l'a vu, dominante en Afrique, conquérante en Amérique latine et encore embryonnaire en Europe. Mais c'est en Asie que la nouvelle puissance chinoise est la plus spectaculaire. Et là, le terme d'annexion économique n'est pas exagéré.

4

Le temps des annexions économiques : Hongkong, Taïwan, Laos, Cambodge

Vaincre sans combattre. Ainsi se résume la nouvelle stratégie chinoise. Mais avant de dépasser officiellement les États-Unis, la Chine entend d'abord devenir maître chez elle, dans ce qu'elle considère comme son « jardin » asiatique. L'affrontement avec le Japon est à éviter, même si les livres d'histoire stimulent le nationalisme du peuple. Le régime de Pékin veille à mettre un terme aux discordes héritées des conflits territoriaux coloniaux. La conquête du leadership asiatique passe par une certaine neutralisation de l'ennemi héréditaire japonais, tandis que Pékin reconstitue pas à pas son hégémonie sur les pays voisins, parfois les plus sinisés… et souvent les plus prospères : Taïwan, Hongkong, Macao, les Philippines, sans parler de la Corée du Nord qui, pour sa subsistance, dépend totalement de Pékin.

À Hongkong, Pékin prépare la démocratie *made in China*

Septembre 2008. Quand Zhou Yongjun se présente à la douane de Hongkong, il ne s'attend certainement pas à être arrêté par la police hongkongaise, puis à être remis aux autorités de la République populaire de Chine (RPC). Bien que rattaché à la Chine depuis 1997, Hongkong jouit d'un « haut degré d'autonomie » et n'a jamais livré de cette manière un dissident politique au régime de la République populaire. Zhou Yongjun n'est pas n'importe qui. Dix-huit ans plus tôt, cet homme aujourd'hui âgé de quarante-deux ans a dirigé l'un des principaux syndicats étudiants durant les événements de Tiananmen, en 1989, après quoi il a fui la Chine. Autant dire qu'il est considéré par le PC chinois (PCC) comme l'un de ses ennemis « contre-révolutionnaires » auxquels il ne fait pas de quartier. Zhou est donc incarcéré, accusé de « fraude fiscale ». C'est un prétexte, car il n'a remis les pieds en Chine qu'une seule fois après avoir fui son pays. C'était en 1998, il avait été aussitôt arrêté et interné trois ans dans un « camp de rééducation par le travail » avant d'être renvoyé aux États-Unis, où il vivait. Le 15 janvier 2010, il a été condamné à nouveau, cette fois-ci à neuf ans de prison.

Le concept « Un pays, deux systèmes » a-t-il vécu ? Le cas de Zhou Yongjun est sans précédent. Le 1er juillet 1997, les Britanniques rétrocédaient aux Chinois Hongkong, cette colonie britannique peuplée de 7 millions d'habitants, selon les modalités définies dans la Déclaration conjointe sino-britannique du gouvernement de la République populaire de Chine et du gouvernement du Royaume-Uni, signée en décembre 1984, à Pékin, par Margaret Thatcher et Deng Xiaoping. Ce traité international avait été enregistré à l'ONU par les deux gouvernements puis avait été ratifié. Hongkong[1] devait conserver ses particularités sociales et culturelles cinquante ans durant. La garantie devait être donnée par le statut particulier de « région administrative spéciale », appellation qui traduisait le principe ainsi formulé par Deng : « Un pays, deux systèmes ». Les deux parties s'accordaient sur la « feuille de route » pour faire avancer le territoire vers une démocratie complète.

Après l'effondrement de l'Union soviétique, les Occidentaux ne se sont plus beaucoup posé de questions : inéluctablement, le régime chinois changerait, la conversion au capitalisme entraînerait bientôt une conversion à la démocratie. Et Hongkong jouerait assurément un rôle phare dans cette belle histoire, irradiant la Chine de ses lumières démocratiques avant que le Continent ne s'illumine à son tour.

Vingt ans plus tard, les illusions se sont dissipées. Le PCC a interprété à sa manière les termes de la Déclaration. Hongkong doit conserver son « style de vie

---

1. Rappelons que le territoire britannique rétrocédé comprenait non seulement l'île de Hongkong, mais aussi Kowloon et les « Nouveaux Territoires » (compris entre la péninsule de Kowloon et le fleuve de Shenzhen, sur le continent).

particulier » ? Entendu, nous n'y toucherons pas, a répondu Pékin. La ville constitue le sas très utile par lequel transitent les capitaux et les marchandises, entre la Chine populaire et la « région administrative spéciale ». Hongkong progressera-t-il vers la démocratie ? D'accord, répond Pékin, à la condition de rester maître du jeu, et d'interpréter les termes à sa façon.

Le gouvernement central continue de privilégier la stratégie du « Front uni » mise en place dans les années 1980 : il s'agissait pour Pékin de susciter une vaste coalition de dirigeants locaux capables, sans pour autant être des communistes, d'enrayer l'action des opposants au contrôle futur de Hongkong par la RPC. Bref, le Front uni était une façon, pour les dirigeants du PCC, de se situer dans un cadre de compromis avec le Royaume-Uni sans favoriser le développement d'une démocratie authentique. Pékin voit Hongkong comme une menace, ce qui rend improbable la publication d'un agenda et d'une feuille de route en vue de l'instauration d'une véritable démocratie.

Lors du printemps et de l'été 1989, la population hongkongaise, jusqu'alors peu politisée, s'était identifiée fortement aux compatriotes du continent. Le 21 mai 1989, pour la première fois, un million de Hongkongais descendent dans la rue pour soutenir la liberté, contre la répression du mouvement étudiant. Le 1er juillet 2003, plus de 500 000 personnes manifestent dans les rues pour protester contre l'article 23 que l'exécutif pro-Pékin s'apprêtait à faire voter. Cet article de la loi fondamentale, s'il avait été adopté, aurait permis de prohiber « tout acte de sécession, de sédition et de subversion contre le gouvernement populaire central », il dissimulait mal les menaces formulées contre les mouvements d'opposition. S'il avait été conservé dans la loi, cet article aurait permis un véritable alignement sur la République populaire, qui aurait eu le champ libre pour interdire et censurer. Par exemple, en 2009, l'article 23 aurait pu être utilisé pour empêcher la publication à Hongkong, en mandarin, des Mémoires de Zhao Ziyang[1], secrétaire général du PCC au moment des événements de Tiananmen. Mais l'opposition des Hongkongais fut si massive que les autorités durent reculer et retirer l'article. Celui-ci reste cependant d'actualité, et il devrait resurgir sous une forme ou une autre.

L'élite économique soutient Pékin sans ciller. Hier, elle s'est opposée au principe d'élections directes au Conseil législatif, que l'administration britannique prévoyait pourtant d'introduire. Aujourd'hui, elle s'oppose à l'élection directe au suffrage universel du chef de l'exécutif. Les milieux d'affaires et les tycoons sont convaincus que le PCC défend mieux leurs intérêts. Ce sentiment, déjà bien établi dans les années 1980 et qui reste dominant, s'est encore renforcé avec les succès récents de l'expansion économique chinoise.

Pour Pékin, à Hongkong comme sur le continent, la croissance économique est la clé de la stabilité sociale.

---

1. Zhao Ziyang, *Prisoner of the State*, 2009. Dans son livre, Zhao raconte les manipulations, au printemps, orchestrées par l'aile dure du PCC, la paranoïa de Deng Xiaoping et sa décision d'envoyer l'armée pour réprimer la contestation étudiante, ce qui aurait pu être évité. Après quoi lui-même fut placé en résidence surveillée, jusqu'à sa mort en 2005.

Avec le tournant néolibéral des années 1990, des avantages et des facilités ont été donnés aux groupes hongkongais pour qu'ils investissent sur le continent. Conséquence : ceux-ci y ont massivement délocalisé leur production, préfigurant de la sorte le phénomène mondial que nous connaissons depuis une décennie. Au plus fort des années 1980, Hongkong comptait 1,3 million d'ouvriers. C'était le temps du *made in Hongkong*. Aujourd'hui, Hongkong compte moins de 250 000 ouvriers, mais des légions de *working poors*. Les personnes ayant un revenu inférieur à 4 000 dollars HK étaient 300 000 en 2001 ; en 2009, elles étaient 400 000. Hongkong s'est enrichi, mais la « fracture sociale » s'est ici aussi accentuée même si le pays possède une stratification sociale très particulière, avec ses armées d'entrepreneurs et de commerçants. Pour atténuer cette situation, les partis pro-Pékin font du clientélisme social et distribuent aides et avantages à ceux qui leur en réclament, en échange d'un soutien aux élections... Quant aux tycoons, leurs affaires sur le continent sont florissantes, malgré le choc de la crise de septembre 2008, qui a provoqué des dizaines de milliers de faillites d'entreprises.

Pour reprendre l'expression que nous a rapportée le syndicaliste et député au LegCo (Conseil législatif) Lee Cheuk-yan, à Hongkong les démocrates sont un peu comme des oiseaux en cage. L'anniversaire du 4 juin 1989 est toujours l'objet d'une commémoration massive chaque année (150 000 personnes se sont rassemblées pour le vingtième anniversaire, en 2009), mais Pékin et ses affidés effectuent un travail de fond mêlant peur et séduction pour gagner à eux les

Hongkongais. Par exemple, ils font la promotion de l'« éducation patriotique » dans les manuels scolaires – patriotique, c'est-à-dire pro-PC chinois. Ou ils influencent les médias. Il existe bien des journaux indépendants et très critiques, comme *Apple Daily*, propriété du magnat anti-communiste Jimmy Lai[1], mais la plupart des médias de Hongkong sont entre les mains de grands groupes d'affaires locaux. Et la quasi-totalité de ces groupes développe ses activités en Chine continentale. Selon Joseph Y. S. Cheng[2], « ces grands groupes d'affaires souhaiteraient transformer les médias qu'ils détiennent en médias pro-Pékin afin de cultiver leurs liens avec les dirigeants chinois[3] ».

Donnons quelques exemples de cette intrication des intérêts économiques, de la propriété de médias et du PCC. La famille Kuok, qui possède le quotidien *South China Morning Post,* a d'importants intérêts en Chine, dans l'industrie du sucre et dans l'immobilier. C'est elle qui possède la chaîne des hôtels de luxe Shangrila. L'un des fils du propriétaire du groupe immobilier New World, qui a plusieurs médias, est élu à la Conférence consultative politique du Peuple chinois (CCPPC). C'est le cas aussi de l'un des fils de Lee Ka-Shin, l'un des plus

1. Bien qu'opposant farouche au régime de Pékin, Jimmy Lai nous a confié qu'il appréciait le fait que le PCC ait respecté les accords de rétrocession signés avec le Royaume-Uni.

2. Professeur de sciences politiques à la City University de Hongkong.

3. Joseph Y. S. Cheng, « Les événements de Tiananmen et le mouvement pour la démocratie à Hongkong », *Perspectives chinoises,* n° 2009/2.

importants tycoons de Hongkong. Le propriétaire du groupe immobilier Sun Hung Kai Properties possède aussi une filiale textile en Chine ainsi que la chaîne hongkongaise ATV ; il est aussi membre de l'Assemblée nationale populaire, à Pékin. Tien Pei-chun, dirigeant du groupe Manhattan (immobilier et textile), est lui aussi membre de l'Assemblée nationale populaire.

De leur côté, les dirigeants chinois poursuivent la stratégie du Front uni. Ils maintiennent des contacts étroits avec les rédacteurs en chef et les journalistes à travers le Bureau central de liaison, émanation à Hongkong du service du même nom à Pékin – c'est un organe qui pratique la censure par la persuasion et la coercition. Ceux qui coopèrent se voient attribués des avantages et des gratifications dont sont exclus tous ceux qui ont un point de vue critique. L'autocensure se développe, même si la presse hongkongaise est encore loin d'être muselée.

Maître du jeu et de la feuille de route politique, Pékin joue enfin sur les zones grises de la loi constitutionnelle laissée en chantier par les Britanniques en 1997. Selon les étapes disposées dans la feuille de route, le chef de l'exécutif et la totalité des députés du LegCo auraient dû être élus au suffrage universel direct en 2007[1], mais Pékin a repoussé cette échéance

1. Aujourd'hui, seule la moitié des soixante députés du LegCo est élue au suffrage universel direct. Les partis démocrates remportent la majorité des suffrages. Les autres députés sont élus à un suffrage indirect qui évoque nos suffrages censitaires au XIXe siècle. Bien que minoritaires en voix, les partis pro-Pékin conservent ainsi la majorité absolue des sièges.

à 2017 pour le chef de l'exécutif et à 2020 pour le LegCo. À ce train-là, ce n'est pas Pékin qui aura rejoint le modèle hongkongais en 2047, année où il était prévu qu'expire le principe « Un pays, deux systèmes », l'inverse se sera produit. Hongkong aura été lentement, mais sûrement, digéré par la Chine.

TAÏWAN, LE TIGRE DOMPTÉ

Pendant longtemps, Taïwan symbolisa une nouvelle guerre froide, le point de fracture entre la Chine et le reste du monde. Les missiles chinois étaient pointés – et ils le sont toujours – sur elle, et l'« autre Chine » la défiait, prospérant à l'abri du parapluie américain. Elle était, en quelque sorte, le bijou de l'Occident, la dernière station du marché libre avant l'Empire communiste. Pour Pékin, Taïwan n'existait pas : il ne saurait y avoir qu'« une seule Chine ». Une position qui n'a jamais varié depuis 1949 et que partageait d'ailleurs volontiers Tchang Kaï-chek lorsqu'il se réfugia sur l'ancienne Formose et s'imposa aux habitants de l'île avec 1,2 million de soldats et de fonctionnaires du Kuomintang (KMT), le Parti nationaliste vaincu par Mao Tsé-toung. Tchang et Mao rêvaient chacun d'une ultime revanche sur l'autre, qui aurait unifié l'île avec le continent. Pourtant, il n'y a pas d'homogénéité entre la Chine continentale et Taïwan.

En 1895, à l'issue de la seconde guerre sino-japonaise, la Chine avait perdu l'île. Durant son occupation, jusqu'en 1945, le maître nippon avait fondé des universités et établi une base industrielle qui permit après-guerre le fulgurant décollage économique du pays. Après la chute de l'URSS et la répression de Tiananmen, en 1989, beaucoup de Taïwanais pensaient que le régime communiste de Pékin s'effondrerait très vite. C'est le contraire qui s'est produit : à mesure que la République populaire de Chine s'est insérée dans la mondialisation néolibérale, la dictature du PCC n'a fait que se renforcer.

Qu'il était beau le tigre taïwanais ! C'était une belle histoire des années 1980. La « grande » Chine semblait encore assoupie dans sa longue nuit communiste, et le poucet Taïwan prenait une revanche économique sur le géant chinois. Avec Taïwan, la Corée du Sud, Singapour et Hongkong constituaient le carré d'as des tigres asiatiques. Ils étaient lancés dans une croissance forcenée – 8,5 % par an en moyenne durant trente ans à Taïwan – tout en redistribuant une large partie des profits réalisés, un peu comme lorsque la concurrence entre Américains et Russes profitait aux classes moyennes des deux pays. Nous étions en pleine mondialisation heureuse. Taïwan se faisait l'atelier du monde pour les ordinateurs : 82,5 % des micro-ordinateurs et 98,5 % des cartes mères sont, aujourd'hui encore, fabriqués par des Taïwanais, mais en sous-traitance. Une large classe d'entrepreneurs émergea alors, la scolarisation progressa à pas de géant et les universités créées par les Japonais durant la première partie du XXe siècle tournaient à plein régime.

Trente ans plus tard, Taïwan paraît, au premier abord, être un pays si paisible qu'il semble presque endormi. Construits dans les années 1960 et 1970, les immeubles de Taipei, la capitale, quelque peu défraîchis, donnent l'impression d'une ville de grande banlieue sabotée par les délocalisations. L'activité s'est tarie. Les Taïwanais sont toujours les premiers fabricants d'ordinateurs du monde, mais depuis le début des années 1990 les industriels locaux ont délocalisé 80 % de leur production en Chine continentale, ce qui leur permet parfois d'entretenir sur la côte chinoise une deuxième famille.

Chong-pin Lin, ancien ministre de la Défense de Taïwan, déplore « une triple fuite : des capitaux, des talents et des technologies ». À Taïwan comme ailleurs, la mondialisation heureuse a cédé la place à un néolibéralisme brutal : le travail se déplace vers le moins-disant, c'est-à-dire le *mingong* (migrant) chinois qui travaille pour cinq fois moins que l'ouvrier taïwanais, son cousin. La prospérité des industriels taïwanais ne s'est pas démentie, mais elle profite aujourd'hui surtout à la Chine… et aux patrons taïwanais qui y vivent. Au total, 2 millions de Taïwanais installés en Chine dirigent quelque 75 000 entreprises qui emploient 23 millions de salariés « *low cost* ». Ce qui représente encore 25 % des exportations chinoises, et 70 % dans le secteur de l'électronique ! En somme, Taïwan est devenue la face cachée de l'expansion chinoise. *Made in Taïwan* veut dire aujourd'hui *made in China*… Et vice versa.

Tout a commencé au début de la décennie 1990. Le rapprochement avec Pékin a démarré par une initiative à caractère humanitaire. D'anciens soldats nationalistes demandèrent en 1987 à visiter les membres de leur famille. Taïwan accepta qu'ils aillent sur le continent rendre leurs visites. Simultanément, des Chinois du continent furent également autorisés à venir à Taïwan. Puis, Chang Pen Tsao, homme d'affaires et président de l'Union des chambres de commerce de Taïwan, initia un groupe de contact avec les Chinois à Hongkong. Constatant l'érosion de la compétitivité taïwanaise, Chang voulait inciter les entrepreneurs taïwanais à investir en Chine afin qu'ils bénéficient du bas coût de la main-d'œuvre, avec la bienveillance de Pékin alors en manque d'entrepreneurs et de capitaux. L'opération a réussi au-delà des espérances des uns et des autres. Et la Chine encourage toujours vivement l'intrication des deux économies.

Hier encore Taïwan était pourtant l'un des points chauds de la carte géopolitique mondiale, dont la braise était entretenue par les centaines de missiles chinois pointés sur l'île (1 500 en 2010). En 1996, la visite officielle du président de Taïwan Lee Teng-hui aux États-Unis avait provoqué une réaction militaire agressive de Pékin. Aujourd'hui, les dirigeants communistes ont changé du tout au tout leur stratégie : il n'est plus question de menacer, comme Pékin l'avait fait en 2000, à la veille de l'élection présidentielle, les Taïwanais qui s'apprêtaient à voter pour le Parti démocrate progressiste (DPP), parti indépendantiste aujourd'hui dans l'opposition. Et si Hu Jintao, l'actuel président chinois, a haussé le ton, réprouvant les dernières livraisons d'armes américaines au début de l'année 2010, il s'agissait surtout de montrer à Barack Obama les limites à ne pas franchir.

Rien à voir avec l'époque où Deng Xiaoping et Jiang Zemin menaçaient d'employer la force contre Taïwan si l'île manifestait des velléités d'indépendance.

Selon Chong-pin Lin[1], le virage diplomatique chinois date d'une réunion interne au PCC qui s'est tenue en octobre 2002. À sa suite, le dirigeant du PCC Qian Qichen, à l'époque vice-Premier ministre, donna une interview au *Study Times*, le journal de l'École centrale du Parti. De même que la coopération prend le pas sur l'affrontement verbal dans la relation avec l'Amérique, le sourire doit succéder au coup de bâton à Taïwan. « La Chine a compris qu'acheter Taïwan serait plus facile et moins coûteux que l'attaquer », explique Chong-pin Lin. Persuadés de devenir bientôt la première puissance mondiale mais qu'il ne faut pas le clamer, les dirigeants chinois entendent étendre leur hégémonie sur tous leurs voisins asiatiques, excepté le Japon, en silence, loin du fracas. Par le commerce et non par les armes.

Depuis lors, Pékin cajole Taipei. Le sourire chinois prend avant tout la forme de la coopération économique. Et Chong-pin Lin de citer les nombreux gestes de Pékin : les banques et l'administration sont appelées à faciliter la vie des hommes d'affaires taïwanais ; des bourses sont données aux étudiants taïwanais désireux d'étudier en Chine ; il y a un système d'équivalence des diplômes professionnels ; les importations de fruits et légumes taïwanais (bien plus goûteux qu'en Chine) sont les bienvenues. Voici encore cinq ans, il fallait passer par Hongkong pour aller en Chine. Aujourd'hui,

1. Entretien avec l'auteur.

270 vols hebdomadaires relient les deux rives du détroit. On se rend de Taipei à Shanghai comme de Nice à Paris, en une heure vingt…

Pékin veut « gagner les cœurs et les esprits taïwanais », conclut Chong-pin Lin. En 2008, le gouvernement chinois a ainsi offert un couple de pandas à Taipei dont l'arrivée a fait événement dans la capitale.

Le meilleur moyen d'endormir la méfiance des Taïwanais, c'est encore de commercer avec eux, et de leur faire miroiter le marché chinois. Ceux qui se sentent en Chine comme chez eux ne manquent pas. C'est le cas de Wang Xiao-lan, une femme d'affaires qui partage son temps entre Paris (où elle a racheté Lanvin), Shanghai et Taipei. Elle possède un groupe de presse, United Daily News, très favorable à Pékin. Elle espère un jour lancer ses médias sur le continent. C. V. Chen, patron de Lee & Li, l'un des plus gros cabinets d'avocats d'affaires d'Asie, a écrit une fiction dans laquelle Taïwan ferait partie d'une sorte d'United China, et où un jeune Taïwanais pourrait avoir comme ambition de devenir président des États-Unis de Chine. Plus classe que Taïwan, non ?

Pékin est devenu très tendance dans le monde du cinéma. Productrice du fameux *Bejing Bicycle* ou encore *Tigres et Dragons*, Peggy Chiao coproduit des films avec la Chine depuis 2000. Elle a fait le « bon choix », celui de Pékin, ce qu'elle explique avec une certaine froideur teintée d'ironie[1] : « En 2015, la Chine sera le premier cinéma mondial. Tous les pontes des

1. Entretien avec l'auteur.

maisons de production du monde vendraient leur mère pour avoir une scène filmée à Shanghai ou coproduire l'un des 50 films importés chaque année et nous, qui parlons chinois, devrions rester sur le bord de la route ? » Peggy Chiao a raison : c'est pour accéder au marché chinois que *Mission impossible 3*, *2012* ou le dessin animé *Up* ont tourné des séquences en Chine.

La censure chinoise ? Peggy Chiao est peu diserte sur le sujet et déclare donner la priorité à la fiction de qualité. Elle préfère, et de loin, évoquer l'explosion du marché chinois : « Il s'ouvre une salle de cinéma par jour en Chine, et il n'existe que peu de distractions : le sexe, le karaoké, le restaurant et le cinéma. » Comme les autres *businessmen* chinois, Peggy Chiao justifie tout par un seul mot : survivre[1].

La même tentation plane sur le monde des médias. *China Times*, *Wang Bao*, *Apple Daily* passent pour panchinois. Leurs patrons espèrent un jour « entrer » sur le grand marché de leur voisin continental.

Quant aux patrons qui soutiennent le DPP, le parti d'opposition, ils voient le développement de leurs affaires bloqué sur le continent et changent vite d'avis. Les économies entre les deux pays sont désormais étroitement imbriquées.

Ce tapis rouge (en Chine, c'est la couleur du bonheur) ne pouvait laisser indifférents les politiciens

---

1. Dans son livre *Mainstream* (Flammarion, 2010), Frédéric Martel note cependant que, limités par le régime chinois à dix « blockbusters » par an, le cinéma américain réussit à atteindre 50 % du box office chinois.

taïwanais, notamment ceux du Kuomintang (KMT). Revenus au pouvoir en 2008 à la faveur du scandale de la corruption qui avait éclaboussé les dirigeants du DPP installés depuis 1997, les bleus, comme on les appelle à Taïwan, croient désormais dur comme fer que la Chine est l'avenir de Taïwan. Nul, sauf quelques politiciens minoritaires, ne se prononce toutefois pour l'unification avec la Chine. Mais les dirigeants politiques comme les experts ou les grands patrons considèrent le rapprochement avec la Chine comme indispensable à la survie du pays. La Chine est notre destin, telle est la nouvelle pensée unique taïwanaise, abondamment relayée par les médias prochinois. Ce credo repose sur trois constats.

Premièrement, Taïwan a besoin de la Chine pour commercer avec les autres pays. Taïwan, toujours ostracisé, car État de moins en moins reconnu internationalement, est membre de l'OMC depuis 2002 sous le nom de Taipei chinois. Théoriquement, le gouvernement taïwanais peut contracter grâce à l'OMC, mais Pékin refuse de laisser l'île signer des accords de libre-échange avec des pays tiers. Seuls cinq États, le Honduras, Panama, le Salvador, le Costa-Rica et le Nicaragua, ont bravé l'interdit, mais ils ne représentent que… 0,2 % du commerce taïwanais ! Le gouvernement est en train de négocier un accord de libre-échange avec Pékin, l'ECFA, qui pourrait, espèrent les stratèges du KMT, faciliter les relations de Taïwan avec d'autres partenaires que la Chine.

Deuxièmement, d'un point de vue économique, le tropisme chinois est incontournable : que peut un pays de 23 millions d'âmes face à un géant voisin qui en compte 1,3 milliard ? D'autant que les Taïwanais partagent avec les Chinois la langue, ce qui favorise les relations commerciales et culturelles. Pour Yun-han Chu, chercheur à l'Academica Sinica, l'alliance entre la Chine et Taïwan permettrait de développer des standards dans le secteur des voitures électriques, par exemple, ou dans les télécoms (3G), sous-entendant probablement que les Chinois sont moins bien armés que les Taïwanais pour affronter les dures négociations de l'International Organization for Standardization (ISO).

Chiang Pin-Kung, président de la Straits Exchange Foundation, ancien Premier ministre, récite le bréviaire du Kuomintang (KMT) dont il est le vice-président : « En 1984, 48 % des exportations taïwanaises allaient aux États-Unis. Aujourd'hui, le chiffre est de 12 %... et de 40 % en direction de la Chine. L'indépendance serait souhaitable pour Taïwan. Mais personne ne nous soutiendra pour cela : ni les États-Unis, ni l'Europe ni le Japon[1]. »

D'où le troisième argument des Taïwanais prochinois : le déclin des États-Unis accentue l'isolement du pays. La guérilla diplomatique de la Chine a fini par payer. La plupart des États africains qui reconnaissaient Taïwan ont basculé du côté de Pékin. Taïwan est toujours reconnue par 23 pays dans le monde, mais ils sont beaucoup plus petits et marginaux. « Nous avons perdu l'Afrique du Sud, la Corée du Sud, Singapour et l'Arabie Saoudite », note

1. Entretien avec l'auteur.

Joseph S. C. Hua, directeur du Mainland Affair Council[1]. Pour Yun-han Chu, « le déclin de l'Amérique pousse Taïwan vers la Chine. L'Asie orientale est en train de revenir à une situation antérieure aux guerres de l'Opium, où la Chine rayonnait sur toute l'Asie ».

Ce qui fait enrager les opposants du DPP. Les verts considèrent le KMT comme le « parti de la peur », tandis que les bleus dénoncent le DPP comme le « parti de la guerre » : « En 2001, raconte Stéphane Corcuff[2], chercheur français spécialiste de Taïwan, le KMT a fait campagne sur le thème "Je vote Ma Ying-jeou [l'actuel président de Taïwan] car je veux mon bol de riz". » Proche du DPP et professeur de sciences politiques à Tongwu University, Wu Chih-chong se révolte : « Notre situation est insupportable : aucun Taïwanais, même un journaliste, ne peut pénétrer dans le bâtiment de l'ONU, Taïwan y est *persona non grata*. Les pays démocratiques nous ont abandonnés[3]. »

Abandonnés. Le grand mot est lâché. Mais le pays profond est loin d'avoir rendu les armes à la Chine, comme en témoignent les élections locales de décembre 2009, qui a vu le DPP talonner le KMT. Ce dernier reste le représentant des Continentaux, estimés à 12 %, tandis que les Taïwanais dits de souche se vivent comme différents des Chinois. Ici, on vous fait vite remarquer que les Taïwanais ne crachent pas par terre

1. Entretien avec l'auteur.
2. Entretien avec l'auteur.
3. Entretien avec l'auteur.

et qu'ils font la queue pour entrer dans un bus. Les Taïwanais s'offrent au regard étranger comme des Chinois policés ou des crypto-Japonais. « Taïwan est un petit Japon tropical, en moins riche », dit un diplomate français. « Aujourd'hui, un jeune Taïwanais se sent plus proche d'un jeune Japonais que d'un jeune Chinois. » Voilà pourquoi certains hument à Taïwan une nostalgie inavouée de l'époque de la colonisation japonaise, entre 1895 et 1945.

Nourrie de ces relations complexes avec la Chine et le Japon, la « taïwanité » est loin d'être en voie d'extinction : 60 % des citoyens se sentent aujourd'hui taïwanais et 30 % sino-taïwanais, et la proportion des premiers progresse au détriment des seconds, un peu comme si, ici comme ailleurs, la politique entendait résister à l'économie.

Cette taïwanité s'exprime avec force lorsque les autorités prennent le soin de décrocher tous les drapeaux taïwanais sur l'itinéraire d'un officiel chinois en visite ou pour le panda offert au zoo de Taipei, ou lorsque le KMT boycotte la visite d'un dissident ouïghour pour ne pas déplaire au grand frère du PCC. C'est qu'il ne faut pas heurter la sensibilité de Pékin.

Les caciques du KMT prétendent savoir où ils vont. Taïwan pourrait devenir une sorte de Suisse asiatique, terre de villégiature pour les riches chinois. Ainsi le tourisme avec ses hôtels, ses casinos et ses cliniques chic est-il de plus en plus prisé et on lui promet un avenir radieux. Déjà, l'aéroport de Taipei déverse chaque jour 3 000 Chinois continentaux. Ils viennent voir la Tour 101 (la plus haute du monde jusqu'au début

2010), le musée le plus fourni de l'Asie. Demain, on viendra ici pour soigner son cancer et consommer les excellents thés locaux. Voilà qui ne pourrait que renforcer le sentiment d'une île pliant sous le joug de son puissant voisin. Côté KMT, on mise au contraire sur le pouvoir d'influence sur les touristes : les visiteurs continentaux ne sont-ils pas émerveillés par la télé taïwanaise ? Les jeunes Chinois ne dansent-ils pas sur les tubes des chanteurs de l'île ? « Si la Chine devient une démocratie, rêve C.V. Chen qui dirige le plus gros cabinet d'avocats d'affaires de l'île, le gouvernement laissera Taïwan indépendant[1]. »

Car les plus continentaux des dirigeants taïwanais ont déjà la tête dans les étoiles… chinoises. Les plus puissants des industriels taïwanais sont invités à siéger dans les institutions politiques. Certains rejoignent les instances dirigeantes locales du PCC. De là à nourrir le rêve fou (mais secret) de prendre la direction du pays, il n'y a qu'un pas. Après tout, les *businessmen* taïwanais ne sont-ils pas en grande partie les vrais pourvoyeurs de la croissance chinoise ? Voilà soixante ans, leurs ancêtres ont débarqué à Taipei en étant persuadés qu'ils n'y resteraient qu'un laps de temps, le plus court possible. Reprendre la Chine par la voie économique puisque la solution militaire s'est révélée impossible, ne serait-il pas une délicieuse revanche ? L'idée, en tout cas, ne séduit guère les dirigeants de la Chine continentale : le gouvernement a refusé de donner aux grands patrons taïwanais l'autorisation de constituer une association de golfeurs.

---

1. Entretien avec l'auteur.

À Pékin, on craint peut-être la naissance d'une fraction taïwanaise. Il est vrai qu'il ne faut pas confondre *soft power* et *flower power*... Que pèsera ce rêve-alibi de quelques dirigeants taïwanais en regard de la différence de taille des deux pays ? Qui, dans ce monde mercantilisé, serait prêt à mourir pour Taïwan en cas de différend avec la Chine ? À Taipei comme ailleurs, l'économique assassine le politique.

KUNMING, NOUVELLE CAPITALE DE L'ASIE DU SUD-EST

Aujourd'hui, la province chinoise du Yunnan est surtout fameuse pour ses paysages magnifiques et ses « minorités nationales » vantées par les agences de tourisme du monde entier. Kunming, sa capitale, a connu ces dernières années une véritable mutation. Depuis 1997, cette ville de 5 millions d'habitants subit une modernisation au forceps. Entièrement rasée, elle a été reconstruite dans un style tout aussi moderne que hideux, à l'identique des autres métropoles chinoises, sans que ne subsiste une seule rue de la ville ancienne. La protection du patrimoine n'est pas le souci du PCC, qui a décidé de faire de la cité une vitrine. Kunming est programmé pour devenir la future capitale économique de l'Asie du Sud-Est.

Depuis cette mégapole s'élanceront demain des axes ferroviaires et autoroutiers vers le Vietnam, la Birmanie, le Laos... Le nouvel et vaste aéroport, bientôt en chantier, devra refléter cette dimension internationale, avec des liaisons aériennes vers toutes les villes de la région.

Le Laos, corridor vers l'Asie du Sud-Est

En Asie du Sud-Est, la Chine effectue une percée spectaculaire dans tous les pays où réside une importante communauté de Chinois d'outre-mer. Officiellement, il s'agit d'aider au développement de pays amis, et de favoriser ainsi l'« harmonie internationale ». Les casinos que des Chinois ouvrent de l'autre côté des frontières de ces « pays amis » – comme celui de Pangwa, en Birmanie, ou de Boten, au Laos – donnent toutefois une curieuse image de la « société harmonieuse » aux populations locales, qui y voient défiler hommes d'affaires et fonctionnaires chinois. Ils sont plantés dans des zones où se dressent des hôtels interlopes et où galope la prostitution.

Pour étendre son influence en Asie du Sud-Est, la Chine compte beaucoup sur le Laos. Ce pays est l'un des plus pauvres du monde. Mais, cette année, la Banque mondiale lui a décerné une bonne note : dans la tourmente de la crise financière, il s'en sort mieux que ses voisins. En 2009, sa croissance a seulement chuté de deux points, passant de 7 % à 5 %. Il exporte ses ressources minières et l'électricité qu'il produit à ses voisins, et accueille un nombre croissant de touristes. À Vientiane, Internet et le téléphone mobile ne sont plus des nouveautés. Mais tout a un prix. Les dirigeants de ce petit pays de 6,5 millions d'habitants, sans façade maritime, pensent que le salut ne peut venir que d'une alliance avec la Chine.

Pour la Chine, le Laos est un réservoir de ressources pratiquement intactes et un corridor économique Nord-Sud qui va lui permettre de dérouler ses autoroutes de Kunming jusqu'à Bangkok, voir au-delà. Mais le sas qui s'ouvre entre les deux pays fait aussi craindre le développement de trafics en tous genres : le bois ou les espèces naturelles rares sont aspirés par la Chine qui recrache des biens manufacturés et des migrants vers les pays concernés. Bertil Lintner, l'un des meilleurs spécialistes du Sud-Est asiatique, rapporte l'existence dans le nord du pays de convois transportant des chargements de bois en grume vers la Chine[1]. Dans d'autres régions du nord, des forêts ont été rasées au profit de plantations d'hévéas, prêtes à alimenter le marché chinois. Bien sûr, comme avec l'Angola ou l'Afghanistan, la Chine apporte son aide au Laos. Elle construit des routes, des installations hydroélectriques et développe l'extraction minière. À Vientiane, un complexe sportif doté d'un stade national a accueilli la vingt-cinquième édition des Jeux du Sud-Est asiatique. Sans l'aide chinoise, ces Jeux qui conviaient onze nations n'auraient pas été aussi spectaculaires. Compte tenu de la pauvreté endémique du pays et de son endettement, les différents participants ont aidé au financement des installations. Financement devenu un sujet polémique : les autorités refusent de révéler les arrangements conclus avec les « grands frères »

1. Bertil Lintner, « As Laos Joins the Globalized World, The Price It Pays Is Independence », Yale Center for the Study of Globalization, 16 décembre 2009.

vietnamien et chinois. Mais il y a eu quelques fuites. En échange du financement du village des athlètes, le gouvernement laotien aurait cédé à Hoang Quan, un promoteur immobilier vietnamien, 10 000 hectares dans le sud-est du pays pour y planter des champs d'hévéas.

Mais qu'a-t-il promis à la Chine en échange du financement à hauteur de 100 millions de dollars, par la Banque chinoise de développement, d'un stade national de 20 000 places ? Au départ, la Banque chinoise devait recevoir un terrain de 1 600 hectares en banlieue de Vientiane, où elle avait un « projet de développement de ville nouvelle ». Une « ville chinoise » où auraient pu s'installer 50 000 Chinois, hommes d'affaires, employés, commerçants mais aussi des entreprises et des usines. Le terrain était cédé pour cinquante ans, avec possibilité d'extension. Le projet a provoqué une telle opposition dans la population que le gouvernement a dû faire marche arrière, chose rarissime au Laos. En août 2008, il était décidé que seuls 200 hectares seraient cédés. Mais les autorités refusent toujours de révéler quelle compensation recevront les Chinois. Ces derniers continuent à lorgner avec insistance sur les forêts, le potentiel hydroélectrique ou les terres arables du pays.

En février 2010, les liens entre le Laos et la Chine ont été scellés par le début des travaux de construction d'un quatrième pont sur le Mékong. D'une longueur de 480 mètres, il reliera le district de Houai Sai, au Laos, à la province de Chiang Rai, en Thaïlande. Son coût (43 millions de dollars) sera partagé entre la Thaïlande et le Laos. Le financement laotien sera garanti à hauteur de 20 millions de dollars par la Chine. Le maître d'œuvre sera la compagnie d'État chinoise CRCC (Chinese Railway Construction Corporation). Ce pont permettra d'ouvrir le tout premier axe routier direct entre la Chine et la sous-région du Grand Mékong, à commencer par le Cambodge. Selon Bertil Lintner, « pour le Laos, ce monde commence avec la Chine ; mais, pour Pékin, le Laos est une nouvelle marche dans sa montée en puissance ».

Le Cambodge aux mains des oligarques sino-khmers

Pourquoi la Chine s'intéresse-t-elle au Cambodge ? Le territoire de ce petit pays offre à la Chine un débouché sur le golfe de Siam, ce qui faciliterait l'acheminement des hydrocarbures en provenance du Moyen-Orient. Son sous-sol recèle aussi du pétrole et du gaz. Mais la Chine est surtout intéressée par les forêts du pays. Et les dirigeants cambodgiens peuvent enfin, grâce à elle, se passer des mesures de conditionnalité posées par les autres partenaires potentiels de son développement.

Officiellement, le Cambodge est une démocratie. Dans la pratique, le Premier ministre Hun Sen a consolidé son pouvoir politique et économique en s'appuyant sur un groupe d'« oligarques » sino-khmers, les *oknha*. Hun Sen est un ancien khmer rouge ; le régime avait été soutenu militairement et politiquement par Mao puis par

Deng Xiaoping, son successeur. La situation actuelle est en quelque sorte un retour à cette période. Dans une étude publiée en 2007 par le CERI, la politologue et sinologue Françoise Mengin analysait comment l'aide et l'investissement chinois contribuent à asseoir une économie de la prédation sous le pouvoir de Hun Sen, que Pékin soutient financièrement : le financement par la Chine du Cambodge s'élevait en 2006 à 600 millions de dollars et concurrençait l'aide internationale.

Bertil Lintner raconte aujourd'hui comment les dirigeants du PPC (Parti du peuple cambodgien) et la famille du Premier ministre Hun Sen sont liés avec les hauts cadres de l'État : « Hun Neng, le frère de Hun Sen, est actuellement gouverneur du Kompong Cham. Sa fille, Hun Kimleng, est mariée au commissaire-adjoint de la Police nationale cambodgienne, Neth Savoeun. En même temps, le fils de Hun Neng, Hun Seang Heng, est marié à Sok Sopheak, la fille de Sok Phal, un autre commissaire adjoint de la police nationale. Le fils de Hun Sen, âgé de vingt-cinq ans, Hun Manith, est marié à Hok Chendavy, la fille de Hok Lundy, le commissaire de la police nationale. » Bref, tout l'appareil d'État est entre les mains d'une seule famille. Les mariages au sein de l'élite politico-économique sont assez communs dans d'autres pays asiatiques, comme la Thaïlande. Si ce n'est que la société cambodgienne était il y a encore peu sous la férule des Khmers rouges. Pékin dispose là d'un relais privilégié, et peu importe s'il y a quelque temps il maudissait ces Chinois d'outre-mer. Aujourd'hui, les hommes d'affaires sino-khmers ont leurs entrées en Chine et le vice-

Premier ministre Sok An est d'origine chinoise. Il est considéré comme un appui efficace de Pékin au Cambodge.

Depuis 2003, Hun Sen a accéléré la mise en coupe réglée du pays : assassinats de syndicalistes, mise en concession des ressources du pays à ses lieutenants, renforcement des liens avec le gouvernement chinois. La Chine n'hésite pas à intervenir dans les affaires intérieures cambodgiennes quand elle le juge nécessaire. En 1997, Hun Sen demandait à Taïwan de fermer sa représentation diplomatique officieuse au Cambodge. En 2002, le Cambodge refusa un visa au dalaï lama. Le 19 décembre 2009, vingt Ouïghours arrivés au Cambodge deux semaines plus tôt ont été expulsés en Chine par les autorités de Phnom Penh, qui leur ont refusé le statut de réfugiés, et cela en violation d'une convention des Nations unies sur les réfugiés dont le Cambodge est signataire. Ces hommes et ces femmes fuyaient la Chine à la suite de sanglantes émeutes dans le Xinjiang durant lesquelles, en juillet 2009, près de 200 personnes étaient tuées. « Ce qui est le plus inquiétant, c'est la possibilité que ces vingt Ouïghours puissent être torturés ou discrètement exécutés une fois qu'ils sont de retour en Chine », a déclaré Ou Virak, le président du Centre cambodgien pour les droits de l'homme.

Le lendemain de ces expulsions arrivait au Cambodge Xi Jingping, vice-président de la République populaire de Chine et probable successeur de Hu Jintao, l'actuel président. Au cours d'une visite de trois jours, il a signé quatorze contrats relatifs à des projets d'infrastructure. Au Cambodge, le montant des investissements directs chinois s'élève à 4 milliards de dollars (2,8 milliards d'euros), ce qui fait de Pékin le plus gros investisseur du pays.

La politique d'expansion chinoise en Asie du Sud-Est a aussi sa traduction diplomatique. En Asie du Sud-Est, la Chine joue le jeu des organismes internationaux existants, mais en modifie le centre de gravité par sa taille et le poids de son économie. C'est le cas de l'Asean (Association des nations de l'Asie du Sud-Est). Le 1er janvier 2010 ont été supprimées les barrières douanières concernant 90 % des échanges commerciaux de dix pays membres de l'Asean. Cet organisme accueille désormais la Chine populaire en son sein. Près de 1,7 milliard d'habitants sont concernés parmi lesquels Indonésiens, Thaïlandais, Malaisiens, Singapouriens, Brunéiens… et Chinois. À l'origine (1967), l'Asean a été créée pour faire barrage au communisme. « Contrairement à ce que croyaient les dirigeants de l'Asean il y a quarante ans, ce ne sont pas les soldats de l'Armée populaire qui les envahissent, mais les produits *made in China*[1]. » L'Asean connaît un excédent de 21 milliards de dollars avec les États-Unis. Et un déficit du même montant avec la Chine, devenue le premier partenaire commercial des pays suscités. Ce déséquilibre va encore augmenter. La Chine propose aux pays de l'Asean un pacte redoutable : devenir des vassaux économiques tout en espérant profiter de sa dynamique.

1. « Pékin et l'Asean », éditorial du *Monde*, 1er janvier 2010.

5

Diaspora : la 24e province chinoise

Nous avons coutume de dire ou d'entendre dire que l'immigration est une chance pour la France. Concernant la Chine, la formule doit être inversée : c'est au contraire l'émigration qui est une chance pour la Chine, au sens où celle-ci fait l'objet d'une instrumentalisation à plusieurs volets pour le régime de Pékin. Commençons par le plus difficile : dans ce monde où tout est compté, des réserves de change au nombre de téléphones portables par habitant, dans cette Chine où la statistique est placée au rang de religion[1], nul ne connaît précisément l'importance de la diaspora chinoise dans le monde. Selon Pierre Picquart, auteur controversé d'un ouvrage sur le sujet[2], celle-ci compterait entre 80 et 100 millions de personnes, et elle serait,

1. Selon Jean-Paul Tchang, l'État chinois emploierait 130 000 statisticiens.

2. *L'Empire chinois*, Favre, 2004.

de loin, la plus nombreuse au monde. Mais l'auteur lui-même emploie le conditionnel et ne livre guère les sources ni le mode de calcul de ses estimations. Non seulement parce que la divulgation d'un chiffre, soit-il 50, 100 ou 150 millions, pourrait gêner la propagande du Parti communiste chinois, mais aussi parce que nul ne sait trop de qui on parle s'agissant des Chinois hors de Chine.

Qui, en effet, est chinois ? Selon Pékin, l'identité chinoise se décline sur trois modes : premièrement, les « continentaux » (*daluren*), ou citoyens de la partie continentale de la République populaire. Deuxièmement, les « compatriotes » (*tongbao*), qui sont les Chinois de Hongkong et de Macao, mais aussi les Taïwanais. Troisièmement, les populations chinoises de l'étranger, ou « Chinois d'outre-mer » (*huaqiao*) qui forment la diaspora chinoise à l'étranger, que ces derniers aient ou non acquis une autre nationalité.

UNE SINITUDE EXTENSIVE

Les autorités chinoises pratiquent une définition apparemment paradoxale de l'identité chinoise, à la fois très restreinte, quasiment raciale, et en même temps très extensive. D'un côté, l'identité chinoise tend à se confondre avec celle du groupe des Han, l'ethnie chinoise majoritaire, les autres peuples qui vivent à l'intérieur des frontières de la République populaire – Tibétains, Ouïghours, Mongols… – ayant vocation à se fondre dans le monde des Han. D'un autre côté, les populations qui vivent hors de Chine, même si elles descendent de Chinois qui ont émigré au XIXe siècle, sont toujours considérées comme chinoises (c'est le cas notamment des Chinois de Thaïlande ou d'Indonésie). Ces exilés de longue date, souvent très bien intégrés dans les sociétés qui accueillirent leurs aïeuls, qui possèdent une autre nationalité, n'en sont pas moins invités, par l'intermédiaire des médias de langue chinoise diffusés dans leur pays, à venir se recueillir sur le lieu de naissance du mythique Empereur jaune, Huangdi, le père de la race Han. Le site officiel de l'administration du tourisme de la province du Henan présente ainsi la destination touristique à vocation politique de Xinzheng, où a été érigé un temple dans les années 1990 : « Le lieu de naissance de Huangdi est devenu un important lien affectif entre les Chinois, qu'ils soient en Chine ou à l'étranger, et cela afin qu'ils s'unissent ensemble[1]. » Peu importe que l'Empereur jaune soit un personnage mythique, les autorités du Henan, province considérée comme le berceau de la civilisation chinoise, ont décidé que son lieu de naissance se trouvait près de la ville de Xinzheng… Le passé peut bien être reconstruit et se mettre au service des impératifs politiques du présent.

Depuis 2006, à l'initiative du gouvernement provincial, se déroule donc chaque année une grande cérémonie pour fêter Huangdi, le troisième jour du troisième mois du calendrier lunaire chinois, et de nombreux Chinois d'outre-mer sont conviés à y

1. http://en.hnta.cn/Htmls/Scenic/Scenic_190.shtml

participer. Le 29 mars 2009, le thème du rassemblement était : « Mêmes racines, même ancêtre, même origine ». Chaque édition du rassemblement autour de l'« ancêtre de tous les Chinois han[1] » reçoit une couverture élogieuse sur le site du gouvernement Chinois[2].

Au régime, cette définition en accordéon de l'identité chinoise qui combine hiérarchie et puissance maximale semble fonctionnelle. Ainsi le « monde chinois » ne doit-il pas s'envisager dans une continuité géographique, mais dans l'espace mondial, au fil de la dispersion démographique des populations d'origine chinoises. Loin d'affaiblir la Chine, ces saignées démographiques sont le socle de sa nouvelle puissance et constituent le vecteur de son expansion.

L'émigration chinoise n'est pas subie mais voulue et organisée par Pékin. Elle a longtemps été réduite à néant par le régime maoïste. Pendant près de cinquante ans, de 1948 à 1985, les citoyens chinois n'avaient pas le droit – sauf autorisation exceptionnelle – de sortir des frontières du pays. Le PCC appliquait alors le modèle du grand frère soviétique. Une diaspora chinoise existait, en Asie, en Amérique ou en Europe, mais elle était antérieure à la Révolution.

1. http://www.gov.cn/english/2008-04/08/content_939841. htm
2. http://www.bjreview.com.cn/nation/txt/2009-04/13/content _190574.htm

Les migrants réinvestissent en Chine

Selon la chercheuse Carine Pina-Guerassimoff, « la Chine, à l'inverse des pays européens, poursuit une politique migratoire dynamique, renouant avec une ancienne tradition de départs outre-mer et de connexion entre migration et développement. Les autorités chinoises, surtout au niveau des provinces les plus touchées par les départs, attendent de l'émigration toutes sortes d'avantages : des transferts de fonds, des retours d'investissements, des leviers pour le commerce extérieur, la résorption du chômage interne, etc. Dans ce but, elles adoptent des mesures visant à pérenniser les relations entre elles et les nouveaux migrants[1] ».

Quelle est la masse de capitaux investis en Chine ces trente dernières années grâce aux Chinois de l'étranger ? Là encore, l'administration chinoise est avare en chiffres et l'estimation très difficile à donner. La Banque mondiale[2] estimait en 1996 à 600 milliards de dollars les investissements de la diaspora en Chine, quand ils s'élevaient à 400 milliards en 1991. Ces données sont antérieures au boom de l'économie chinoise et aux efforts conduits par le gouvernement pour attirer les cadres, les

1. « République populaire de Chine – Union européenne : vers un partenariat stratégique en matière migratoire ? », in *Hommes et Migrations,* n° 1254, mars-avril 2005.

2. Cf. « The Economic Power of Chinese Diaspora », note documentaire, Oboulot.com.

étudiants et les entrepreneurs de la diaspora et les convaincre de revenir au pays. Tout indique que les statistiques actuelles devraient donner des chiffres beaucoup plus importants. Pierre Picquart affirme ainsi dans son ouvrage que la diaspora chinoise serait responsable de 75 % des investissements réalisés en Chine ! Si l'on s'en tient simplement aux investissements taïwanais, que le régime considère comme chinois, les quelque deux millions d'entrepreneurs de la « 23e province[1] » installés en Chine représentent 40 % des exportations chinoises dans le secteur des nouvelles technologies. L'émigration chinoise connaît donc un nouvel essor à partir de 1985, lorsque le gouvernement fait adopter une loi sur les « sorties et entrées » de ses citoyens sur son territoire[2]. Quitter le pays est devenu un droit, à condition d'avoir un motif légitime[3].

À partir de la fin des années 1980, les entreprises d'État, les hôpitaux et les administrations ont commencé à se défaire de leur personnel. Puis, dans les années 1990, les autorités ont mené une politique de restructurations industrielles massives dans le secteur d'État. En moins d'une décennie, ce sont soixante millions d'employés et d'ouvriers qui ont perdu leur tra-

1. La République populaire de Chine compte 22 provinces ; en Chine continentale, Taïwan (République de Chine) est fréquemment appelée la « 23e province ».

2. Loi du 22 novembre 1985. <http://www.lawinfochina.com/law/display.asp?db=1&id=981&keyword=exit>

3. Une nouvelle législation, en préparation, devrait plus encore faciliter le départ de ceux qui le désirent.

vail, a-t-il été estimé. Une forte proportion d'entre eux se trouve dans les anciennes bases industrielles de Mandchourie[1]. En l'absence de filets sociaux efficaces, pour ces millions de *xiagang*[2] l'émigration est devenue une alternative à la misère. La Chine règle ainsi une partie du problème du chômage par le vide, en éjectant ses chômeurs vers des pays tiers.

C'est ainsi que nous avons découvert en janvier 2009 que dans plusieurs provinces les chômeurs sont ouvertement encouragés à aller chercher du travail en... Afrique ! À Chongqing, municipalité qui envoie des délégations d'entreprises pour prospecter le marché africain, les ouvriers qui réussissent à décrocher un emploi en Afrique sont exemptés des 200 yuans (20 euros) de frais de passeport. L'agence locale d'export de main-d'œuvre reçoit des autorités 500 yuans (50 euros) par personne envoyé en Afrique[3]...

L'ÉMIGRATION ENRAYE LE CHÔMAGE ET CONTRIBUE AUX EXPORTATIONS

Pour le régime chinois, l'émigration possède d'autres vertus : équilibrer la balance des paiements

1. Voir à ce propos le chapitre 2 de notre livre *La Chine sera-t-elle notre cauchemar ?* (*op. cit.*).

2. Littéralement, employés et ouvriers « descendus de leur poste de travail », c'est-à-dire les salariés des anciennes entreprises d'État.

3. Selon les informations que nous avons collectées en Chine en janvier 2009.

par de grands contrats et le développement du commerce de biens de consommation chinois, former des cadres et des chercheurs qui, une fois revenus en Chine apporteront leurs savoir-faire à la recherche et à l'industrie[1], enfin apporter des investissements et des devises à la Chine continentale. À ces atouts économiques s'ajoute une dimension géopolitique : la diaspora peut jouer un rôle utile pour accroître l'influence de la Chine. Comment résorber un chômage galopant ? La croissance à deux chiffres reste la priorité absolue depuis trente ans, mais l'exportation à l'étranger de millions de citoyens chinois contribue aussi à la résorption du chômage. Avec la conquête de nouveaux marchés pour son industrie d'exportation, voici quelques autres bonnes raisons de stimuler l'émigration.

C'est en Afrique principalement que la Chine exporte sa main-d'œuvre. La présence chinoise sur le continent avait commencé à la fin des années 1950, avec le démarrage des relations entre Pékin et un nombre croissant de pays africains. Des centaines puis rapidement des milliers de diplomates, de coopérants, d'experts, de médecins, de travailleurs furent envoyés pour concrétiser sur le terrain les grandes orientations diplomatico-économiques décidées à Pékin. Mais, sauf exception, il s'agissait d'une population d'expatriés temporaires. Au début des années 2000, la nature de l'émigration change : des migrants partent désormais s'installer en Afrique pour y travailler, y monter des entreprises et y vivre. La vague des grands contrats de

1. Voir chapitre 9, p. 257-261 notamment.

BTP offerts en cadeau à différents gouvernements africains, en contrepartie de grands projets d'exploitation de ressources énergétiques ou de matières premières, amène sur le continent une armée d'ouvriers et de cadres de chantiers[1].

Mais les chiffres manquent. Ceux disponibles sont rares, très approximatifs, fluctuants et variables suivant les sources. Par exemple, en 2003, alors que l'ambassadeur de Chine estimait entre 50 et 100 000 le nombre de Chinois présents en Afrique du Sud, un rapport de BD Consultant commandé par le ministère de l'Économie et des Finances français[2] évoquait, lui, le chiffre, plus crédible, de 300 000 personnes d'origine chinoise en 2006 – un chiffre « qui apparaît très plausible, faisant de l'Afrique du Sud, et de loin, le principal foyer de peuplement chinois en Afrique ». En Tanzanie, dans les années 1970, la construction du chemin de fer Tazara a mobilisé plus d'une dizaine de milliers de travailleurs qui sont rentrés en Chine une fois le chantier terminé. Aujourd'hui, une fois un chantier terminé, une partie de ces expatriés s'installe sur place ou tente de gagner un autre pays « plus prometteur ».

Pourquoi ces pays africains acceptent-ils d'importer des ouvriers chinois alors que la main-d'œuvre locale y est nombreuse ? La raison en est simple : le coût d'un ouvrier chinois sera toujours inférieur à celui d'un Africain. À Madagascar, par exemple, le salaire d'un

1. Cf. chapitre 2, notamment pages 65 à 87.
2. *La Concurrence des groupes industriels chinois sur les marchés internationaux. Le cas du continent africain* (janvier 2006).

habitant local coûte deux fois plus que celui d'un ouvrier chinois. En octobre 2005, le ministère chinois du Commerce dénombrait 78 000 ouvriers chinois travaillant sur les différents projets en Afrique, chiffre officiel sous-estimant, selon toute probabilité, assez fortement la réalité.

Entassés à huit dans des chambres de 20 m²

Le cas algérien est l'un des plus spectaculaires et sans doute l'un des plus explosifs du continent.

Nous voici, début 2008, dans la campagne algéroise, au bout d'une piste en terre bordée par un haut portail bleu, frappé de quatre grands idéogrammes chinois, le sigle du China State Construction Engineering Corps (CSCEC), une société d'État chinoise du BTP. L'entrée de cette « base-vie » est gardée par des vigiles algériens, le seul personnel « local » ici. Car une fois dans l'enceinte, le Maghreb cède la place à la Chine : des dizaines d'ouvriers vont et viennent, une gamelle et des baguettes à la main, dans une cour où ont été aménagés des potagers où poussent des légumes chinois. Six longs bâtiments spartiates sont alignés, où vivent les hommes. Les ouvriers s'y entassent à huit dans des pièces de vingt mètres carrés, à peine assez grandes pour caser quatre lits superposés, une table et des chaises. Derrière un mur se trouvent les logements des responsables, nettement plus confortables. Il y a là un magasin où se vendent cigarettes chinoises, nouilles déshydratées et bouteilles de *baijiu*, un alcool blanc.

Plus loin, une infirmerie dans laquelle dorment deux médecins chinois. Enfin, une cantine où les ouvriers achètent leur repas avec des bons. Cette enclave de l'Empire du Milieu en Afrique est le signe de la déferlante chinoise sur le Maghreb.

Les 400 ouvriers originaires de la province de l'Anhui qui dorment là se relaient nuit et jour sur un énorme chantier du quartier de Cheraga. Une fois terminé, le bâtiment qu'ils construisent, haut de cent mètres et offrant 160 000 m^2, sera le plus important centre commercial d'Afrique.

Des chantiers d'infrastructure de ce type, opérés par les grandes entreprises chinoises toutes liées à l'État, il y en a eu des centaines en Algérie depuis près d'une décennie : ministères, bâtiments administratifs et surtout immeubles pour répondre à la crise du logement. Le plus important est l'autoroute qui traversera, une fois terminée, l'Algérie d'est en ouest – 927 kilomètres de voies ; il fut attribué en 2005 aux deux tiers aux Chinois de Citic-CRCC. Il s'agit du plus gros contrat de l'histoire algérienne : 11 milliards de dollars. Selon le quotidien algérien *La Voix de l'Oranie*, la majorité des grands chantiers de construction ont été confiés depuis 2004 à dix-huit groupes chinois de BTP présents en Algérie[1].

Comme à Cheraga et dans le reste du pays, les ouvriers et l'encadrement employés par les entreprises chinoises sont exclusivement chinois. Une condition

1. Hakim Merabet, « Les Chinois d'Algérie dans la mire d'Al-Qaida », *La Voix de l'Oranie*, 15 juillet 2009.

impérative, selon elles, pour respecter les coûts et surtout les délais imbattables grâce auxquels elles remportent les appels d'offre. Mais cela constitue un véritable scandale pour de nombreux Algériens, alors que le pays compte 30 % de chômeurs et une population très jeune. Beaucoup d'entre eux n'hésitent plus à dénoncer l'« invasion des Chinois ». Les Chinois, de leur côté, perçoivent clairement une hostilité croissante, comme lorsqu'on les interpelle dans la rue d'un « Ali Baba » pour les traiter de voleurs.

Sidi Saïd, secrétaire général de l'UGTA rencontré à l'imposant siège de la centrale syndicale algérienne, avoue que la situation est un vrai casse-tête : « J'ai posé des questions aux entreprises ou au syndicat officiel chinois[1], notamment sur le montant des salaires versés et la couverture sociale. Mes questions ont tout simplement été ignorées, aucune réponse ! Cette totale opacité freine l'action syndicale. Pourtant, ces travailleurs chinois dépendent bien du droit du travail algérien ! »

DES PRISONNIERS SUR LES CHANTIERS ?

Les raisons de cette opacité sont simples : les contrats des travailleurs chinois sont signés avant leur départ, en Chine, comme nous le confirment Chen,

1. Le seul syndicat autorisé en République populaire de Chine est directement sous la tutelle des autorités et du Parti. Toutes les tentatives de monter des syndicats indépendants, ces dernières années, ont été sévèrement réprimées.

Wu et Wei, deux ouvriers et un cadre rencontrés sur la « base-vie » de Cheraga. Et les salaires, 300 euros par mois, sont directement versés aux familles restées au pays. Ce montant est impossible à vérifier car toutes les opérations se font en Chine. « Bien que nous soyons à l'étranger, ce sont les règles chinoises qui sont appliquées par nos entreprises », nous déclarent les trois hommes. Plusieurs employés chinois nous ont aussi dit qu'à leur arrivée sur le chantier, les directeurs réclamaient leur passeport pour le conserver jusqu'à leur départ.

L'envers des coûts et surtout des délais annoncés par les entreprises chinoises – imbattables et presque toujours tenus – est une réalité peu avouable : une main-d'œuvre captive qui se relaie 24 heures sur 24 sur les chantiers, pour un temps de travail de dix à douze heures par jour, avec une seule journée de repos par mois ! Des conditions que n'accepteraient jamais les Algériens.

Mais la situation de ces travailleurs expatriés est peut-être pire encore. Les rumeurs les plus folles, plusieurs fois évoquées pendant notre séjour en Algérie mais très difficiles à vérifier, courent sur la présence d'une main-d'œuvre de prisonniers chinois. Un rapport sur *Le travail forcé des prisonniers chinois dans le BTP en Afrique*[1] s'en fait l'écho. Par ailleurs, des grèves ont plusieurs fois éclaté à Alger, avec manifestations

1. « Le travail forcé des prisonniers chinois dans le BTP en Afrique, l'omerta de la communauté internationale », collectif, édité par l'École de guerre économique (installée à Paris).

d'ouvriers chinois dans les rues de la ville blanche et sit-in devant l'ambassade de Chine en Algérie, lorsque nombre d'entre eux ont appris, en téléphonant à leur famille, que les salaires n'étaient plus versés…

Le nombre de Chinois présents en Algérie reste un mystère : les estimations vont de 15 000 à plus de 100 000. Ce dernier chiffre était donné récemment par le quotidien de l'Oranie[1]. Dans un de ses rapports, le cabinet d'analyse des risques Stirling Assynt estime quant à lui la présence chinoise à 50 000 personnes[2]. Les officiels refusent de répondre lorsque la question leur est posée, ainsi que le raconte dans une enquête le magazine algérien *City DZ*[3]. Sidi Saïd avançait déjà en 2005 le chiffre de 70 000 travailleurs chinois présents en Algérie[4].

Le Zhongbei fandian est un restaurant chic, sis au troisième étage d'un centre commercial bâti dans le plus pur style postmoderne des métropoles chinoises. Situé dans le quartier anciennement islamiste de Birkhadem, c'est le rendez-vous des hommes d'affaires pékinois, shanghaïens ou sichuannais. On y goûte une cuisine chinoise non frelatée par l'influence occidentale. L'adresse est totalement inconnue des Algé-

1. Hakim Merabet, « Les Chinois d'Algérie dans la mire d'Al-Qaida », *op. cit.*

2. « Menaces d'Al-Qaida : Pékin met en garde les Chinois en Algérie », AFP, 14 juillet 2009.

3. « Le casse-tête chinois en Algérie : Combien sont ils ? Dans quel cadre activent-ils ? », *City DZ*, 13 août 2009.

4. *Le Soir d'Algérie*, mardi 25 janvier 2005.

riens : le lieu, nous dit-on, est privé et s'adresse essentiellement à une clientèle d'affaires chinoise. « Le retour des Chinois ? Mais ils n'ont jamais réellement quitté l'Algérie ! », explique un entrepreneur de Chongqing venu là pour se détendre avec quelques amis. L'Algérie, il y est venu pour la première fois en 1990. À la solidarité tiers-mondiste de l'ère Mao avait succédé un pragmatisme des plus mercantiles. Au même moment, lors de la démonopolisation du commerce algérien, des Algériens se sont installés à Shanghai[1]. Les liens se sont donc tissés dans les deux sens. Enfin, même s'ils étaient beaucoup moins nombreux, les Chinois n'ont pas quitté l'Algérie au milieu des années 90, quand la guerre civile faisait rage. La Chine a ainsi pu bénéficier de l'urgence qui s'est alors emparée du pouvoir de faire repartir l'économie. « D'abord, il y a de bonnes relations entre les États. Ensuite, nous avons une meilleure compétitivité », précise Zang Chuantian, un jeune ingénieur en génie civil qui a travaillé sur la nouvelle aérogare d'Alger, chantier remporté devant Bouygues par CSCEC. « Mais la présence de la Chine n'est plus politique », explique Zhang Jinjin, une interprète fraîchement diplômée de Beida, l'université de Pékin. « S'il n'y avait pas de profits à réaliser, nous ne serions pas là. »

Une partie de l'explication est peut-être à chercher du côté du Club des pins, à l'est d'Alger ou sur les

1. Adlène Meddi, « De Shanghai à La Casbah, la route de la soie industrielle », *El Watan*, 5 décembre 2005.

hauteurs d'El Biar loties de bungalows et de superbes villas habités par de dirigeants algériens, et construits par la main-d'œuvre chinoise. Celle-ci a certainement été « prêtée » par les sociétés chinoises. À Oran, cela expliquerait les retards pris sur le chantier de l'hôtel Sheraton.

Des chinatowns partout

En Algérie comme ailleurs en Afrique ou en Amérique latine, cette émigration de main-d'œuvre favorise et renforce une deuxième strate de migrants chinois, celle des petits commerçants et des petits entrepreneurs. Leur présence est visible, à la différence des ouvriers d'entreprises chinoises, littéralement cadenassés dans leurs « bases-vie ». Ainsi prolifèrent des commerces, échoppes, bazars, « pharmacies » et restaurants chinois. Depuis le début des années 2000, le boulevard Charles de Gaulle, à Dakar, a été métamorphosé par la multiplication des magasins chinois. Du Cap à Tanger en passant par la plupart des capitales intérieures, les années 2000 ont été marquées par le développement de mini-chinatowns dans toute l'Afrique, faisant quelquefois la joie du consommateur local et provoquant la stupéfaction ou la colère des concurrents africains.

Une fois ces têtes de pont constituées arrivent les clandestins, qui sont restés dans le pays après l'expiration d'un visa étudiant ou touristique, sous couvert de regroupement familial. Selon les cas, ils ont été acheminés par des réseaux illégaux de migration ou à la suite de l'organisation d'un « mariage blanc », ainsi que l'affirme le rapport de BD Consultant[1]. Le même rapport expose que, fin 2005, une douzaine de pays africains ont obtenu de la Chine le statut de « destination touristique » qui les a en quelque sorte « ouverts » aux touristes chinois. Depuis, des dizaines de milliers de touristes chinois arrivent chaque année en Afrique. Une partie d'entre eux « s'évapore » sur place.

Cette immigration est souvent moins bien accueillie par les populations locales que par les gouvernements. À l'été 2004, à Dakar, ont eu lieu des manifestations de commerçants locaux à l'appel de l'Union nationale des commerçants et industriels du Sénégal (UNCOIS) qui dénonçaient les pratiques commerciales déloyales des Chinois. L'Association des consommateurs du Sénégal (Ascosen) organisa des contre-manifestations et dénonça le racisme et la xénophobie de l'UNCOIS. De nouveaux incidents ont éclaté en 2009.

Début août 2009, des échauffourées à couteaux tirés et à coups de matraque entre une soixantaine d'Algériens et une cinquantaine de Chinois ont fait plusieurs blessés dans le quartier de Bab Ezzouar, à Alger. Une dizaine de Chinois auraient été blessés, et cinq de leurs boutiques pillées. Les responsables de l'UGTA, le syndicat unique des salariés algériens, sont vent debout contre l'immigration des milliers de travailleurs quand le taux de chômage stagne au-delà des 30 %.

1. *La Concurrence des groupes industriels chinois sur les marchés internationaux. Le cas du continent africain*, janvier 2006.

LE BOOM DES EXPORTATIONS CHINOISES VERS LES PAYS PAUVRES

On l'a vu, l'armée des petits commerçants chinois joue un rôle essentiel pour équilibrer les échanges avec le pétrole ou les matières premières des pays africains. Mais cet « équilibre » génère en retour un formidable déséquilibre économique, transformant les États africains en pays rentiers alors qu'ils n'ont pas forcément les moyens de la Russie ou de l'Algérie. En 2005, la Fondation Friedrich-Ebert a tiré la sonnette d'alarme dans un rapport qui décrit les déséquilibres entre la Chine et le Cameroun[1]. La valeur des exportations de la Chine vers le Cameroun est allée crescendo entre 2001 et 2004, passant dans la période de 34 à 67 milliards de francs CFA. En retour, les exportations du Cameroun vers la Chine stagnaient à 20 milliards en 2004. Les exportations chinoises vers le Cameroun portent essentiellement sur des produits finis, prêts à la consommation, qui fragilisent dangereusement les secteurs d'activité économique locaux : bonneterie, lingerie féminine, confiserie, biscuiterie, poterie artisanale, industrie de fabrication des chaussures plastiques, commerce des motos et des bicyclettes. Les exportations camerounaises, en revanche, sont essentiellement constituées par le bois en grumes. Une

1. Fondation Friedrich-Ebert Stiftung, « Coopérations économiques et commerciales Chine-Cameroun, état des lieux », juillet 2005.

matière première qui fait l'objet de transformation en Chine.

Ben Simpfendorfer, chef économiste de la Banque royale d'Écosse, a mis en garde contre le déséquilibre qui existe dans les échanges entre la Chine et les pays pauvres[1]. Les exportations de la Chine vers les pays en développement sont passées de 190 à 670 milliards de dollars entre 2004 et 2009. « La Chine a pris des parts de marché dans tous les pays émergents, ce qui a provoqué des fermetures d'usines et des pertes d'emplois de l'Inde à la Syrie », écrit-il. La pénétration des exportations chinoises dans les pays pauvres s'est encore accentuée avec la crise de 2008. Côté chinois, certains ont conscience de ce déséquilibre et proposent qu'une partie des réserves de change accumulées serve à un nouveau « plan Marshall » dont bénéficieraient ces pays pour qu'une partie de la prospérité chinoise leur revienne. D'autres craignent que ce plan ne soit qu'un moyen pour vendre encore plus de marchandises sur ces marchés émergents et résorber ainsi les problèmes de surcapacité de production de la Chine.

Cinq fois plus d'étudiants chinois en France

Un troisième pôle d'émigration est constitué par les étudiants chinois. Depuis les années 2000, ceux-ci constituent un bataillon d'émigration dont le nombre

1. « Beijing's "Marshall Plan" », *International Herald Tribune*, 4 novembre 2009.

est en forte croissance. Car la difficulté de trouver un travail ne concerne pas seulement les employés licenciés du secteur d'État. En juin 2009, 6 millions de diplômés de l'enseignement supérieur sont arrivés sur le marché de l'emploi en Chine, alors que 1,5 million de diplômés de l'année 2008 étaient toujours à la recherche d'un premier emploi... Pour les étudiants qui ont échoué aux tests d'entrée dans les universités chinoises, les études à l'étranger offrent une deuxième chance, même si ces études, très coûteuses, sont une charge financière considérable pour leur famille. Ces étudiants candidats à l'émigration sont une belle aubaine – et un marché juteux – pour les agences intermédiaires qui aident à l'inscription dans les universités étrangères.

Avec 35 000 étudiants[1] accueillis en 2009, la France se situe au cinquième rang mondial des pays d'accueil des étudiants chinois. Ceux-ci représentent 10 % des étudiants étrangers dans les universités, 11 % dans les écoles d'ingénieurs et 13 % dans les écoles de commerce françaises. Au total, cette population a augmenté de 484 % entre 2000 et 2008. Cette croissance commence à poser un certain nombre de problèmes à l'Université française : « La faible proportion de doctorants et la trop forte proportion d'étudiants en premier cycle (licence) dans le contingent chinois montrent que la France n'attire pas encore l'excellence chinoise. Ceci est plus le reflet d'une politique française d'aide au

1. Chiffre de l'ambassade de Chine à Paris.

développement que d'une politique d'attraction de l'excellence scientifique[1]. »

Pourquoi un boom des étudiants chinois en France ? Manifestement, l'Hexagone ne semble pas leur destination de premier choix. Il semble même que beaucoup d'entre eux n'aient pas réussi l'examen d'entrée à l'Université en Chine, l'équivalent du baccalauréat français. Deuxième problème, bien des universités conçoivent l'accueil des étudiants chinois comme une ressource surtout financière. Le ministère de l'Enseignement supérieur s'est parfois vu contraint de mettre le holà, comme lorsque une officine chinoise, l'Ochine Culture Information Consulting, a proposé à l'Université de Bordeaux de la rémunérer 3 000 euros pour chaque inscription « réussie » d'étudiant ! Il faut bien prendre conscience que les démarches administratives des étudiants chinois sont souvent irréalisables sans ces intermédiaires sur les pratiques desquels les établissements d'enseignement ferment honteusement les yeux. Un étudiant peut ainsi verser jusqu'à 5 000 euros pour une place dans université française, avant même d'avoir la garantie qu'il obtiendra un visa. L'étudiant et sa famille ne sont jamais au bout des tracasseries et petites corruptions.

Pour les autorités chinoises, l'exportation de ses étudiants à l'étranger est un choix appréciable à plusieurs titres. D'une part, on l'a vu, cela aide à résoudre le problème du chômage des jeunes diplômés. D'autre part,

1. Note interne au ministère de l'Enseignement supérieur et de la Recherche.

pour le Front uni, l'organisation du Parti chargée de « gérer » les Chinois de l'étranger, ces expatriés deviennent un outil. Les autorités encouragent ainsi les étudiants chinois à venir en France pour ses formations technologiques, afin qu'ils s'insérent dans les processus d'innovation.

En France, certaines universités voient la Chine comme un vaste marché dont il faudrait attirer les étudiants, et pour cela, tous les moyens sont bons. Stéphane Mounier, secrétaire de la section SNESUP de l'université de Toulon, s'interroge sur le taux de réussite faramineux des très nombreux étudiants chinois à l'Institut d'administration des entreprises (IAE). En juin 2009, le taux d'échec aux examens des étudiants chinois de l'un des diplômes de l'université était de 100 %. Au rattrapage, en septembre, le taux de réussite était aussi de 100 %. Comme s'il fallait absolument garder dans l'université ces étudiants. Le rapport de l'inspecteur général de l'Éducation nationale et de la Recherche, intitulé « Présomptions de trafic de diplômes par des étudiants chinois à l'université du Sud Toulon-Var » est sans appel : il y a bien eu dans l'université du Var – 704 étudiants chinois sur un effectif total de 10 500 en 2008 – une fraude massive sur les inscriptions et la délivrance des diplômes. À l'été 2008, Nathalie Hector, professeur responsable d'un Master 2 (bac + 5), se voit proposer une indemnité de 2 000 euros par étudiant recruté, plus une prime de 5 000 euros pour chaque diplôme obtenu. Elle alerte le président de l'université. Contre toute attente, celui-ci tergiverse. Loin d'alerter la police, la justice ou le rectorat, il conseille bientôt à l'enseignante de cesser de s'occuper de ces fraudes, car elle est soupçonnée de racisme sur le campus[1] ! L'accusation de racisme antichinois semble avoir été portée contre tous les enseignants intègres de l'université[2] !

D'autres universités comme Pau, Poitiers et La Rochelle ont été soupçonnées elles aussi de se montrer particulièrement laxistes avec les étudiants chinois, sans toutefois que ne soient déclenchées des enquêtes judiciaires.

Comment une telle fraude est-elle possible ? Sur le marché du travail chinois, un diplôme étranger est un atout décisif, pour en faire obtenir un à leur enfant, les familles chinoises sont déjà préparées à l'idée qu'il faudra payer. Et tous les ingrédients d'une tentation de la corruption sont réunis : la pauvreté des universités ciblées, le faible salaire des profs de fac, la naïveté de

---

1. Voir l'article d'Alexandre Duyck dans le *Journal du Dimanche* du 18 octobre 2009.

2. « Le président et ses proches ne cessent de nous maltraiter. Ils veulent notre peau. Je l'ai dit il y a quelques mois au ministère : "Si vous ne faites rien, ça va très mal finir !" Après avoir tenté de nous attaquer de front, ils ont décidé de régler les comptes en interne, en nous diffamant à longueur de journée. On nous dit que nous sommes racistes à l'égard des Chinois, que certains professeurs couchent avec eux... Il y a eu des voitures rayées, des mails insultants, des lettres anonymes. Ils emploient des méthodes dégueulasses. Il y a des gens qui ont physiquement peur, qui demandent à être accompagnés quand ils vont aux toilettes. C'est aberrant de vivre une chose pareille ! Parfois, le soir, vous rentrez chez vous en pleurant. Vous avez envie de tout lâcher, vous craquez et puis vous vous reprenez, vous décidez de vous battre. » *Ibid.*

l'institution universitaire, face à l'esprit de corruption des élites chinoises, très représentées parmi les étudiants expatriés. En l'absence d'une organisation internationale contre la fraude des diplômes, leur trafic a de beaux jours devant lui.

Une fois formés, les étudiants chinois reviennent au pays ou restent sur place, comme aux États-Unis par exemple où réside la première diaspora chinoise (dix millions de ressortissants) : ils trouvent éventuellement à travailler dans les sociétés fondées par d'autres expatriés qui ont déjà réussi, sino-américains ou chinois venus récemment, comme eux se former et qui ont préféré créer des sociétés *high tech* que revenir au pays.

La Chine « instrumentalise désormais le rayonnement économique ou parfois politique à l'étranger de la diaspora, au profit de son propre retour sur la scène internationale[1] ». Elle s'attache les Chinois expatriés en suscitant chez eux un sentiment de fierté. La contribution des diasporas au développement de leur région d'origine est valorisée, et l'aura internationale retrouvée de la Chine rejaillit sur elles.

1. Thierry Sanjuan, article « Monde chinois », in *Dictionnaire de la Chine contemporaine*, Armand Colin, 2006.

UNE ÉMIGRATION D'EXPANSION

Une quatrième strate d'émigrants provient directement de l'expansion de l'économie chinoise aux quatre coins du monde. Ceci se vérifie d'abord dans l'environnement géographique immédiat de la Chine. La première véritable vague d'émigration chinoise en Asie date de la deuxième moitié du XIXe siècle, pour répondre aux besoins en main-d'œuvre des colonies européennes. Aujourd'hui, selon les estimations, la diaspora d'origine représenterait 30 à 35 millions de personnes. Ainsi, les Chinois d'outre-mer sont 8 millions en Thaïlande, sensiblement le même nombre en Malaisie, 6 millions en Indonésie, 1 million au Vietnam, 1,6 million aux Philippines, et 400 000 en Australie, 300 000 au Laos, 400 000 au Cambodge où 90 % des groupes investissant le pays sont d'origine chinoise[1].

Dans une période plus récente, cette émigration économique s'est fortement développée, en Europe et ailleurs. Les investissements considérables consentis par les groupes chinois en Amérique latine, soit 100 milliards de dollars[2], charrient à leur suite toute une population d'immigrants qui sont bien accueillis en ces temps où l'influence américaine sur le continent connaît un fort déclin. Alors que la Chine est devenue

1. *L'Empire chinois*, *op. cit.*, p. 98.

2. C'est l'estimation de Barthélémy Courmont dans son ouvrage, *Chine, la grande séduction. Essai sur le soft power*, Choiseul, 2009.

le premier partenaire commercial du Brésil, ses émigrants sont aujourd'hui 100 000 dans le pays.

En Algérie, la présence chinoise ne se limite pas au BTP. Elle concerne aussi la coopération dans le nucléaire civil – le principal réacteur algérien est de fabrication chinoise – et bien sûr les énergies fossiles : l'Algérie, largement sous-prospectée, est une région prometteuse en hydrocarbures, alors que la demande chinoise explose. Les trois principales compagnies pétrolières sont déjà à pied d'œuvre, notamment sur le complexe de Skikda. À Kenadsa, à 700 kilomètres au sud d'Oran, une importante mine de charbon avait été ouverte pas les Français au XIXe siècle. Avec l'essor du pétrole, celle-ci a décliné avant de fermer. Une délégation chinoise a récemment visité le site pour le rouvrir. La main-d'œuvre destinée à son exploitation serait bien sûr chinoise. Ce qui fait froid dans le dos lorsqu'on sait que les mines, en Chine, connaissent la plus forte mortalité au monde : environ 20 000 morts chaque année…

En 2000, le Conseil de l'Europe chiffrait à 200 000 le nombre de Chinois résidant légalement sur le continent européen. Ce chiffre est très en dessous de la réalité. Rien qu'en Grande-Bretagne, Pierre Picquart évalue la communauté chinoise à 400 000 personnes. Les Pays-Bas comptaient 20 000 Chinois en 1955 et plus de 100 000 en 2000[1]. En Allemagne, entre 2000 et 2001, la progression aurait été de +24 % pour s'établir à 63 000 personnes. Les migrants investissent aussi

1. Pierre Picquart donne une estimation légèrement inférieure, de 90 000, dans *L'Empire chinois* (*op. cit.*, p. 159).

de nouveaux pays d'immigration, en Europe du Sud : Espagne, Italie, Portugal... En Espagne, en 2002, il fallait compter 80 000 Chinois, dont un peu moins de la moitié en situation irrégulière. Au recensement de 1985, il y avait 5 000 ressortissants chinois en France. Ils étaient 14 051 en 1990, et 28 319 en 1999. Voilà pour les chiffres officiels. De manière officieuse, le nombre de 400 000 Chinois en France – toutes catégories confondues – est fréquemment cité[1], ce qui en fait la première communauté chinoise d'Europe. Certains estiment même qu'il faut multiplier par deux ce chiffre pour approcher la réalité. Quoi qu'il en soit, en 2006, lorsqu'a été estimée l'audience d'un bouquet numérique de chaînes télévisées en mandarin qui diffuserait en France, c'est un potentiel de 600 000 auditeurs qui a été évalué. Ce chiffre, passé inaperçu en France, a été repris sans ciller par les médias chinois.

2 000 SOCIÉTÉS CHINOISES À PRATO

L'Italie comptait seulement 300 Chinois en 1980. Aujourd'hui, ils seraient 200 000, toujours selon Pierre Picquart[2].

Le cas de la ville italienne de Prato est intéressant et significatif. En quelques années, cette cité toscane est devenue l'une des destinations les plus populaires

1. Philippe Dewitte, in *Hommes et Migrations,* n° 1254, mars-avril 2005.

2. *L'Empire chinois, op. cit.*, p. 161.

parmi les migrants originaires du Zhejiang, puis du Fujian, du Centre et de l'Ouest.

Situé à vingt kilomètres à peine de Florence, Prato attire des milliers de « visiteurs » chinois. Centre nerveux du textile transalpin, Prato est devenu leur terrain de jeu, plus convoité que Milan, Amsterdam ou le Sentier parisien. La région, berceau traditionnel du textile italien, continue de fabriquer du *made in Italy*, et elle le fait *by chinese people*… Les quelque 2 000 sociétés locales sont à présent dirigées par des entrepreneurs chinois qui emploient 20 000 à 25 000 de leurs compatriotes, selon les calculs de la mairie – 30 à 40 000 selon d'autres estimations –, pour une cité qui compte environ 160 000 habitants. À Prato, écrit Alain Léauthier qui s'est rendu sur place[1], « incapable de soutenir la concurrence asiatique, la confection agonisait doucement. Les nouveaux arrivants se sont engouffrés dans cette branche, relativement résiduelle (20 %), de la chaîne textile. D'abord comme simples ouvriers, corvéables et malléables à merci. Puis en tant qu'entrepreneurs indépendants, louant au prix fort les locaux d'artisans ravis d'assurer ainsi leurs retraites ». Du coup, même la coalition de gauche qui dirige la ville s'inquiète sérieusement de la « question chinoise ». Ces immigrants ont certes redynamisé l'activité économique, mais au prix d'un dumping social et d'une indifférence au bien commun : les entrepreneurs chinois ne sont pas très familiarisés avec la notion d'impôt local.

1. « Italie : les Chinois cassent le système social », *Marianne*, 23 septembre 2006.

Ainsi donc, alors que l'industrie textile européenne délocalise sa production en Chine, la Chine, dans le même temps, délocalise sa main-d'œuvre en Europe pour se rapprocher des marchés et des segments d'activité qui lui échappaient jusque-là. Ce faisant, elle exporte aussi ses méthodes de production, qui sont proches de l'esclavage. Que ce soit à Prato, à Naples ou à Paris, le coût de production imbattable des ateliers chinois est le résultat de l'importation d'une main-d'œuvre clandestine, corvéable à merci car elle échappe à toute législation du travail.

Un modèle d'intégration ?

Mais si on fabrique à Prato, on stocke à Paris. L'immigration chinoise bénéficie d'une bonne image en France. En comparaison des problèmes d'intégration engendrés par les immigrations du Sud, africaines ou maghrébines, les Chinois apparaissent encore largement comme des immigrés rêvés, paisibles, presque modèles. Elle serait une immigration sans histoire, avec tous les stéréotypes habituels du genre : des gens discrets, gentils et travailleurs... Appliquant une recommandation de l'ambassade de France à Pékin, Nicolas Sarkozy s'est rendu pour la première fois en 2010 aux manifestations du Nouvel An chinois à Paris. Son discours a repris ce thème du « modèle d'intégration chinois ». Cette image d'Épinal bat pourtant de l'aile dans plusieurs quartiers parisiens, à commencer par celui de Sedaine-Popincourt, dans le XIe arrondissement. Au début, ce sont quelques commerçants chinois qui s'installent, personne n'y prête attention. Et puis un jour, on se réveille dans un quartier où les bouchers, les cordonniers et autres boulangers ont fermé boutique pour laisser la place à des entrepôts de textiles tenus par des Chinois. Tous les commerces ont été rachetés et remplacés par des friperies et des magasins de vêtements chinois en quelques années. Sur deux rues et quelques traverses, ils se comptent désormais par centaines. En fin de journée, lorsque les entrepôts ferment, le quartier se vide de sa population, à l'exception de ses habitants d'origine. D'un pas de porte à l'autre, ce ne sont plus que des devantures fermées, des grilles baissées. Une ambiance de zone industrielle après la sortie des bureaux. Ici, pas d'exotisme. Ce n'est pas Belleville avec ses restaurants aux enseignes colorées et décorées d'idéogrammes (quartier cependant de plus en plus monocommunautaire), ni Choisy avec ses festivités animées de la fête de printemps. Les magasins sont sans fioriture, presque tous identiques. Fonder un nouveau chinatown pour séduire les bobos du quartier est bien le dernier souci de ces commerçants Wenzhou qui ne pensent qu'à une seule chose : *shangye*, le *business*, les affaires. Avec la spécialisation dans une unique activité : le textile.

Cette activité n'est pas étrangère à l'histoire du quartier, comme le rappelle une chercheuse, Justine Pribetich[1]. Dans l'entre-deux-guerres se sont installés

1. Auteur d'un mémoire de DEA synthétisé dans un article du numéro 1254 de la revue *Hommes et Migrations* : « La construction identitaire d'un quartier : l'exemple de Sedaine-Popincourt ».

ici 3 000 Juifs d'Istanbul, chassés de Turquie. Ils deviendront grossistes en textile dans les années 1960 et s'associeront avec les rapatriés arrivés d'Algérie.

L'implantation des premiers commerçants chinois remonte au milieu des années 1990. Peu à peu, ceux-ci ont racheté les boutiques du quartier, l'une après l'autre, de façon méthodique et systématique. Dans un contexte de crise, épiceries, charcuteries et autres commerces traditionnels ont fermé puis rouvert sous des enseignes de vente en gros. En quelques années, la diversité sociale et commerciale du quartier a disparu, submergée par le stockage de marchandise textile.

700 SOCIÉTÉS CHINOISES À SEDAINE-POPINCOURT

Au début, seuls étaient ciblés par les expatriés chinois les locaux commerciaux des rues Sedaine et Popincourt, mais comme par capillarité, la mono-activité qui frappait ces deux axes s'est étendue aux rues, impasses et traverses adjacentes puis avoisinantes. En quelques années, le quartier a été accaparé par une minorité ethnique, qui l'a transformé en une vaste entreprise, au point de susciter l'inquiétude de ses habitants. Ces derniers ont tenté de se mobiliser. Avec le soutien du maire d'arrondissement, Georges Sarre, ils ont organisé des manifestations contre cette mainmise. Mais les accusations infamantes de xénophobie n'ont pas tardé à fuser et ont paralysé toute forme de réaction contre la transformation de ce coin de Paris en gigantesque friperie à ciel ouvert.

Selon des relevés de terrain effectué en juin 2004 par Justine Pribetich, ce ne sont pas moins de 450 commerces de gros qui sont détenus par des Chinois, soit 71 % du tissu commercial local. Voilà ce qui a valu à ce quartier son surnom de « Sentier chinois ». Selon Martine Cohen, présidente de l'ASQP[1] que nous avons interrogée, il y a aujourd'hui en 2010 « plus de 700 magasins de textile de gros dans le quartier ». Les patrons chinois de ces vitrines commerciales possèdent par ailleurs des ateliers de confection qui fournissent leurs boutiques en vêtements très bon marché. Si le quartier se referme sur lui-même, avec une ambiance de mort une fois les rideaux de fer tombés, c'est pour une raison assez simple : les commerçants chinois ne résident pas à Sedaine-Popincourt. Leurs enfants y sont peu ou pas scolarisés, et il y a ici peu d'infrastructure ethnique, comme des restaurants.

Pourquoi une telle prolifération de magasins presque identiques ? La plupart des expatriés chinois qui ouvrent ici un commerce sont des paysans issus de la campagne proche de Wenzhou sans diplômes. Devenir patron est une promotion sociale. En somme, après avoir été exploités comme ouvriers dans le textile, ils montent leur affaire, ce qui est un moyen d'échapper à la sujétion, et deviennent à leur tour exploiteurs de leurs compatriotes. Nous sommes loin de l'image d'Épinal d'une immigration modèle. Cela explique aussi la multiplication démentielle des commerces sur

1. Association ASQP : Agir solidairement pour le quartier Popincourt. <www.asqpblog.com>

le même segment d'activité, ce qui engendre une vive concurrence et des tensions entre Wenzhou. Ici, la seule solidarité connue est celle de la tontine – *hui* en mandarin – qui a permis aux *self-made-men* chinois de réunir le capital pour monter un atelier de fabrication, souvent clandestin, puis d'ouvrir un entrepôt ou une boutique à Sedaine-Popincourt.

La Chine ne se contente pas d'attendre passivement que la diaspora lui fournisse ce dont elle a besoin. Tout un travail d'accompagnement, d'encadrement, voire de surveillance est mené en direction des communautés chinoises de l'étranger. En Afrique, par exemple, selon le rapport de BD Consultant, les populations chinoises sont étroitement quadrillées par les autorités de Pékin, placées sous l'ombre planante de l'ambassade et de ses services. L'essor numérique de ces communautés a incité Pékin à densifier son réseau consulaire sur le continent noir afin d'accompagner ses ressortissants dans leurs « aventures africaines » et de les aider à surmonter divers problèmes susceptibles de se poser, en particulier en matière de sécurité. Pékin a ainsi ouvert ces dernières années des représentations consulaires dans plusieurs pays africains : Égypte, Afrique du Sud, Nigeria (Lagos), Tanzanie, Cameroun (Douala) et Madagascar… Des médias chinois, sous contrôle de l'État et donc du PCC, se développent en Afrique. En janvier 2006, Radio Chine Internationale (CRI) a lancé sa première antenne émettant hors du territoire chinois. Cette radio d'État propose chaque jour des programmes en chinois, anglais et kiswahili – langue africaine très répandue en Afrique de l'Ouest – aux 3 millions d'habitants de Nairobi[1].

UN FORMIDABLE TISSU ASSOCIATIF

La mondialisation de l'émigration chinoise répond à celle des dispositifs économiques locaux, liés entre eux à l'échelle internationale. Ces enclaves économiques, en quête de main-d'œuvre, attirent à elles de nouvelles vagues de migrants chinois. Réseaux économiques et migratoires sont donc fortement intégrés entre eux, mais aussi avec la Chine. La Chine « essaye de s'attacher, même à l'étranger, les communautés d'outre-mer par ses représentations diplomatiques et leurs services annexes, ses banques, ses entreprises, ses journaux, ses chaînes télévisées. Elle multiplie actuellement les instituts Confucius à l'étranger[2] ».

Selon le rapport de la Fondation Friedrich-Ebert au Cameroun, pays dont la balance commerciale est déficitaire avec la Chine, les sommes d'argent mobilisées par la partie chinoise sont immédiatement transférées dans les banques chinoises *via* les opérations de Western Union : les produits collectés des opérations commerciales faites au Cameroun ont un séjour assez court – pas plus de six mois – dans les banques locales. Ils ne reviennent plus dans le circuit monétaire

1. « La Chine lance au Kenya sa première antenne radio émettant à l'étranger », AFP, 27 janvier 2006.
2. Thierry Sanjuan, « Monde chinois », *op. cit.*

national, ce qui entraîne la raréfaction de la monnaie dans le pays.

De manière générale, les diasporas sont organisées autour d'associations – claniques, culturelles ou économiques –, de temples, d'écoles, de journaux ou de fêtes traditionnelles. En Thaïlande, en Birmanie, aux Philippines, en Indonésie, en Malaisie, elles contrôlent la majorité du commerce et des finances, de l'industrie, de l'artisanat. En Europe de l'Est et en Russie, elles sont actives dans le bâtiment et les travaux publics, l'agriculture, l'industrie forestière et l'industrie légère, les activités qui requièrent peu ou pas de qualification. En Europe de l'Ouest, elles occupent les niches ethniques traditionnelles des Chinois : confection et restauration…

LA GRANDE INCONNUE, LES TRIADES

Un article de la revue universitaire *Hommes et Migrations*[1] donne une explication à l'« invisibilité » des migrants chinois. Celle-ci agirait comme un voile masquant une réalité sinistre : travail des enfants, trafic humain, conditions de travail contraires à la dignité humaine ou prostitution sont le sort fréquent des migrants chinois illégaux. Dès qu'ils arrivent à destination, ceux-ci doivent commencer à rembourser la

1. Gao Yun et Véronique Poisson, « Nouvelles formes d'esclavage parmi les Chinois récemment arrivés en France », in *Hommes et Migrations* n° 1254, mars-avril 2005.

dette faramineuse qu'ils ont contractée auprès des réseaux de passeurs[1]. Un migrant raconte ce qu'il a vu à Prato, entre 2000 et 2001, où il a travaillé comme cuisinier dans un atelier de confection pour un salaire de 305 euros par mois : « Ceux qui travaillaient dans la confection avaient un rythme journalier de seize à dix-huit heures ; souvent ils commençaient l'après-midi à 14 heures et finissaient le lendemain matin à 7 heures afin de mieux échapper aux contrôles de police. Quand il y avait une commande, par exemple mille pièces à effectuer en quatre jours, le travail était réparti entre chacun. Nous n'avions pas le choix, la seule manière d'y arriver était de travailler sans interruption. Tout le monde dormait et mangeait dans l'atelier[2]. »

La saturation des marchés de niche occupés par les Chinois rend encore plus difficiles les conditions de vie des migrants, ce qui constitue le terreau de nouvelles formes de criminalité, particulièrement dans les villes portuaires, propices à tous les trafics. La dernière vague de migrants vers la France par exemple, comportait de nombreuses Chinoises venues du Dongbei (Nord-Est), ex-salariées au chômage du secteur d'État. À leur arrivée en France, certaines de ces femmes ont été réduites à la prostitution.

1. Selon Gao Yun et Véronique Poisson, cette dette peut s'élever jusqu'à 16 000 euros.

2. Cf. l'article d'Alain Léauthier, « Italie : les Chinois cassent le système social », dans *Marianne*, *op. cit.*

Car une autre dimension importante de la politique d'émigration chinoise reste à évoquer : il s'agit des relations entre l'État chinois et les triades. Officiellement, les autorités chinoises affirment lutter contre le crime organisé. En 2009, une opération de police de grande envergure a ainsi été conduite à Chongqing. Mais, selon la publication française Intelligence Online, ainsi que plusieurs correspondants de presse, elle visait surtout à rogner les ailes de l'appareil local du PC chinois. Régulièrement, en tout cas, des rapports des services spéciaux alertent les gouvernements des grands pays développés sur les complicités entre les triades et les autorités chinoises. En Afrique, toujours selon Intelligence Online[1], les deux pôles agissent de concert : « Échanges de bons procédés : les triades et autres gangs fournissent des renseignements et aident les services de sécurité à maintenir en coupe réglée la communauté des travailleurs chinois qui opèrent sur les chantiers des entreprises de l'Empire du Milieu en Afrique. En échange, le crime organisé bénéficie de la protection des services, notamment à Hongkong et Macao où résident principalement ses chefs, les “têtes de dragon”. »

Le « Vampire du Milieu » n'est donc pas manchot, et l'émigration doit être considérée comme un levier essentiel de l'expansion chinoise. Elle est aujourd'hui appelée à jouer également un rôle dans la diplomatie et la stratégie du *soft power* en vogue à Pékin.

1. Numéro 609, 4 janvier 2010.

6

Péril jaune, le retour ?

Commençons par un paradoxe, presque une provocation : en ce début de XXIe siècle, le péril jaune protège l'expansion chinoise. Car qui ose critiquer la Chine est suspecté de ressusciter le fantasme du péril jaune. Ce théorème que nous nous proposons de démontrer est né d'une intuition. Lors de la sortie de notre précédent ouvrage – *La Chine sera-t-elle notre cauchemar ?* –, nous avons été confrontés dans plusieurs débats au soupçon de xénophobie de la part de nos contradicteurs. En général, notre interlocuteur nous regardait avec un petit sourire entendu, une réplique de psy au coin des lèvres : « Ah, je vois, le péril jaune… » Terrible argument, formidable rhétorique qui déplaçait le débat : il ne s'agissait plus de discuter du caractère prédateur de certaines pratiques économiques de l'Empire du Milieu, mais de se défendre contre l'accusation, lourde, de tenir un discours racialisant… Empêtrés dans ce déplacement, combien de fois nous sommes-nous repliés sur une posture défensive, en nous efforçant de montrer la tendresse – réelle – que nous portons aux personnes chinoises, pas les Chinois des livres, mais ceux qui vivent, travaillent et souffrent en Chine ou dans le monde ? Là encore, une gauche en décomposition, réduite aux acquêts anti-racistes, semblait nouer une curieuse alliance avec les néolibéraux apôtres du marché sans limites…

En tout cas, ces escarmouches annonçaient quelque chose de plus profond : au fur et à mesure que la Chine apparaît comme une puissance économique et diplomatique montante, l'argument du péril jaune est opposé à tous ceux qui manifestent une inquiétude envers un régime qui multiplie les pratiques commerciales déloyales. Cet anti-racisme d'apparat permet au régime chinois d'affiner sa stratégie totalitaire, en déconsidérant la critique des opposants.

Deux universitaires lyonnais, Florent Villard et Gregory Lee, nous mettent ainsi en garde sur leur blog publié par le site Mediapart : « Avec la montée en puissance de la Chine sur la scène internationale, avec la crise économique, les souffrances sociales et les délocalisations, nous pourrions assister en France au retour d'un racisme larvé contre une "communauté" qui fut temporairement moins touchée que d'autres par les démonstrations xénophobes et discriminatoires. »

Pour illustrer leur propos, nos deux professeurs ont fouillé avec circonspection dans la faune et la flore médiatiques françaises. Et que retirent-ils de leur investigation ? Une grave interjection entendue sur

RMC, radio « populiste » s'il en est aux yeux de la gauche bien-pensante. En août 2009, le président de l'AS Saint-Étienne, Vincent Tuong Cong, aurait fait l'objet de « quolibets » racistes lors d'une émission de Vincent Moscato. Et nos chers antiracistes de brandir la preuve radiophonique de leur scientifique hypothèse : « Comment il s'appelle l'autre là, le Chinois ? Chong Chong ?[1] »

Certes, on ne parle pas sur RMC comme au Collège de France. Mais souligner une difficulté de prononciation d'un patronyme suffit-il désormais à vous cataloguer comme un dangereux porteur du virus raciste[2] ? Quand bien même ce serait une moquerie très idiote de son patronyme.

Décidément adeptes de la veille radiophonique, nos deux universitaires ont également relevé un dérapage sur France Inter, quelques semaines plus tard, lors de l'invitation de l'économiste Daniel Cohen au « 7-9 ». Une auditrice a osé ce jour-là livrer son inquiétude à propos « de la Chine et de "l'extension de cette économie de façon sournoise et silencieuse" » ; elle se demande pourquoi les « Chinois » sont peu présents dans les associations caritatives, notant qu'« il y a fort

1. « Chong-Chong, le péril jaune et l'invention du "Chinois" », 15 octobre 2009, Mediapart (http://www.mediapart.fr/club/blog/fvillard/151009/chong-chong-le-peril-jaune-et-l-invention-du-chinois). (Il nous semble par ailleurs que son patronyme est d'origine vietnamienne.)

2. L'épisode a suscité une protestation de la secrétaire d'État aux Sports Rama Yade et une plainte pour racisme du club stéphanois. Le CSA a également écrit une lettre à la direction de la radio.

peu de nécessiteux dans cette population », elle se préoccupe des « petites activités, qu'ils occupent notamment à Paris dans le quartier de Belleville », des « bistrots tenus par des Chinois ne parlant même pas français », et de la généralisation mondiale du phénomène : « En Grèce, à Thessalonique, on retrouve des échoppes ; en Sicile, on retrouve des échoppes, enfin partout dans le monde. » Encore un discours peu universaliste, et encore moins intellectuel !

Pour autant, ces deux dérapages, s'ils en sont vraiment, sont-ils suffisamment alarmants pour sonner le tocsin contre le retour du péril jaune et du racisme antichinois ?

Oui, concluent les deux auteurs : « Les clichés et stéréotypes véhiculés par le racisme ne sont énonçables que dans la mesure où le discours a, au préalable, inventé son propre objet. Sans nier ni condamner ("ils ne parlent même pas français") les différences et les identités comme peut le faire l'idéologie républicaine, c'est cette opération discursive initiale de construction des catégories raciales, ethniques, culturelles, linguistiques… qu'il s'agit d'interroger et de déconstruire pour pouvoir penser sereinement la multiplicité et l'hybridité culturelle de nos sociétés. » Braves « déconstructeurs » qui, à l'abri de la troisième puissance mondiale, dénoncent vaillamment le supposé racisme populaire ! Que les chômeurs et les commerçants victimes de l'économie prédatrice de Pékin se rassurent : ils ont, certes, perdu leur job, mais ils peuvent se consoler en se réjouissant de la formidable « hybridité culturelle de nos sociétés ».

Nous voici prévenus : si l'on y tient absolument, il est encore permis de parler du Tibet, du dumping social ou des droits de l'homme en Chine, mais on s'expose du même coup à l'accusation de nourrir des préjugés ancestraux contre les Chinois…

Les médias font-ils état de jouets défectueux produits en Chine et rappelés par Mattel ? Informent-ils leurs auditeurs et leurs lecteurs des problèmes sanitaires posés par des dentifrices ou des aliments pour chiens, des laits en poudre pour nourrissons et enfants en bas âge, produits en Chine ? Les voilà eux aussi suspectés de préjugés antichinois.

Dans un article publié par *La Revue des ressources*, Régis Poulet fait une présentation synthétique de ce que fut le péril jaune, dans les premières années du XXe siècle. Il le rattache à la tradition du mythe des Barbares, qui met en scène un déferlement imminent des hordes asiatiques, lui-même lié à la peur occidentale de la décadence, récurrente depuis la seconde moitié du XIXe siècle. La Chine n'est pas en réalité la première concernée par le péril jaune. C'est dans le contexte de la montée des tensions entre la Russie et le Japon, en 1905, que se cristallise cette vision d'une menace « jaune » : le Japon vient d'attaquer la Russie. On craint en Europe une alliance du Japon avec la Chine qui serait funeste à l'Occident… Relisant un certain nombre d'essais et de romans significatifs du péril jaune, Régis Poulet montre en quoi il procède d'une véritable animalisation des peuples asiatiques, citant à ce propos le *Journal de voyage* (1919) du philosophe allemand Hermann von Keyserling : « Certes, le Chinois est plus près de la fourmi que n'importe quel homme ; certes, dans ce sens, il nous est inférieur. Mais c'est précisément ce qui [...] constitue sa supériorité incompréhensible : à savoir l'extraordinaire formation sociale des basses classes populaires. Il n'y a pas de travailleuse parmi les fourmis qui n'égale en culture, dans sa sphère, le plus grand des seigneurs[1]. » On sait la fortune qu'aura la métaphore de la fourmilière, mettant en scène l'effroi devant la masse laborieuse, ordonnée et déferlante : la prolifération des Asiatiques amènerait l'écrasement des Blancs européens...

Sommes-nous en train d'assister, concomitamment à la montée en puissance de la Chine, à la résurgence de ce type de phénomène ?

Stéphanie Balme et Daniel Sabbagh, deux chercheurs dont les travaux portent sur les relations entre les États-Unis et la Chine, reviennent dans leur ouvrage[2] sur ce « péril jaune », idée très populaire dans l'Amérique du dernier tiers du XIXe siècle, portée par le courant « nativiste » qui milite contre l'immigration chinoise – des dizaines de milliers de Chinois débarquent en Californie à l'époque, attirés par la recherche de l'or – en expliquant que son dénuement « met en danger la santé économique et sociale de la collectivité ». Cette hostilité donne lieu à

1. « Le Péril jaune par Régis Poulet », *La Revue des ressources*, 7 novembre 2005 (http://www.larevuedesressources.org/article.php3?id_article=499).

2. *Chine/États-Unis, fascination et rivalité*, Autrement, 2008.

un pogrom en octobre 1871, lorsqu'une balle perdue « blesse un Américain dans le quartier chinois de Los Angeles : en représailles, une vingtaine de résidents sont pendus ou tués. Le quartier est incendié et mis à sac[1] ».

En 1880, des syndicalistes californiens mènent une vigoureuse campagne en faveur d'un « label syndical », lequel stipule que le cigare offert à la consommation est de « fabrication soignée de première classe », et non roulé dans des « échoppes à rats » ou dans les « habitations des Chinois ». Les syndicalistes du WPC (Workingman's Party of California) et du CMIU (Cigar Maker's International Union) voulaient par ces mentions informer la clientèle que leurs produits ne comportaient pas les « germes infectieux de la lèpre et de la syphilis », supposés déposés par les « coolies » qui roulaient le tabac et humidifiaient le bout des cigares. Plus tard, précise Nayan Shah, de nombreux syndicats professionnels ont adopté le même genre de dispositions visant à interdire l'accès au marché du travail aux immigrants chinois : « L'AFL [American Federation of Labour], fondée en 1881, s'engagea avec persévérance dans une croisade politique visant à interdire aux Chinois et aux autres ouvriers asiatiques de rejoindre les rangs du syndicat et de la nation. Samuel Gompers, qui fut longtemps président de l'AFL, et Herman Gutstadt, permanent de la Cigar Maker's Union, installés à San Francisco, signèrent ensemble un essai qui fut diffusé nationale-

1. *Ibid.*, p. 86.

ment et qui rassemblait cinquante années de rhétorique anti-chinoise dans une explication de la façon dont les modèles de vie des Chinois étaient incompatibles avec l'édifice politique et culturel de la société américaine et même destructeurs à son égard.

« On ne peut faire travailler un homme qui a besoin de bœuf et de pain à côté d'un homme qui vit de riz. Dans tous les conflits et tous les combats de ce genre, le résultat n'est pas de hisser l'homme qui vit de riz au niveau du modèle bœuf-et-pain mais de rabaisser l'homme vivant de bœuf et de pain au modèle du riz. » Ils prédisaient qu'une nette différence entre les salaires des Chinois, qui étaient censés être des mangeurs de riz, et les Blancs, mangeurs de bœuf, entraînerait l'effondrement du niveau de salaires de ces derniers, ce qui diminuerait leur confiance en l'ordre politique et susciterait ainsi le mécontentement et la sédition.

En 1907, cette vigoureuse campagne aboutit au plan fédéral puisque Theodor Roosevelt déclara « qu'aucune calamité plus grande ne pourrait s'abattre sur les États-Unis que celle d'avoir la côte pacifique envahie par une population mongole[1] ».

Qui pourrait prétendre que les Chinois d'aujourd'hui vivent le même calvaire que leurs ancêtres immigrants américains victimes à l'époque d'un racisme indubitable ? Qui croit encore qu'ils sont assimilés à des fourmis, même si l'on cite toujours à ce sujet la fameuse saillie d'Édith Cresson, en 1991, sur les « four-

---

1. *Chine/États-Unis, fascination et rivalité*, *op. cit.*, p. 87.

mis japonaises[1] » ? La France est le pays d'Europe qui accueille le plus de ressortissants chinois[2], alors que la Chine est la première destination des délocalisations responsables de la suppression de centaines de milliers d'emplois industriels. Le Sentier a vu des entreprises chinoises installer des ateliers où règne un quasi-esclavage comparable à celui imposé aux 200 millions de *mingong* de Chine continentale.

Le quartier Popincourt, dans le XIe arrondissement de Paris, est littéralement occupé par 71 % de commerces asiatiques de vêtements. Cela n'empêche pas, et c'est tant mieux, la CGT de mener depuis des années un combat déterminé pour la régularisation des sans-papiers chinois.

Bref, nos amis antiracistes seraient bien en peine de citer des faits témoignant d'une hostilité ou d'un racisme antichinois effectifs. Ils sont obligés de se rabattre sur le supposé « dérapage » d'un animateur sportif ou d'une « auditrice » qui raconte sa vie de quartier. Belle sociologie en vérité !

En fait l'antiracisme antichinois, comme l'antiracisme tout court, mobilise des citoyens du monde imaginaire contre des moulins à vent tout aussi inexis-

---

1. « Nous ne voulons pas vivre comme ça. Je veux dire dans de petits appartements [...]. Nous voulons garder notre Sécurité sociale, nos vacances et nous voulons vivre comme des êtres humains. » Citation par Régis Poulet d'un entretien pour la chaîne ABC, rapporté par *Le Monde*, 17 juillet 1991.

2. Voir à ce sujet *Hommes & Migrations*, n° 1254, mars-avril 2005, ainsi que notre chapitre 5 consacré à l'émigration chinoise, p. 131.

tants. Il y a bien longtemps que les préjugés racialistes – au sens des théories d'un Gobineau – se sont évanouis dans les provinces françaises. La discrimination existe, c'est entendu, pour l'accès au travail ou au logement des personnes d'origine arabe ou africaine. Mais elle n'est pas supportée par des théories racialistes.

Plus personne, ou presque, ne croit à la supériorité d'une race sur une autre. Et les citoyens d'origine chinoise vivant en France ou la Chine comme puissance économique ne subissent aucune attaque frontale au titre de la couleur de leur peau ou de leurs visées impérialistes, même de la part des partis d'extrême droite.

Cependant, certains épinglent les journalistes économiques comme François Lenglet de *La Tribune*. Mais pour un François Lenglet supposément « anti-chinois[1] », combien de journalistes fascinés par la croissance et l'efficacité économique du régime libéralo-communiste[2] ? Combien de plumitifs sinobéats montés au créneau pour défendre le marché libre, les droits imprescriptibles de Pékin à « rattraper » l'Occident, quitte à surexploiter ses migrants intérieurs pour faire prospérer une classe d'apparatchiks digne de ce nom ?

---

1. En réalité, il a été l'un des premiers journalistes à tenter d'attirer l'attention des élites économiques sur la bulle chinoise qui pèse sur la relance mondiale.

2. Notre premier livre, *La Chine sera-t-elle notre cauchemar ?* (*op. cit.*) en faisait une recension assez large, quoique non exhaustive.

Le racisme antichinois est donc largement imaginaire. On n'en trouve aucune trace patente dans les médias ou dans les discours économiques ou politiques. Et les ressortissants asiatiques vivant en France sont absents des statistiques sur les agressions racistes.

En revanche, les préventions de toutes sortes contre le retour du péril jaune, qui surgissent dès que la critique de la Chine comme puissance mondiale pointe son nez, ont une fonction évidente : éviter le débat sur le système néolibéral et la place centrale qu'y occupe la Chine et son régime… depuis plus de dix ans, épargner ses dirigeants de toute critique au prétexte que leur pays a été colonisé et s'est lui-même évincé de la scène politique mondiale pendant trente années de maoïsme. Pour massacrer des dizaines de millions de Chinois durant le Grand Bond en avant et la « grande révolution culturelle prolétarienne », les dirigeants du PC chinois n'ont eu besoin d'aucune aide extérieure. Ils ont « compté sur leurs propres forces », selon le vieil adage du Président Mao. Ce qui n'empêche pas de nombreux représentants des élites françaises de reprendre – par ignorance historique plutôt que par cynisme – le concept de « Révolution culturelle[1] ».

En réalité, c'est l'ouverture à tous vents de l'économie qui favorise le développement de prurits racistes antiasiatiques, comme on le constate en Afrique à

1. René Viénet, toujours vigilant, a dernièrement pointé du doigt un discours de Valérie Pécresse à ce sujet. http://www.marianne2.fr/Mme-Pecresse,-la-revo-cul-n-est-une-reference-que-de-l-horreur_a182398.html

l'égard des travailleurs chinois « importés » dans les travaux publics, et non la protection des salariés des pays développés. Plus globalement, Emmanuel Todd a raison d'écrire que « le libre-échange non régulé favorise aussi sûrement que l'autarcie totalitaire la haine entre les peuples[1] ». À ce titre, le refus des médias et des partis de gauche d'envisager un protectionnisme européen bénéficie davantage aux riches Chinois et aux riches Indiens qu'aux travailleurs de ces pays : si les économies de ces pays étaient plus orientées vers le marché intérieur, leurs salaires augmenteraient davantage qu'avec le régime de libre-échange intégral que nous a imposé le modèle néolibéral depuis trente ans.

Quelle que soit la force du sentiment national en Chine, on ne saurait confondre les Chinois et leur pays, ou plutôt les Chinois et leur gouvernement. L'émergence de la Chine, souhaitable pour le bien commun de l'humanité en tant que facteur de progrès, doit-elle forcément s'effectuer au détriment des travailleurs des pays développés et aussi des millions de *mingong*, salariés de seconde zone qui permettent aux entreprises installées sur place d'être compétitives ? Et ce n'est pas parce que, à la fin du XIXe siècle, quelques auteurs occidentaux en mal de boucs émissaires ont annoncé une invasion chinoise que nous assistons à un *revival* du péril jaune.

1. *Après la démocratie*, Gallimard, p. 153.

7

Confucius contre Tiananmen

« Les pensées importantes viennent
sur des pattes de colombes. »
Friedrich NIETZSCHE

Longtemps les chars de Tiananmen ont été les vrais ambassadeurs de la Chine, une photographie associée à l'Empire du Milieu dans l'imagerie mondiale au grand dam de Pékin, bien sûr. Vingt ans après, on peut dire que la Chine est sortie de ce cauchemar diplomatique. Comme toujours, le régime a joué la carte de la patience. En 2009, la presse internationale a davantage évoqué Confucius ou la prochaine Exposition universelle de Shanghai et célébré le soixantième anniversaire de la République populaire que l'anniversaire de l'insurrection étudiante. Et d'ailleurs l'ouvrage médiocre de Yu Dan pour accommoder Confucius[1] à l'indi-

1. *Le Bonheur selon Confucius*, Belfond, 2009.

geste sauce du PCC est un bestseller qui se sera davantage vendu que le magnifique *Beijing Coma*[1], consacré à la répression de 1989, l'un des meilleurs romans de la décennie.

Cette victoire médiatique n'est pas le fruit du hasard ou de la lassitude. En 2008, le quarantième anniversaire de Mai 68 a donné lieu à un tsunami médiatique, tout comme le vingtième anniversaire de la chute du Mur de Berlin en 2009. Non, si Tiananmen s'efface peu à peu de l'agenda commémoratif occidental, c'est d'abord que l'événement a été rayé de la conscience chinoise. Interrogez n'importe quel étudiant ou jeune urbain chinois : il sait à peine ce qu'il s'est passé en 1989. En Chine, c'est toujours l'omerta, les photographies et informations liées à la répression sont toujours interdites et censurées. Et les quelque 250 professeurs chinois de langue chinoise qui exercent en France n'en parlent jamais aux lycéens et aux étudiants qui ont choisi d'apprendre la langue de Confucius et de Mao Tsé-Toung.

L'oubli de Tiananmen est l'un des premiers signes du virage opéré par la Chine vers la stratégie dite du *soft power*. Investi par les géopoliticiens américains au début des années 2000 pour appréhender la stratégie d'influence de l'« hyperpuissance » alors en pleine gloire, le concept semble avoir séduit certains des dirigeants chinois. Le mot figure, par exemple, dans le livre blanc sur la politique étrangère édité par le PCC en 2007. Le chercheur Tanguy Struye de Swielande relève que, lors du 17e Congrès du Parti communiste chinois

1. Roman de l'écrivain chinois Ma Jian, Flammarion, 2009.

qui s'est ouvert le 15 octobre 2007, le président Hu Jintao a encouragé la Chine à « améliorer la culture comme partie prenante du *soft power* de notre pays pour mieux garantir les intérêts et les droits culturels du peuple[1] ».

Prenant conscience de son retard militaire vis-à-vis des États-Unis, les chefs du PCC ont puisé dans l'ancestrale culture asiatique et remis en application la fameuse théorie de Sun Tzu selon laquelle la guerre doit être faite en dernière extrémité, et qu'elle résulte d'une erreur de stratégie[2].

VAINCRE SANS COMBATTRE

Selon Valérie Niquet, chercheur à l'IFRI, le virage vers le *soft power* a aussi été une façon pour le président Hu Jintao de se distinguer de son prédécesseur Jiang Zemin. Il s'agissait de rassurer le Parti et ses partenaires extérieurs en leur proposant une nouvelle logique susceptible « de pacifier la société chinoise qui partait à la dérive, compte tenu de la montée des iné-

1. Traduction proposée de la phrase suivante : « *To enhance culture as part of the soft power of our country to better guarantee the people's basic cultural rights and interests.* » Extrait de l'article : Tanguy Struye de Swielande, « La Chine et le *"soft power"* : une manière douce de défendre l'intérêt national ?, chaire InBev Baillet-Latour Programme « Union européenne – Chine », université catholique de Louvain.

2. Dans son ouvrage le plus connu, L'*Art de la guerre*, Sunz Tzu développe l'idée que l'objectif de la guerre est de pousser l'ennemi à renoncer à combattre grâce à la ruse, l'espionnage et la mobilité.

galités et de la baisse du moral due à la forte corruption des élites[1] ». Dans la rhétorique du Premier secrétaire du PCC, le *soft power* ne doit d'ailleurs pas être opposé au *hard power*, comme l'explique dans une épouvantable langue de bois Dong Manyuan, un chercheur du China Institute of International Studies, *think tank* pékinois[2] : « Sans *hard power*, il n'y aurait pas de *soft power*[3] », écrit-il tout en précisant que le *soft power* à la chinoise doit être compris très différemment du *soft power* à l'américaine. La Chine entend ainsi ne pas reprendre à son compte le triptyque occidental démocratie-ingérence-hégémonie, mais bien constituer son propre système fondé sur la souveraineté, la paix et le multilatéralisme. Valérie Niquet résume ainsi la nouvelle doctrine : « Le consensus de Pékin basé sur l'harmonie, la non-ingérence et la confiance est opposé au modèle occidental, fondé, selon Pékin, sur l'ingérence, la compétition et l'usage de la force[4]. »

Tanguy Struye de Swielande cite le professeur Wu Jianmin, ex-ambassadeur de Chine en France et long-

1. Valérie Niquet, « Harmony and the use of Confucian concepts in contemporary China's Foreign Policy » (article à paraître, traduction de l'auteur).

2. *Cf.* « 30 Years of Reform & Opening-Up : Evolution & Prospects of China's International Environment & Its Foreign Affairs, Papers from the Forum International Situation 2008 », chief editor by Ma Zhengang, World Affair Press.

3. « Without hardpower, there would not be soft power ». In « 30 Years of Reform & Opening-Up », *op. cit.*, p. 69.

4. « Harmony and the use of Confucian concepts in contemporary China's Foreign Policy », *op. cit.*

temps président de l'Institut de diplomatie chargé de former des diplomates qui définit le « développement pacifique » par trois « non » : non à l'expansion (ne pas suivre la voie des puissances coloniales), non à l'hégémonie (pas de domination mondiale) et non aux alliances (avec une ou des puissances afin d'éviter de provoquer une nouvelle guerre froide)[1].

Vaincre sans combattre ? Certes, à condition de conjuguer *soft power* et *hard power*, et donc d'utiliser à plein la puissance économique chinoise et son expansion dans le monde. Les entrepreneurs, les cadres et les élites du monde entier ont les yeux de Chimène pour la Chine et ses dollars, et l'argent est le premier agent de la diplomatie chinoise. Encore faut-il habiller le mercantilisme par de plus nobles sentiments. Aussi la communication chinoise restée à l'âge maoïste a-t-elle commencé à être dépoussiérée tandis qu'était façonné un nouveau discours destiné à changer l'image de la Chine dans le monde. Bref, il faut séduire pour circonvenir. Dans ce dessein, selon Barthélémy Courmont[2], les dirigeants chinois ont analysé les points d'appui de l'hégémonisme américain : les marques mondiales (Coca Cola, Disney, McDonald's, Nike, Microsoft, etc.), la langue anglaise en tant que première langue apprise par tous les lycéens du monde, la renommée des universités, la réputation (bien ternie aujourd'hui)

1. Tanguy Struye de Swielande, « La Chine et le *"soft power"* », *op. cit.*

2. Voir Barthélémy Courmont, *Chine, la grande séduction*, *op. cit.*

du dollar, le cinéma, le tourisme, l'accueil d'étudiants étrangers, etc.

Les organisations internationales, de l'ONU au FMI en passant par l'Unesco où la Chine multiplie les demandes de reconnaissance de ses sites pour les inscrire au Patrimoine mondial, sont le premier terrain de jeu de cette nouvelle diplomatie du sourire. Les soldats chinois interviennent sous l'égide de l'ONU sur plusieurs théâtres d'opérations. Ici, la séduction rejoint l'intérêt géostratégique bien compris de la Chine, comme l'explique Tanguy Struye de Swielande : « La participation croissante de la Chine aux opérations du maintien de la paix se fait en outre aux bénéfices d'intérêts de réputation et géostratégiques importants. Les contributions de forces chinoises aux opérations onusiennes se concentrent principalement sur le continent africain. La Chine participe de cette façon aux missions onusiennes au Soudan (UNMIS), au Sahara occidental (MINURSO), en Côte d'Ivoire (UNOCI), en Éthiopie-Érythrée (UNMEE), au Liberia (UNMIL) et en RDC (MONUC) : une manière à peine voilée de défendre ses intérêts géoéconomiques sur le continent. » Et le chercheur d'expliquer quel est le revers de la politique du bon élève onusien : « Tout comme dans d'autres régions du monde, [la Chine] en profite de surcroît pour exercer des pressions sur les États qui continuent de reconnaître Taïwan. La Chine déploiera par exemple des forces au Liberia dans le cadre d'UNMIL, seulement après que ce dernier eut reconnu la politique d'"une seule Chine". C'est ce qu'on désigne de plus en plus par le principe d'institutionnalisme stratégique[1]. »

Plus que jamais la Chine, membre du Conseil de sécurité, renforce sa position à l'ONU. Et le FMI de Dominique Strauss-Kahn vient de faire de Zhu Min, le vice-président de la Banque centrale de Chine, son conseiller spécial, en s'appuyant d'ailleurs sur les « règles maison » qui, tout comme à l'OMC, proportionnent la représentation des nations à leur poids économique.

QUAND PÉKIN ARGUMENTE CONTRE LES JOURNALISTES

Mais c'est sur le front médiatique que Pékin a vraiment « mis le paquet ». À l'heure où les médias du monde entier traversent leur grande crise économique et crient misère, Hu Jintao a investi 45 milliards de yuans (4,5 milliards d'euros) dans le développement de trois médias chinois à rayonnement international : l'agence de presse Xinhua, la télévision China Central Television (CCTV) et le *Quotidien du Peuple*. L'agence Xinhua a créé sa télévision sur le modèle d'Al Jazeera, adossée aux quelque 100 bureaux de correspondants installés aux quatre coins du monde. L'objectif de Pékin, selon Tanguy Struye de Swielande, est d'« améliorer son image et renforcer son poids médiatique et diplomatique sur la scène internationale. L'idée est devenue une priorité après une année 2008 désas-

1. « La Chine et le "*soft power*" », *op. cit.*

treuse[1] ». La crise tibétaine et les polémiques suscitées par le passage de la flamme olympique dans plusieurs pays ont alors convaincu les dirigeants chinois de rénover leur dispositif de communication. Après avoir lancé des versions française et espagnole, la Chine a donc créé les versions arabe, anglaise et russe de CCTV en 2009.

Les organes médiatiques du régime n'ont pas trop de difficulté à recruter des journalistes par ces temps de chômage en Europe et ailleurs. *Le Monde diplomatique* rapporte ainsi le cas de Peter B., journaliste économique au *China Daily*, qui s'est fait embaucher en Chine dans le but de se constituer un carnet d'adresses. À long terme, son objectif est de devenir correspondant pour la presse anglo-saxonne[2]. Il nous a été donné de rencontrer une jeune journaliste française embauchée à Pékin qui raconte son expérience de façon drolatique, mais sous couvert d'anonymat bien entendu, sur son blog : « *Lost in Beijing translation*. Le blog d'une journaliste un peu timbrée, partie bosser, en ne sachant pas trop ce qu'elle allait trouver, dans un média d'État chinois[3] ». À la lire, on découvre qu'elle y apprend davantage sur la Chine que sur son métier : elle est cantonnée à la réécriture de dépêches de l'agence de presse chinoise, sans aucune possibilité de proposer ou de discuter quoi que ce soit…

1. *Ibid.*
2. « Les nouveaux visages du journalisme en Chine », par René Vandergoten, décembre 2009, http://blog.mondediplo.net/2009-12-08-Les-nouveaux-visages-du-journalisme-en-Chine.
3. http://lostinbeijingtranslation.blogspot.com

L'absence totale de liberté des journalistes opérant en Chine n'empêche pas les autorités de critiquer sévèrement le traitement médiatique de la Chine, jugé plein d'a priori. Dans un long article du *Quotidien du Peuple*[1], Song Zhe, ambassadeur chinois auprès de l'Union européenne, dresse un réquisitoire contre les journalistes européens : ils ne connaissent que Pékin et Shanghai et ignorent l'espace rural de la Chine et les problèmes qu'il pose (ce n'est pas entièrement faux[2]) ; ils jugent le pays avec des lunettes occidentales au mépris de son histoire (pas entièrement faux non plus[3]) ; ils ne respectent pas la déontologie (l'ambassadeur cite le fameux exemple des photos publiées dans la presse occidentale dénonçant les flics chinois au Tibet qui réprimait les manifestants tibétains alors qu'il s'agissait d'images de la police népalaise[4]) ; enfin, ils pèsent négativement sur les bonnes relations diplomatiques entre la Chine et l'Union européenne. L'argument mérite que l'on s'y arrête. Voici la citation exacte du texte de l'ambassadeur[5] :

1. Édition du 15 avril 2009.

2. Depuis le 1er janvier 2007, il n'est plus nécessaire à un journaliste d'obtenir une autorisation pour effectuer un reportage en province. Toutefois, avant cette date, il n'était pas non plus indispensable de l'obtenir pour se rendre dans les régions reculées.

3. Les fonctionnaires chinois ne connaissent pas non plus forcément bien l'histoire de leur pays, qu'ils n'ont appréhendée qu'à travers les lunettes du PCC.

4. L'ambasadeur oublie de préciser que les journalistes n'avaient pas accès au Tibet ni à la ville de Lhassa, ce qui facilite ce genre d'erreur.

5. http://french.people.com.cn/Horizon/6637213.html

« Les médias européens n'ont pas entièrement reconnu le pouvoir de l'influence de leurs informations sur les relations UE-Chine. La plupart des Européens obtiennent des informations sur la Chine par les médias européens. Par conséquent, le stylo, l'objectif et le clavier dans les mains des reporters représentent une force particulière. Ce qu'ils sont en train de produire aura une forte influence sur l'opinion des gouvernements, des entreprises, des sociétés et du grand public sur la Chine en façonnant l'opinion publique dans les relations Chine-UE. Aujourd'hui, la réforme et l'ouverture économique ont conduit au développement social et politique de la Chine. Le pays est également activement impliqué dans les affaires internationales, le monde bénéficiant de sa croissance. Mais le sondage de l'opinion publique de la BBC en février dernier [2009] a montré que le pourcentage de personnes qui voient positivement l'influence de la Chine est passé de 45 à 39 %. Ce résultat va à l'encontre d'un développement effectif. Le monde n'a pas réagi en fonction de la croissance de la Chine, car elle n'est pas présentée avec la valeur qu'elle mérite. La relation Chine-UE est l'une des plus importantes relations bilatérales dans le monde. Face à la récession économique mondiale et la réduction des échanges, tous deux doivent plus que jamais élargir et approfondir leur coopération afin de relever les défis main dans la main. J'espère sincèrement que les médias chinois et européens vont jouer un rôle positif et constructif dans la promotion de nos relations. »

Voilà résumée, de façon très perverse, toute l'approche à la chinoise du *soft power*. En s'adressant aux gouvernants de l'Union, ce diplomate exerce à mots couverts un véritable chantage : soit vos journalistes se contentent de rapporter la « réalité » chinoise telle que le régime veut la voir, soit le commerce entre l'Europe et la Chine en pâtira. L'ambassadeur conclut par une leçon de journalisme, à laquelle Chinois et Européens sont censés souscrire : « L'objectivité de l'information dépend de l'exhaustivité de l'information et des points de vue équilibrés », conclut-il. Du journalisme comme outil de rapprochement des peuples[1]...

Le discours de Song Zhe doit être pris au sérieux. En janvier 2010, le quotidien libanais *L'Orient-Le Jour* rapportait ainsi la tenue d'un séminaire à Pékin financé par le ministère du Commerce et auquel avaient participé une centaine de journalistes africains : « Lisant un communiqué préparé par les pays africains, un journaliste nigérian a insisté sur une stratégie visant à concurrencer les médias occidentaux. Il a préconisé ainsi un programme d'échanges (séminaires, visites, réunions virtuelles, etc.) entre les journalistes des pays en développement afin de renforcer leurs capacités et leurs qualifications. Selon lui, “la Chine et l'Afrique sont sur le même bateau”[2]. »

Malheureusement, l'Unesco elle-même semble accorder quelque crédit à cette conception de l'information.

---

1. Le pire est qu'à notre connaissance ce morceau de bravoure est resté sans réponse des autorités européennes compétentes.

2. http://www.lorientlejour.com/category/Moyen-Orient+et+International/article/642550/Pour_la_creation_d%27un_reseau_global_mediatique_competitif. html

Sous le titre « L'Unesco soutient la réforme de l'enseignement du journalisme en Chine », un article nous apprend que l'organisme international apporte sa contribution à l'unification des méthodes de journalisme en Chine (!) : « Les efforts menés conjointement par l'université Tsinghua et l'Unesco ont pour objectif de faciliter un consensus national sur les méthodes employées pour *harmoniser*[1] l'enseignement du journalisme. C'est dans ce but qu'a été créé le Comité national d'enseignement du journalisme, composé principalement de doyens d'écoles de journalisme[2]. » On se pince.

La Chine commence donc à tisser son réseau médiatique. Si elle se montre, en matière de communication, aussi performante que dans le domaine économique, les rédactions européennes compteront probablement bientôt de plus en plus de journalistes pro-Pékin. On en trouvait déjà pas mal dans les services économie. Dans notre premier livre, nous nous étions amusés des « Oh ! » et des « Ah ! » de nos reporters économiques émerveillés par les buildings et les grands hôtels érigés à la vitesse du son dans les métropoles chinoises. Aujourd'hui, l'information économique sur la Chine est davantage critique. *L'Expansion* ou *La Tribune*, par

1. C'est nous qui soulignons.

2. Pour la petite histoire, l'une des plus prestigieuses écoles de journalisme de Chine, celle de l'université Fudan à Shanghai, est installée dans les locaux du département de la propagande et du bureau d'information du comité du Parti de l'université. Les locaux sont flambant neufs. Ceux qui n'ont pas la mémoire courte se souviennent de l'ancienne identité du nouvel institut « relooké ».

exemple en France, développent régulièrement des dossiers très inspirés de la critique libérale anglo-saxonne qui n'hésite pas à dénoncer les passe-droits du gouvernement chinois.

« Le futur s'écrit à Shanghai »

Toutefois, la prise de distance des médias est toujours susceptible de rechutes. L'Exposition universelle de Shanghai est l'occasion pour *Le Figaro-Magazine* de sombrer à nouveau dans l'ébriété sino-béate qui a longtemps accompagné la célébration du miracle shanghaïen. « Le futur s'écrit à Shanghai », titre le magazine. Le dossier de 38 pages rend un hommage appuyé à l'œuvre réalisée par l'ancien maire de Shanghai, Chen Liangyu, aujourd'hui condamné à dix-huit ans de prison pour corruption. Pas question, évidemment, d'évoquer ce coup de torchon du PCC contre les dirigeants de la ville, ni même les prix délirants de l'immobilier qui annoncent le probable éclatement d'une bulle spéculative évidente. Non, aux lecteurs du *Figaro* doit être communiquée l'extase – totalement factice – de la vie à Shanghai[1], en plusieurs tableaux : les nouveaux milliardaires chinois qui partagent leurs loisirs entre le polo et le golf ; le temple du désir du Shanghai canaille ;

1. Dans son ouvrage, paru en 2008, *Capitalism with Chinese Characteristics*, l'universitaire américain du MIT Huang Yasheng fait un sort au modèle shanghaien qui est loin d'avoir la vitalité qu'on lui prête dans les magazines français.

les jeunes entrepreneurs français qui réussissent en Chine[1] ; les galeries d'art contemporain… Bref, la promesse de la prospérité et de l'art de vivre, une tonalité qui n'est pas sans rappeller celle de *Regard*, le « *Paris-Match* » créé par le PCF dans les années 1930, qui multipliait les reportages enthousiastes sur l'URSS.

Si les sino-béats sont cependant moins nombreux qu'au début des années 2000 dans les médias, beaucoup de journalistes pratiquent à présent ce que l'on pourrait appeler la « Real Économie ». Une sorte de nouvelle philosophie qui mélange le respect du plus fort et la religion de l'efficacité et de la statistique.

Enfin, sans aller jusqu'à s'enrôler directement dans les armées de propagande chinoise, certains journalistes cultivent une ambiguïté évidente à l'égard du régime chinois. On le voit bien en ce qui concerne l'offre d'informations spécialisées sur la Chine telle qu'elle s'est développée sur Internet. Chine-informations.com, édité par Avodah Consulting, une société spécialisée dans le webmarketing appliqué au marché chinois, publie des informations sous forme de publireportages, totalement apolitiques. On trouve chez Rue86, un site très bien fourni en informations sur la Chine, une définition éditoriale qui ferait se retourner Albert Camus dans sa

1. On notera que ne figure aucun industriel ou créateur de produit parmi eux : il ne s'agit que d'architecture, d'événementiel, de bistrots à thème, de cabinets d'avocats, etc., toutes activités indispensables au bonheur de l'humanité. Pas question d'évoquer les jeunes SDF français, séduits eux aussi par la promesse de Shanghai, mais qui atterrissent, chaque mois plus nombreux, au consulat de la ville.

tombe : « La ligne éditoriale de nos contenus se situe à mi-chemin entre celle des médias chinois et celle des médias occidentaux. Nous mettons un point d'honneur à ne pas adopter un point de vue ethnocentrique mais, au contraire, à permettre de mieux comprendre une autre culture aux valeurs fondamentalement différentes. Nous n'avons pas pour but de juger ou de critiquer mais d'amener de nouveaux éléments pour permettre un dialogue constructif entre les deux cultures. » Précision utile : Rue86 est partenaire de RCI, la radio d'État chinoise. On trouve sur son site le logo de la Chambre de commerce et d'industrie française en Chine. Plus étonnant, Rue86 offre à BFM une émission hebdomadaire clés en main, « Chine hebdo ». Son journaliste, Nicolas Jucha, reconnaît qu'il « essaye d'être neutre, d'éviter les sujets trop sensibles. Certains médias ne voient que les aspects négatifs de la Chine. Nous essayons d'avoir des intervenants plus variés et de présenter une autre Chine. On a, par exemple, parlé de la loi sur la sécurité sociale. Peu de médias l'ont fait. C'est une grande avancée en Chine, même s'il reste de grandes disparités sociales[1] ».

Voilà un souci d'objectivité qui fera plaisir à l'ambassade de Chine à Paris.

1. Nous nous sommes inspirés pour ce passage consacré aux sites d'information sur la Chine d'un article de Régis Soubrouillard publié par Marianne2.fr, « Sur BFM, l'info sur la Chine est made in China » (http://www.marianne2.fr/Sur-BFM,-l-info-sur-la-Chine-est-made-in-China_a183463.html). À noter que cet article a suscité un droit de réponse de Nicolas Jucha : http://www.marianne2.fr/Droit-de-reponse_a183523.html

Parfois, les relations sont moins faciles. À l'occasion de la sortie d'un numéro spécial du *Point* en décembre 2009, le jeune rédacteur en chef du journal, Étienne Gernelle, a été interviewé par le *Quotidien du Peuple*[1]. Une bonne partie de ses déclarations fut caviardée. Inutile, bien entendu, de demander un rectificatif, voire un droit de réponse…

CONFUCIUS ATTAQUE

La diffusion de la culture et surtout de la langue constitue le troisième levier du *soft power* chinois. Ceux qui étudient la langue chinoise sont 30 millions dans le monde en 2010. Le Hanban (Direction nationale chinoise pour la diffusion internationale du chinois), qui dépend d'une bonne douzaine de ministères et d'organismes officiels chinois, dont le Département de la propagande du Comité central du PCC, a été doté d'un budget considérable pour la diffusion de la langue et de la culture chinoises. Le Hanban a créé une association mondiale des professeurs de chinois qui se réunit régulièrement à Pékin. L'enseignement du chinois progresse dans le monde entier, et d'abord dans les universités américaines. Mis en place voici seize ans, le test international de chinois HSK connaît une courbe de progression comparable à celle du TOEFL au cours de ses dix premières années, écrit Joël Bellassen, le premier inspecteur de chinois de l'Éducation nationale. « Le HSK est organisé dans

1. http://french.peopledaily.com.cn/Horizon/6864481.html

85 centres, répartis sur 36 pays différents, et 1 300 000 candidats l'ont passé à ce jour. »

Pour Pékin, l'un des intérêts majeurs de la diffusion de la langue est de dépolitiser la question chinoise tout en affirmant la puissance et l'influence nouvelles du pays. Le mandarin est de loin la langue la plus parlée au monde, et ce fait n'a évidemment rien à voir avec le régime actuel. Dans l'offensive culturelle mise au point, la diffusion du chinois s'accompagne d'un retour à Confucius censé marquer une rupture subliminale, suggérée mais évidemment jamais avouée, avec l'ère maoïste et les excès de la Révolution culturelle. Valérie Niquet a décrypté sa signification dans les textes de réflexion internes au PCC : « L'usage des concepts confucéens est une façon pour la Chine de projeter une image par laquelle le pouvoir est revendiqué comme le résultat de la conviction et de la séduction et non de la force. Ce pouvoir de séduction découlait hier de la supériorité morale de l'empereur et aujourd'hui de celle du PCC. Ce discours est une réponse au modèle “hégémonique” de l'Ouest tel qu'il s'est illustré au cours de la guerre d'Irak. Il participe de la stratégie asymétrique de la Chine contre la force, stratégie du faible contre le fort par lequel le faible ne pouvant vaincre par la force, doit utiliser son pouvoir de conviction[1]. »

Le lancement du programme des instituts Confucius traduit ce souci stratégique : dépolitiser la question

1. « Harmony and the use of Confucian concepts in contemporary China's Foreign Policy », *op. cit.*

chinoise tout en accroissant le rayonnement du pays dans le monde entier. Là encore, l'effort est à la mesure des ambitions politiques de l'Empire du Milieu. En 2010, ce seront 500 instituts qui auront été créés dans plus de 75 pays, et ils seront un millier en 2015. Les sommes – 100 000 dollars par institut – ne sont pas faramineuses, un prix plutôt modique pour affirmer l'entrée de la Chine dans le concert des nations. Le développement rapide du nombre d'instituts, calqués sur les Alliances françaises et les Goethe Instituts, peut impressionner au moment où, confrontés à des déficits budgétaires croissants, la plupart des pays développés réduisent la voilure dans ce domaine.

Le premier institut Confucius a été inauguré à Séoul en 2004. Selon Valérie Niquet, le programme d'ouverture, et de non-ouverture, d'instituts épouse les objectifs diplomatiques chinois. En Asie, la carte des ouvertures est la traduction fidèle des amitiés et des inimitiés chinoises : il n'y a qu'un seul institut en Indonésie où règne une méfiance certaine envers la communauté chinoise du pays ; zéro en Inde, tandis qu'ils sont nombreux en Thaïlande. En Afrique, les premières implantations (Afrique du Sud, Rwanda, Zimbabwe, Kenya, Soudan) ont eu lieu dans des pays où l'influence de la Chine est forte. En Europe, l'objectif des ouvertures d'instituts serait, toujours selon Valérie Niquet, de légitimer l'importance du chinois par les échanges commerciaux et de militer en faveur du rapprochement avec la Chine. L'objectif officiel des instituts est clair : « Aider à construire une amitié plus profonde fondée sur une meilleure compréhension et la construction d'un monde plus harmonieux. »

Sur le terrain, les choses sont parfois confuses et surtout plus prosaïques. Les instituts ne sont pas bien vécus par les universitaires. Ceux-ci les perçoivent tantôt comme des concurrents – surtout dans le domaine de la formation continue –, tantôt comme des officines de propagande chinoise. À Paris-VII, l'institut Confucius rattaché à l'université, pourtant créé par son ex-président (un spécialiste de l'anesthésie et non un professeur de chinois), ne fait pas l'unanimité, c'est le moins qu'on puisse dire, au département de langue et de civilisation chinoises implanté de longue date. « L'institut a été créé sans même nous consulter », analyse l'un de ses enseignants. Et de dénoncer l'allégeance à Pékin de l'institut qui met les professeurs mal à l'aise. Promouvant une culture chinoise très édulcorée, l'Institut organise des spectacles de danse, des banquets mais aussi des conférences sur le droit, sans jamais faire référence à la vie réelle des Chinois. « Les Alliances françaises ne font pas de cours de cuisine », persifle notre universitaire, qui opte prudemment pour l'anonymat.

C'est à Poitiers qu'a été ouvert le premier institut Confucius français, en 2005. Que l'initiative ait été prise dans le département de la Vienne n'a rien d'étonnant puisque la ville est jumelée avec Shenzhen, et qu'elle a noué des relations serrées avec la Chine dès les années 1980, du temps de René Monory. « Il me disait toujours : "La croissance du monde sera tirée par l'Asie" », raconte aujourd'hui André Sénécheau, un élu « monoryste » du Conseil général. La création de l'institut Confucius en 2005 a permis de conclure un accord quadripartite. Outre le Hanban, le Conseil général de la Vienne et l'université de Poitiers, l'entreprise de télécommunication chinoise ZTE a financé l'équipement informatique de l'institut. L'institut d'administration des entreprises (IAE) de l'université de Poitiers poursuit une politique d'échanges avec l'université de Nanchang depuis le début des années 1990.

Jean-Pierre Raffarin a pris la suite avec l'enthousiasme sinophile qu'on lui connaît. Grâce à d'anciens étudiants de Poitiers embauchés par ZTE, leader chinois des télécommunications, affichant 5 milliards d'euros de chiffre d'affaires en 2009 et 75 000 salariés dans le monde, le Conseil général de la Vienne apprend au début des années 2000 le projet de la société de créer un centre de recherche en Europe qui emploierait au moins 400 ingénieurs. Mise en compétition avec Munich, la Vienne l'emporte[1] : le Futuroscope, le site proposé au centre de recherche, n'est qu'à une heure trente de Paris par TGV et les locaux ne sont pas chers. Ici, on bichonne les Chinois. On s'occupe de leurs logements et de leur approvisionnement, et l'on envisage d'installer, à leur demande, une sorte de chinatown en ville pour leur faciliter la vie. Le Conseil général, pourtant peu doté de moyens, prospecte d'autres sociétés chinoises, sauf dans le domaine

1. … Malgré la différence de taille considérable entre les deux collectivités locales concurrentes, ce dont se félicitent les dirigeants du Conseil général.

des télécoms, car ce serait mal vécu par les dirigeants de ZTE. En 2008, le patron de ZTE a acheté une maison et installé sa famille à Poitiers. Il a exigé de procéder à l'acte de vente chez le notaire un dimanche, immédiatement après avoir signé un chèque de 2,5 millions d'euros pour l'extension de ses locaux sur le Futuroscope. Ce qui fut fait.

PÉKIN EXPORTE AUSSI L'AUTOCENSURE

À Poitiers, les rôles de la faculté et de l'institut Confucius semblent clairs : l'institut, dont la directrice et la responsable pédagogique sont des anciennes étudiantes de la faculté, finance et organise des courts séjours en Chine pour les lycéens et les étudiants qui apprennent la langue chinoise ; il organise de nombreuses manifestations culturelles et artistiques à Poitiers et dans les environs. Mais, selon Salwa Nacouzi, vice-présidente de l'université de Poitiers, le maître de conférence de chinois, méfiant envers l'institut Confucius, a préféré organiser de son côté un autre voyage avec ses contacts personnels.

En fait, à Poitiers comme à Paris et dans d'autres villes, des professeurs sont gênés par la prégnance de l'ambassade de Chine et de ses relais. Le milieu des sinologues français considère la Chine comme une sorte de chasse gardée. Ces sinisants défendent souvent une approche « civilisationnelle » de la Chine, au détriment des questionnements sur le fonctionnement de la société chinoise et la nature du pouvoir du PCC.

D'où la fracture qui se fait jour parmi les universitaires qui travaillent sur la Chine, entre une approche « culturelle », qui cache mal une forme d'allégeance au pouvoir et une perspective plus historique et politique, factuelle, donc critique du totalitarisme chinois. Le problème est que les premiers ont le vent en poupe tandis que les seconds sont de plus en plus conduits à cacher leurs véritables sentiments : peut-on encore faire carrière de sinologue sans se taire sur la nature du régime chinois ? On en doute de plus en plus parmi les professeurs.

Autrefois enseignante à Paris-VII, Marie Holzman s'est vu refuser l'autorisation d'inviter un dissident chinois à un colloque littéraire[1]. Bien entendu, personne ne lui a rien interdit formellement, mais on lui a signifié qu'elle risquait de « mettre mal à l'aise ses collègues ». Elle est l'une de ceux qui s'inquiètent de ce que l'on ne parle plus guère de la Chine réelle dans les cours de chinois, et elle le dit ouvertement. « Lorsqu'elle a organisé une manifestation pour fêter les dix ans de Tiananmen, remarque un enseignant du secondaire, nous n'étions que trois profs. Les autres s'en foutent ou craignent qu'un engagement aux côtés des dissidents chinois ne nuise à leur carrière. »

L'Institut national des langues et civilisations orientales, chasse gardée des sinologues français, est aussi devenu le bastion des « sino-béats ». « Quand on apprend le chinois là-bas, on baigne dans la sinolâtrie », s'emporte une universitaire, sinologue égale-

1. Il s'agit de Liu Hongbin.

ment, mais qui a gardé son esprit critique. Partant de l'évidence que l'apprentissage d'une langue est aussi celui d'une civilisation, on y enseigne une Chine apolitique extraite de son contexte actuel et l'on y montre, selon Marie Holzman, « un citoyen du monde désincarné ».

Et si la Chine, en plus de ses marchandises, exportait aussi l'autocensure qui règne à Pékin ?

8

Les amis français de la Chine

La percée chinoise, encore timide et souvent maladroite sur le front culturel et médiatique, a ses relais dans le monde de la politique et du *business*. En France, Jean-Pierre Raffarin[1] a décliné publiquement, le 10 février 2010, la proposition de Nicolas Sarkozy de devenir ambassadeur de France en Chine[2]. Ce refus a été immédiatement interprété comme la volonté du sollicité de rester sur la scène

1. Nous avons cherché à plusieurs reprises à entrer en contact avec lui pour mieux comprendre les motivations qui font de lui un ami de Pékin depuis longtemps. Cécile Ozanne, de son cabinet, nous a promis d'organiser un rendez-vous qui n'a jamais eu lieu, malgré l'intervention auprès de lui d'un membre de son cabinet, lorsqu'il était à Matignon. Le portrait qui suit est donc essentiellement fondé sur les interventions publiques de l'ancien Premier ministre, ainsi que sur des témoignages.

2. Voir *Nice-Matin*, 10 février 2010.

politique française[1]. Mais il y a peut-être aussi une autre raison à la décision de l'ancien Premier ministre : défendant jour après jour les intérêts de la Chine en France, il ne saurait défendre ceux de la France en Chine. Ce renversement de logique pourra paraître polémique. Car Jean-Pierre Raffarin n'est pas un « traître », il se vit au contraire comme un patriote et pense défendre les intérêts de son pays en s'efforçant d'honorer les autorités chinoises et d'aider aux relations entre les deux pays.

Le 17 avril 2008, interviewé par Jean-Pierre Elkabbach sur Europe 1, peu après le passage mouvementé de la flamme olympique à Paris, Jean-Pierre Raffarin déclarait sans rire ni hésitation que la Chine avait « quitté la route de la dictature ». Mais attention ! Ce tropisme prochinois de l'ancien Premier ministre n'est pas gratuit, il est juste réaliste, c'est-à-dire intéressé. La preuve ? Jean-Pierre Raffarin reconnaît lui-même que « la Chine est le banquier du monde. Les Chinois financent le déficit américain », ajoutant : « La Chine a fait d'immenses progrès depuis vingt ans, tant sur le plan du développement économique que de son ouverture au monde ». Depuis ces fameux incidents d'avril 2008, Jean-Pierre Raffarin s'efforce, comme il le narre lui-même sur son blog[2] et dans ses interventions publiques, de « réchauffer » les relations entre la France et

1. « Je suis en effet très motivé par les relations France-Chine pour lesquelles je consacre beaucoup d'efforts. Mais je crois que ma place est en France pour être une voix au service de la "République décentralisée". » *Ibid.*

2. http://www.carnetjpr.com/page/5/?s=Chine

la Chine. Il a bien sûr accompagné Nicolas Sarkozy en Chine lors des Jeux olympiques. Le 8 août 2008, Hu Jintao fait entrer les trois représentants de notre pays, le président français, Jean-Pierre Raffarin et Bernard Accoyer dans le bâtiment officiel où se déroule la rencontre. Dans un premier temps, les journalistes écoutent le président chinois leur dire que la France et la Chine sont sur le chemin de la réconciliation. Hu Jintao se lance alors dans un éloge appuyé du Président… du Conseil général de la Vienne : « Je voudrais saluer la délégation française et tout particulièrement M. Jean-Pierre Raffarin qui est venu nous rendre visite, au péril de sa vie, au moment de l'épidémie du SRAS. »

Une fois les journalistes partis, le protocole laisse la parole à Nicolas Sarkozy. Furieux et vexé de l'hommage adressé à Raffarin, le Président s'exclame : « M. Raffarin a bravé le SRAS. Moi j'ai bravé l'épidémie olympique », faisant référence aux protestations exprimées un peu partout dans le monde contre la répression au Tibet. En une phrase, notre président avait ruiné des semaines et des semaines d'efforts de l'ambassade de France à Pékin pour sortir du différend entre les deux capitales depuis le passage de la flamme olympique à Paris et la menace de Nicolas Sarkozy de boycotter ces JO auxquels les dirigeants chinois étaient si attachés. L'anecdote montre en tout cas que Jean-Pierre Raffarin sait se montrer plus pédagogique avec les Chinois qu'avec son président de la République.

Qu'importe. Dès la fin de l'été 2008, il est l'un des rares hommes politiques à tirer un bilan très positif des JO[1] : « Le succès d'organisation a aussi été un succès de communication à l'occasion de l'exceptionnelle cérémonie d'ouverture. L'homme, qui marche dans le ciel et allume le feu, était une belle illustration du rêve de l'humanité. Mais cette cérémonie, plus confucéenne que maoïste, a surtout valorisé le message chinois pour ce début de XXIe siècle [...] La Chine a besoin du monde, le monde a besoin de la Chine. Des grandes découvertes à la protection de la planète, les Chinois ont mis en scène le patrimoine commun de l'humanité. Près de la moitié des citoyens du monde ont suivi ce spectacle à la télévision. »

Le 12 février 2009, il se lamente de la faible présence des entreprises françaises dans le Guangdong, « excepté Carrefour et Vilmorin ». Il ajoute : « Je ne désespère pas que des entreprises chinoises viennent en France y investir et y créer des emplois[2]. Aujourd'hui, les capitaux sont nomades, les emplois sont mobiles et les talents sont voyageurs. Il faut donc aller les chercher et faire de l'attractivité la priorité de la politique économique. »

Le 24 février 2009, il dénonce vigoureusement Pierre Bergé. Dans une boutade, celui-ci a osé prétendre qu'il rendrait les deux statuettes qui figuraient dans la collection qu'il possédait avec Yves Saint Laurent, et que

1. Cf. « Succès et défis », *Le Monde,* 27 août 2008.

2. Malgré plusieurs années d'efforts et de fréquents voyages, Jean-Pierre Raffarin n'a réussi à attirer en France qu'une seule entreprise chinoise à notre connaissance : ZTE, le géant des télécoms, installé sur le Futuroscope.

lui réclame le gouvernement chinois lorsque ce dernier aura fait quelque progrès en matière de droits de l'homme : « M. Bergé met des conditions politiques au retour en Chine de deux bronzes volés par les troupes anglo-françaises durant le sac du palais d'Été de Pékin en 1860. C'est incroyable ! Si ces statues, une tête de rat et une tête de lapin, doivent rentrer en Chine, c'est parce qu'elles sont chinoises et, dans ce cas, il n'y a pas de conditions à poser. » Le lendemain, il publiait, avec d'autres[1], un texte dans *Le Figaro* qui proclamait « l'urgence de rétablir le dialogue entre la France et la Chine ».

Le 9 avril 2009, Jean-Pierre Raffarin annonçait triomphalement que M. Chen Deming, ministre du Commerce, l'avait informé « qu'une mission [était] à l'étude pour venir prochainement en France », et il rappelait que les pays européens qui n'avaient pas eu le mauvais goût de faire des risettes au dalaï lama avaient pu signer pour la bagatelle de 13 milliards de dollars de commandes à l'occasion des visites du Premier ministre. Wen Jiabao avait évité la France à cause de son « arrogance » et de ses « maladresses ».

Le 9 juin 2009, il s'en prenait au maire de Paris, Bertrand Delanoë : « Il y a trois bonnes raisons pour

1. Marc Laffineur, vice-président de l'Assemblée nationale, Jean-Claude Carle, sénateur de Haute-Savoie, Philippe Dallier, sénateur de Seine-Saint-Denis, Françoise Guégot, député de Seine-Maritime, Jacqueline Irlès, député des Pyrénées-Orientales, Antoine Lefèvre, sénateur de l'Aisne, Philippe Paul, sénateur du Finistère, Valérie Rosso-Debord, député de Meurthe-et-Moselle.

exprimer mon désaccord avec la réception du dalaï lama à la mairie de Paris :

1. Alors que les présidents Nicolas Sarkozy et Hu Jintao ont signé un communiqué commun sur la question du Tibet, il n'est pas du rôle d'une collectivité locale de mener une diplomatie parallèle à la diplomatie nationale ;

2. Les règles et usages de la laïcité en France nous invitent à ne pas mêler combat politique et religion ;

3. Paris, capitale de la France, de par son statut, a un écho particulier dans le monde qui impose une certaine réserve à son maire, notamment quand celui-ci se positionne comme un opposant au président de la République. »

Le 31 juillet 2009, il défendait l'idée que « la Chine peut grandement nous aider à retrouver la croissance ». Etc.

La Chine occupe une place prépondérante dans le blog de l'ex-Premier ministre. Sa philosophie n'est pas trop complexe à restituer : il faut s'incliner devant la future première puissance mondiale. L'Europe et la France doivent en tirer les leçons et multiplier les concessions et les ouvertures, à la fois pour se positionner sur le marché chinois et attirer les entreprises chinoises en France. Moyennant quoi, *Le Figaro-Magazine* du 14 février 2010 peut exhiber une magnifique photo de notre ex-Premier ministre affichant un sourire ravi et tendant ses mains généreuses vers quatre jeunes Chinoises presque nues sous leur robe en chocolat. Ne rions pas : il s'agissait, pour notre notable de Poitou-

Charentes, de faire fructifier le *business* des chocolatiers français…

Jean-Pierre Raffarin ne prêche pas dans le désert. En octobre 2009, Xavier Bertrand signe un accord « historique » (*sic* !) faisant de l'UMP un parti frère du Parti communiste chinois. À l'ambassade de France, on pense que c'est une bonne idée pour « huiler » les relations entre la Chine et la France, mais qu'il aurait été plus judicieux de se montrer plus discret au moment de la formalisation de l'accord. Lorsque François Fillon se rend en Chine en décembre 2009, sa visite coïncide avec la condamnation à onze ans de prison du dissident chinois Liu Xiaobo, l'un des auteurs de la Charte 08. L'entourage du Premier ministre de Nicolas Sarkozy précise aux journalistes présents qu'il n'est pas là pour parler des droits de l'homme. Peu après, la condamnation à mort d'un citoyen britannique, manifestement malade mental, pour « trafic de drogue[1] » suscite une protestation de l'Union européenne. La diplomatie française est heureuse de se décharger sur Bruxelles de la bataille pour la démocratie et les droits de l'homme, la France, elle, se contentant de lutter pour l'amélioration des relations commerciales.

1. Il semble bien que le malheureux ait été, en réalité, manipulé par de vrais trafiquants.

QUI EST UN AMI DE LA CHINE ?

Le monde des affaires participe évidemment avec entrain à ce lobbying pro-Pékin. Dès 1979, le CNPF, ancêtre du Medef, créait un comité France-Chine. Après avoir été présidé par Denis Kessler, membre influent de l'organisation entre 2003 et 2007, ledit comité est aujourd'hui présidé par Jean-Pascal Tricoire, l'un des rares patrons français à parler chinois. Il préside aux destinées du groupe Schneider, qui connaît une certaine prospérité en Chine. Lors de la polémique surgie en avril 2008, au moment des incidents provoqués par le passage de la flamme olympique à Paris, plusieurs patrons du CAC 40 sont montés au créneau. Serge Dassault s'est alarmé du risque d'un « boycott des produits français en Chine[1] ». De son côté, Bernard Arnault, qui dirige LVMH, un groupe spécialisé dans le luxe qui réalise une percée spectaculaire auprès des nouveaux riches chinois, avertissait ses compatriotes dans le même journal : « Il ne faut pas donner de leçons à la Chine[2] ! » Qui y songerait ?

La gauche n'est pas forcément en retrait de ce grand mouvement d'amitié franco-chinoise. Lorsque, en avril 2008, Bertrand Delanoë a fait du dalaï lama un citoyen d'honneur de la ville de Paris, son adjoint à la culture Christophe Girard a immédiatement protesté :

1. Voir *Le Figaro* du 16 avril 2008.
2. Selon Alain Léauthier et Hervé Nathan de *Marianne*, le PDG du groupe LVMH souhaitait en fait contrecarrer la rumeur selon laquelle il subventionnerait le dalaï lama.

« Le dalaï lama est à mes yeux, comme Benoît XVI, particulièrement réactionnaire. Ce sont des hommes avec des règles et des principes, des dogmes, voire des doctrines. D'où leur rigidité envers des sujets tels que la contraception et l'homoparentalité. » Un credo qui n'étonne que ceux qui ignorent le vrai métier de Christophe Girard, directeur de la stratégie de LVMH. Christian Sautter, féru de culture asiatique, préside la Table ronde des maires français et chinois mise en place et financée par le comité France-Chine du Medef. Ancien maoïste, Georges Frêche a été le premier maire français à jumeler sa ville avec une ville chinoise. Enfin, Jean-Luc Mélenchon dénonce avec ardeur une indépendance du Tibet que personne ne réclame au nom d'arguments « historiques » qui sont parfois un copié-collé des argumentaires du PCC.

L'ambassade de France en Chine joue parfois un rôle actif dans le lobbying pro-Pékin. Un épisode parmi beaucoup d'autres, qui concerne l'audiovisuel, illustre bien l'indulgence manifestée par nombre d'officiels français. Dans le domaine des échanges audiovisuels, un principe de réciprocité s'appliquait traditionnellement entre la Chine et la France. Ainsi, la chaîne TV5 Monde pouvait être diffusée dans les résidences diplomatiques et les hôtels internationaux de Chine, tandis que la chaîne chinoise CCTV9 était diffusée en France sur le bouquet de Noos (Numéricable). Le même type d'échange fonctionnait pour la diffusion en Chine de la chaîne Eurosport. Les autorités chinoises étaient beaucoup moins enclines à autoriser la diffusion d'Euronews, pour la bonne et simple raison que Pékin n'apprécie guère les chaînes d'information. Les demandes françaises de diffusion de ce type de chaîne sont restées sans réponse, et Wang Taihua, ministre de la State Administration of Radio Film and Television (SARFT), sorte de ministère bis de la communication et des médias chinois, refuse même de recevoir l'ambassadeur de France pour régler cette question. Face à ce camouflet, la France reste muette : nous sommes en pleine clôture des années croisées France-Chine, et nos diplomates ne veulent pas de vagues alors qu'est célébrée l'amitié franco-chinoise ! À l'été 2005, le régime donne un nouveau tour de vis en matière d'information en interdisant la diffusion en Chine de toute nouvelle chaîne étrangère[1]. Cela n'empêche pas la SARFT de mettre en place un accord « commercial » directement négocié avec Tang Média, filiale du groupe Tang Frères associée à l'opérateur Free, puis avec CanalSat, du groupe Canal+, pour la diffusion en France d'un bouquet « Grande Muraille », accessible aux téléspectateurs vivant en France et comprenant 14 chaînes d'État en mandarin. Cela aurait dû être l'occasion d'exiger un minimum de réciprocité afin que les francophones de Chine puissent également avoir accès à Euronews, à France 24 et à d'autres chaînes, pas seulement dans les hôtels de luxe. Mais le télégramme diplomatique qui aurait dû alerter Paris ne parviendra jamais au Quai d'Orsay, le siège du ministère des Affaires étrangères[2]. Et

1. « New Rules to Safeguard Cultural Security », agence Xinhua, 11 août 2005.

2. Interrogé sur le sujet par nos soins, un hiérarque de l'ambassade de France à Pékin aura cette réplique significative pour expliquer

Wang Taihua, ministre de la SARFT, peut se rendre tranquillement à Paris le 28 août 2006 pour finaliser l'accord de diffusion sans même que le ministère des Affaires étrangères soit informé ni de l'opération ni de sa présence en France ! Renaud Donnedieu de Vabres, qui est alors son homologue, apprendra après coup le passage du ministre chinois. La nature de sa visite lui échappe, il lui enverra une lettre insensée pour s'excuser de ne pas l'avoir reçu ! Depuis lors, la situation est inchangée, et lorsque les Chinois sont (timidement) interrogés sur ce dossier, ils répondent qu'ils ne peuvent diffuser les chaînes étrangères car leur sattellite SinoSat est vieux, et que la bande passante est saturée...

Il faut dire qu'en matière d'informations le personnel diplomatique français est tout à fait disposé à avaler des couloeuvres d'une certaine taille. Telle la remise d'une Légion d'honneur, le 3 avril 2007 à Pékin, par l'ambassadeur Hervé Ladsous au censeur en chef de l'information en Chine, M. Long Xinmin. Membre suppléant du Comité central chinois, c'est lui qui met en place la politique voulue par les autorités, c'est aussi lui qui décide d'interdire des publications ou de faire taire les blogueurs chinois. La France ne s'inquiète guère de savoir à qui elle remet ses médailles. La cérémonie se tient quelques jours à peine avant qu'il ne

---

l'absence d'exigence de réciprocité : « Alors, parce que la Chine est une dictature, la France doit l'être également ? » Pour lui, la diffusion des chaînes françaises ou européennes dans les hôtels est un enjeu mineur.

soit limogé pour un zèle excessif aux yeux de ses supérieurs hiérarchiques[1].

Nicolas Chapuis est l'un des avocats les plus fervents d'une diplomatie favorable à la Chine, au nom d'un réalisme qu'il veut « védrinien[2] ». Aujourd'hui provisoirement replié en France – il a été nommé récemment préfet à Gap –, il est le seul diplomate français à avoir connu la bagatelle de sept nominations en Chine à l'occasion de diverses fonctions diplomatiques. Il a, bien entendu, appris le chinois à l'Institut des langues orientales en pleine période maoïste. Comme beaucoup de personnalités plutôt « prochinoises » (et bien qu'il n'ait jamais été « mao » lui-même), il a une approche culturelle de la relation franco-chinoise fondée sur ce qu'il appelle des « regards croisés ». Il s'emporte fréquemment contre les arrogances françaises : celles de ces managers persuadés qu'ils sont là pour apprendre l'automobile ou le nucléaire à la Chine ; celles de ces hommes politiques qui ignorent l'histoire de cet immense pays ; celles de ces économistes incapables d'imaginer qu'il puisse exister une autre façon d'accumuler le capital que celle du monde anglo-saxon ; et celle de ces entrepreneurs français incapables, pense-

1. Information donnée par le site Aujourdhuilachine.com, « Ambassade de France en Chine : la propagande à l'honneur », 24 avril 2007.

2. On peut se reporter à l'article de l'ex-ministre des Affaires étrangères, « L'émergence de la Chine vue de France », destiné à des lecteurs chinois et rédigé à l'automne 2006 à la demande de l'éditeur chinois Century pour l'édition locale de son livre *Face à l'hyperpuissance* (Fayard, 2003).

t-il, de s'adapter à la culture locale. Pour lui, si Carrefour et Schneider réussissent en Chine, et pas Peugeot, c'est parce que leurs managers ont fait ce qu'il fallait pour comprendre la négociation avec les autorités chinoises.

La France compte donc de nombreux « amis de la Chine ». Quand nous avons rencontré Éric de La Maisonneuve, un général à la retraite, il nous a raconté en souriant « qu'il en était ». En novembre 2004, il est invité par Pékin à participer à un colloque de trois semaines. Il reconnaît lui-même que le contenu du colloque ne lui a pas appris grand-chose. En revanche, il a découvert l'« âme chinoise » lors de dîners, de parties de billard et de karaoké arrosées. « Je suis tombé sous le charme. » Le général à la retraite parraine des étudiants chinois venus étudier en France et multiplie les amitiés chinoises. Il retourne donc régulièrement en Chine, où il est régulièrement invité pour des séminaires, et ces voyages sont devenus le rayon de soleil de son existence. Le militaire devient du coup fort pacifiste et déploie de louables efforts pour comprendre la Chine. La revue de stratégie qu'il anime[1] accueille des auteurs chinois proches du PCC. Il y distille une profession de foi plus que compréhensive du désir de puissance du PCC. « Deng avait raison : la Chine représente 20 % de l'humanité, elle doit donc représenter 20 % du PIB mondial (alors qu'elle n'en représente que 5 % aujourd'hui). Je considère que nous devons nous

1. Agir. Société de Stratégie et sa revue *Agir* (Paris).

accommoder de cette ambition, à condition que ce développement se fasse en coopération. »

Conseiller de la Banque populaire de Chine

La sympathie pour la Chine peut se révéler plus intéressée. Le cas de Patrick Artus, directeur des études et de la recherche de la banque Natexis, est particulièrement intrigant de ce point de vue. Il a été l'un des rares économistes à alerter le monde sur le déséquilibre des échanges mondiaux provoqué par la croissance chinoise. En mai 2005, il avait expliqué dans une note pourquoi l'insertion de la Chine dans l'économie mondiale s'effectuerait en dehors des canons de la théorie libérale : la taille du pays, sa réserve de main-d'œuvre, l'inexistence d'une économie de marché dans le pays et le taux de change ne pouvaient donner lieu qu'à un pronostic pessimiste sur les relations entre la Chine et le reste du monde. Nous avions d'ailleurs abondamment cité dans notre premier livre une autre note, publiée en septembre 2005, au titre peu nuancé, « La Chine va-t-elle nous détruire tous ? Un scénario noir ». Son diagnostic était sans appel : « Ce scénario globalement pessimiste inclut donc pour les pays "avancés" : les pertes d'emplois et de parts de marché, l'endettement extérieur, la surévaluation des taux de change, la perte de l'avantage technologique et le non-respect de la propriété intellectuelle, l'absence de profitabilité des opérations en Chine, l'apparition d'une concurrence forte et d'excès de capacité dans tous les secteurs, des moins aux plus sophistiqués, la hausse forte des prix des matières premières et la détérioration de l'environnement[1]. »

En cinq années, sa position a évolué dans un sens très différent. D'abord, Patrick Artus est devenu un militant actif du maintien d'un yuan faible. « Arrêtez de critiquer la Chine pour l'euro fort », titre-t-il sa note de 2007, dans laquelle il prétend que la Chine a opté pour une autre politique de change, qu'elle aurait accepté « une appréciation rapide du renminbi[2] ». La suite a montré la vanité de ce pronostic, la Chine ayant au contraire arrêté d'augmenter la valeur du yuan. Ce n'est certes pas la seule fois que Patrick Artus s'est trompé. Considéré comme l'un de nos économistes les plus brillants, sa réputation excellente dans les journaux français a été à peine affectée lorsqu'il a déclaré à *Challenges* en avril 2008 : « La crise est finie. » Avec des arguments savants il affirmait que « l'essentiel de la crise des *subprimes* est derrière nous », que les États-Unis ne connaîtraient pas de récession et que la Chine ne connaîtrait pas de ralentissement.

Après avoir prétendu que la Chine militait pour une appréciation du yuan, Patrick Artus a défendu après le déclenchement de la crise une idée contradictoire, mais tout aussi favorable à Pékin : en gros, les États-Unis et l'Europe ont tort de batailler pour une appréciation de

1. Note d'Ixis publiée en septembre 2005, disponible sur le site : http://team.univ_paris1.fr/teampXXXso/DEA/M1/DocChine/FlashLaChinevadetruire.pdf

2. Autre nom de la monnaie chinoise.

la monnaie chinoise. « L'appréciation du yuan est favorable à la Chine et plutôt défavorable aux États-Unis et à l'Europe car ce que nous importons de Chine, nous ne le produisons plus dans la plupart des cas et nous allons le payer plus cher. On se retrouve donc dans une situation dans laquelle Américains et Européens demandent aux Chinois ce qui leur est en réalité défavorable avec une vision très fausse de la compétition[1]. »

L'argument, dogmatiquement néolibéral (c'est le marché qui procure la meilleure allocation de ressources), ne permet pas de comprendre pourquoi, au contraire, la Chine choisit de maintenir sa monnaie faible contre ce que Patrick Artus estime être ses intérêts. Il fait fi d'une autre évidence : dans bien des domaines – aéronautique, BTP, train à grande vitesse –, la Chine n'hésite pas à ériger des barrières protectionnistes qui enrayent gravement l'efficacité de la théorie du libre-échange.

Ensuite, son appréciation du rôle de la Chine dans l'économie mondiale et l'attitude que devraient adopter l'Union européenne et les États-Unis sont devenues, disons, beaucoup plus molles. Manifestement, Patrick Artus s'est persuadé que le statu quo est encore ce qui est le plus souhaitable, sans se demander

1. Le plaidoyer n'empêche pas Patrick Artus, dans la Note du 3 mars, d'affirmer que si les entreprises de l'OCDE avaient été moins gourmandes et s'étaient contentées « d'une rentabilité de 8 %, la croissance chinoise aurait été plus faible, et le Parti communiste chinois ne serait sans doute pas resté au pouvoir ». Le raisonnement se tient d'un point de vue économique, mais la conclusion témoigne d'une incompréhension évidente de ce qu'est le totalitarisme. (*Flash Économie*, n° 90, 3 mars 2010).

à qui il profite. En mars 2008, il publiait un opuscule sobrement intitulé *La Chine.* Cette fois-ci, il laisse monter au créneau son ami Michel Aglietta, un économiste en principe « régulationniste » mais qui, tout comme le nouvel Artus, est devenu le meilleur avocat de la politique monétaire de Pékin, au point que l'on se demande si son texte n'est pas une commande de l'État chinois[1]. Aucun des économistes conviés à participer à cet ouvrage collectif n'émet la moindre critique envers la politique chinoise. Contrairement à ses précédents ouvrages, celui-ci est passé totalement inaperçu sur le plan médiatique. Du moins en France, car les médias chinois semblent en avoir fait grand cas. Coïncidence ? Le même économiste qui alertait naguère les décideurs sur le thème d'une « Chine destructrice du capitalisme » déclare au site toutsurlaChine[2] : « J'ai

1. « La Chine est engagée dans une transition de son régime de change. Cette transition doit s'accorder aux réformes financières dans l'économie nationale. Cette politique judicieuse aura des conséquences bénéfiques pour l'économie mondiale à condition que le gouvernement chinois continue à être insensible au chant des sirènes occidentales. Pour réussir, cette politique ne doit pas se laisser piéger dans le faux problème de la sous-évaluation du yuan. En décembre 2006 comme en mai 2007, à l'occasion du dialogue stratégique, les dirigeants chinois ont montré qu'ils étaient capables de résister aux pressions américaines. Ils ont les ressources financières pour poursuivre leur approche pragmatique des réformes. » In *La Chine*, *Les Cahiers du Cercle des économistes*, PUF-Descartes & Cie, 2008. Nous avons cherché à interroger Michel Aglietta sur ce point, sans obtenir de réponse de sa part.

2. http://toutsurlachine.blogspot.com

peut-être un biais prochinois, mais je dirai au contraire que la Chine est très stabilisante. » Pour le biais, on est tout à fait d'accord. Mais, au fait, de quel biais s'agit-il ? L'économiste fait-il référence au fait qu'il est rétribué – comme certains de ses collègues l'ont dit ou écrit[1] – par la Banque centrale de Chine, c'est-à-dire la Banque populaire de Chine ? Il en a parfaitement le droit. Mais comment à la fois conseiller la Chine et la France ? Puisqu'il siège au Conseil d'analyse économique, qui est censé éclairer le gouvernement sur la situation économique mondiale. N'est-ce pas exactement ce que l'on pourrait appeler un conflit d'intérêt[2] ?

Patrick Artus n'est pas le seul économiste complaisant à l'égard de la Chine. Nous avons cité le cas de Michel Aglietta. Selon l'un de nos informateurs, un magistrat à la Cour des comptes, spécialiste des relations entre les pays développés et les pays émergents,

1. Le 10 juin 2009, Patrick Artus a participé à un colloque organisé par le centre parisien de l'université de Chicago. Comme d'autres intervenants, l'historien Édouard Husson l'a entendu déclarer qu'il œuvrait comme conseiller de la Banque centrale de Chine. Un autre participant a évoqué cette information sur le site ecodemystificateur (http://ecodemystificateur.blog.free.fr/index.php?post/2009/06/12/La-fin-du-dollar%2C-ce-n-est-pas-pour-demain).

2. Nous avons cherché, à plusieurs reprises, à entrer en contact avec Patrick Artus. Il a refusé toutes nos demandes d'entretien. Au début de l'année 2010, Patrick Artus et Jacques Mistral se sont vu confier par le Premier ministre François Fillon une mission sur la relation franco-chinoise dans le cadre du Conseil d'analyse économique. Leur rapport devait être remis en mai 2010. Ils ont sans doute trouvé dans ce travail l'occasion de résoudre ce conflit d'intérêt…

conseille aujourd'hui la ville de Shanghai[1]. Il est très bien placé pour répondre aux récriminations que formule l'OMC de temps à autre envers la Chine. Quant à Alain Bauer, spécialiste de la sécurité, il multiplie les voyages en Chine pour transmettre son expérience policière aux experts chinois en sécurité. Quitte à remettre la légion d'honneur à un dignitaire chinois partisan de la peine de mort[2].

LA CULTURE CHINOISE AU SERVICE DU *BUSINESS*

L'intérêt de Laure Mellerio-Segalen pour la Chine est plutôt d'ordre familial. Petite-fille du poète Victor Segalen[3], élevée à Hongkong par un père natif de l'Empire du Milieu, la Chine n'était pas, dans son éducation, un pays étranger. Bref, en 1967, la voici étudiante à Langues O', en première année de chinois bien sûr, en pleine révolution culturelle. Elle se souvient de « zigomars » venus, munis de pancartes et de drapeaux rouges, interrompre les cours du sinologue François Cheng. Pour

1. Nous avons tenté de joindre ce magistrat à son domicile et à la Cour des comptes. Il n'a pas répondu à nos messages.

2. Voir l'article de Régis Soubrouillard, « Légion d'honneur : la France décore un Chinois pro-peine de mort », Marianne2, 29 janvier 2010 (http://www.marianne2.fr/Legion-d-honneur-la-France-decore-un-Chinois-pro-peine-de-mort_a184377.html).

3. Victor Segalen (1878-1919), officier-médecin de la marine et écrivain, qui s'installa en Chine pour y mener une grande mission archéologique portant notamment sur les stèles funéraires gravées de la dynastie des Han.

cette jeune fille, la Chine était avant tout le pays des porcelaines et des paravents. Le choc fut rude. Il l'était tout autant en cours : ses professeurs, venus de la Chine continentale pour la plupart, faisaient commenter aux étudiants les pensées de Mao et la dernière édition du *Quotidien du Peuple*. En 1977, la jeune femme effectue son premier voyage en Chine continentale. Elle y découvre des rues tristes et sales où, aux carrefours, s'entassent des montagnes de choux, un pays où la communication est strictement impossible pour les étrangers. Ces derniers vivent parqués dans des hôtels. Quand ils prennent le train, la police demande aux voyageurs de s'écarter pour les laisser passer, pour éviter en fait tout risque de contact. Ces souvenirs aident Laure Mellorio-Segalen à mesurer le chemin parcouru par le régime depuis sa jeunesse. Le temps de Mao est un souvenir utile pour qui souhaite regarder le pays avec tendresse. Quel contraste avec la modernité des villes chinoises des années 2000 !

Celle qui retourne chaque année sur la terre d'élection de son grand-père, a été le témoin, avec ravissement, des transformations des années 1980. Elle se souvient avec plaisir du début des années 1990, où l'on pouvait enfin téléphoner sans passer par une opératrice. Elle est l'admiratrice respectueuse du « formidable effort national » conduit en Chine pour passer du sous-développement à la situation actuelle.

En 1985, Laure Mellorio-Segalen entre comme secrétaire générale au Comité France-Chine du CNPF, qu'elle n'a quitté qu'en 2006. À l'époque, seuls Berliet et les sociétés qui travaillaient dans l'énergie (Framatome, EDF) avaient une certaine expérience du commerce avec la Chine. Au départ, le comité se borne à accompagner les responsables des sociétés françaises qui veulent se rendre aux foires de Canton, vitrine commerciale de la Chine à l'époque.

Dans les années 1990, le Comité tire profit des « bévues » de la diplomatie française, c'est-à-dire le commerce militaire avec Taïwan initié par la gauche et poursuivi sous Édouard Balladur. « Un divorce politique grave », commente aujourd'hui l'ancienne secrétaire, qui permit, paradoxe appréciable, au comité France-Chine de prendre son envol. Les dignitaires chinois préféraient dialoguer avec cette association d'entreprises – le même phénomène se passa en Italie ou au Royaume-Uni – qu'avec les diplomates français en disgrâce du fait de leurs coupables relations avec Formose. Voilà comment le colloque annuel du Comité France-Chine, organisé sous l'égide de prestigieuses personnalités – autrefois Raymond Barre, aujourd'hui Valéry Giscard d'Estaing –, est devenu l'événement franco-chinois de l'année. À écouter la petite-fille de Segalen, on comprend que la chiraquie a fait bien meilleure impression au sein du comité (et auprès des dirigeants à Pékin) que le sarkozysme, marqué dès l'origine par l'« infamie taïwanaise » (les ventes d'armes) – impression qu'a confirmée depuis l'inopportune rencontre, d'un point de vue chinois et de celui du business, du Président avec le dalaï lama.

Le caractère sinusoïdal de la relation franco-chinoise désole Laure Mellerio-Segalen. D'autant que, comme elle le déplore, « quand la relation est au plus haut, on ne capitalise pas ». C'est ce constat navrant qui l'a conduite à créer une fondation. L'incompréhension domine entre la France et la Chine qui ont pourtant de fortes accointances. La France, poursuit-elle, est au milieu de l'Europe comme la Chine est au milieu de l'Asie. Ce sont deux puissances d'influence même si la puissance de la Chine est infiniment plus grande. L'attrait pour la France et sa culture est réel et ancien en Chine. Rapprocher les deux pays est la mission qu'assigne désormais Laure Mellerio-Segalen à la Fondation Segalen qu'elle a créée avec le soutien de quelques entreprises[1] : favoriser la compréhension mutuelle entre les peuples français et chinois. Elle est en effet persuadée que le culturel est la clé de tout – et donc du *business* aussi – dans la relation entre la France et la Chine. Elle retrouve là le dessein de son grand-père qui n'a pu réaliser ce projet de « fondation sinologique », comme on disait au début du siècle.

La petite-fille de l'écrivain rejoint ainsi le monde des « passeurs ». De quoi s'agit-il ? De la résurgence de ce que l'écrivain Simon Leys avait déjà pointé sous le magistère maoïste, à propos de l'ouvrage d'Alain Peyrefitte, *Quand la Chine s'éveillera...* : « La thèse de M. Peyrefitte est d'une choquante simplicité. Selon lui, les notions de droits de l'homme, de liberté et de démocratie ne sauraient avoir d'applications en Chine, car il s'agit d'inventions occidentales qui n'ont pas de racines dans la tradition chinoise[2]. » Cet intel-

1. Air France, Albin Michel, Compagnie financière Edmond Rothschild, EDF, CCIP, ESCP, Orange, Veolia.

2. Simon Leys, *Essais sur la Chine*, Robert Laffont, coll. « Bouquins », 1998, p. 809.

lectuel a passé sa vie à dénoncer les sinologues[1] qui justifiaient leur complaisance envers la Révolution culturelle et le régime maoïste par l'« altérité radicale » que représenteraient selon eux la culture et la langue chinoises. Comment se fait-il qu'après l'écroulement du maoïsme, après la révolte de Tiananmen, le même genre de conception soit toujours à la mode dans les milieux sinisants ?

Il n'est pas si simple de répondre à une telle question. Il est frappant de constater que les ambassadeurs, les consultants et la plupart des sinologues justifient leur action – ou leur inaction – concernant la Chine par de grandes tirades crypto-philosophiques plus ou moins tirées d'une sorte d'humus néo-confucéen.

François Jullien, pilier du « Confustalk »

Au cœur de ce dispositif idéologique, un homme brille comme un phare dans le silence d'une nuit portuaire : François Jullien. Dans un petit livre instructif[2] qui semble nourri par une froide colère, Jean-François Billeter, lui-même sinologue, note que « son œuvre est

1. Y compris Victor Segalen, dans un texte jugé « injuste » par sa petite-fille : après lui avoir rendu hommage en choisissant « Leys » pour pseudonyme, Simon Leys a écrit que *René Leys* était la seule œuvre notable de Segalen, estimant que l'homme et son parcours valaient sans doute beaucoup mieux que l'œuvre. Voir Simon Leys, *L'Exotisme de Segalen*, in *Essais sur la Chine*, *op. cit.*

2. Jean-François Billeter, *Contre François Jullien*, 2006, Allia.

fondée tout entière sur le mythe de l'altérité de la Chine, [...] l'idée que la Chine est un monde complètement différent du nôtre, voire opposé au nôtre ». L'auteur situe l'origine de ce mythe dans les premières rencontres de l'Occidental avec la Chine, qui furent le fait de jésuites, eux-mêmes inspirés par les mandarins, hommes de lettres et érudits chinois[1]. S'intronisant traducteur d'une « pensée chinoise » qui serait ontologiquement et diamétralement opposée à la pensée qui est la nôtre, héritée des Grecs, François Jullien se donne pour méthode le « détour chinois » qui permettrait, selon lui, d'accéder à la nature profonde de notre identité occidentale.

Étrangement, son œuvre séduit beaucoup de consultants qui proposent leurs services aux entreprises françaises désireuses de voir s'ouvrir à elles le marché chinois. André Chieng est sans conteste le chef de file de ce courant qui applique à la lettre, et par son profit, les préceptes du penseur François Jullien. Il se présente toujours d'emblée comme franco-chinois, « né à Marseille de parents chinois ». Ce polytechnicien a créé une société de consulting, AEC, et fait souvent référence à ses missions de conseil pour des sociétés françaises qui souhaitent s'implanter en Chine. Lesdits conseils sont placés sous les bons auspices de celui que Chieng présente comme son maître, François Jullien. Proche de Laure Mellerio-Segalen et

1. Nous avons cependant relevé une bizarrerie dans le petit opus de Billeter : sa façon de classer Simon Leys dans la lignée de François Jullien alors qu'il a combattu la thèse de l'altérité chinoise.

du Comité France-Chine du Medef, Chieng tente de familiariser les managers français avec ses concepts. Le livre publié par André Chieng, *La Pratique de la Chine*[1], est d'ailleurs accompagné d'un sous-titre assez rare dans l'édition : « en compagnie de François Jullien[2] ». L'ouvrage s'ouvre par une question de fond : le rapport des Chinois à la vérité (!). D'où il ressort qu'il existerait une opposition radicale et irréductible entre la conception platonicienne de la vérité « une et absolue » et celle de Confucius pour lequel la vérité, « inséparable de la nature humaine », est forcément relative et en tout cas, variable dans le temps. N'étant pas philosophes, nous sommes néanmoins admiratifs des penseurs qui osent laisser croire que nous vivons dans un régime platonicien ou néo-platonicien et que les Chinois vivent dans un régime confucéen ! Et béats de stupéfaction devant leur idée de l'Occident, de leur pensée transhistorique. Et quel geste admirable que de tirer un trait direct de Platon à Comte-Sponville et de Confucius à Mao ! D'où, toujours selon le duo Chieng-Jullien, l'explication du bilan de Mao Tsé-Toung et de la Révolution culturelle sommairement tiré par Deng Xiaoping : « Il était dans le vrai à 70 %, je serais moi-même content si on pouvait

1. Grasset, 2006.

2. Ce qui laisse dans le flou la présence du philosophe : André Chieng a-t-il rédigé son ouvrage en compagnie des écrits de François Jullien ? Ou bien ce dernier a-t-il contribué à l'ouvrage, ne serait-ce que par une relecture du manuscrit ou des épreuves ? Ou encore a-t-il simplement accepté que son nom figure sur la couverture ?

en dire autant de moi[1]. » Chieng commente ainsi la phrase pour lui lumineuse : « Si l'on revient à Deng Xiaoping et à sa remarque sur les 70 % de bon de Mao, n'est-ce pas mettre l'accent sur les 30 % de mauvais ? Et où se trouvent ces 30 % ? Est-il vraiment utile de le dire explicitement ? » Drôle de question, rhétorique, qui fait irrésistiblement songer au film de Hue Jie.

Ce cinéaste chinois a réalisé un documentaire exceptionnel, *Ne pleurez pas sur mon cadavre*[2], qui n'a malheureusement pas encore été diffusé par une télévision française. L'histoire est celle d'un veuf, qui a perdu sa femme proviseur adjoint d'un lycée d'élite rattaché à l'Université normale de Pékin et secrétaire du Parti au début de la Révolution culturelle. Dénoncée par l'épouse d'un enseignant du lycée qu'elle n'avait pas voulu recruter, cette femme est morte dans d'atroces souffrances après avoir été lynchée dans les toilettes de son établissement par des lycéennes, la plupart filles de la nomenklatura du PCC. Le 22 juin 1966, une centaine de lycéens avaient envahi l'appartement familial et collé des dazibaos de dénonciation de son épouse, mais, malgré les persécutions, elle n'avait pas cédé. Son mari vit aujourd'hui encore au milieu de ces affiches pour maintenir en l'état les preuves de l'assassinat de sa femme. Celle-ci a été rouée de coups à l'aide de crosses à bout métallique et des manches de pioche traversés de clous. Son mari l'a retrouvée gisant par terre souillée d'excréments avec des

1. *La Pratique de la Chine*, *op. cit.*, p. 27.

2. Diffusé par la revue *Le Monde chinois* (numéro 14, Éditions Choiseul) lorsqu'elle était dirigée par René Viénet.

trous dans la tête. André Chieng oserait-il interroger Wang Jingyao et tant d'autres comme lui sur ce qu'il pense des 70 % de « bon » de Mao, du Grand Bond en avant et de la Révolution culturelle, qui a provoqué, rappelons-le, des dizaines de millions de morts ? Nous aimerions énormément que, confronté à ce vieil homme qui vit toujours à Pékin[1], André Chieng puisse lui dire, comme François Jullien : « Fallait-il faire une fixation sur la vérité ? », ou encore : « Est-il vraiment utile de dire explicitement où se trouve le mauvais de Mao ? »

Deuxième « vérité » chinoise, les habitants de la Chine préféreraient le « procès » (en anglais, *process*) à la création qui serait, elle, de facture occidentale, ce qui donnerait aux Chinois une singulière conception de la morale : d'un mal peut sortir un bien, assène Chieng, sans même rappeler que c'était l'une des pensées les plus populaires du Petit Livre rouge[2]. François Jullien, poursuit-il, oppose même le mal (« objet de jugement ») au négatif (« qui est l'objet d'intégration »). Critiquant le comportement de la Chine dans le domaine monétaire ou sur la question du réchauffement climatique, les puissances occidentales reprochent aux dirigeants chinois de refuser d'exercer les responsabilités dans le

1. Il a obtenu finalement une enquête sur le cas de son épouse, mais les assassins ont bénéficié d'une prescription.

2. « Nous devons apprendre à examiner les choses sous tous leurs aspects, à voir non seulement la face mais aussi le revers des choses et des phénomènes. Dans des conditions déterminées, quelque chose de mauvais peut produire de bons résultats et, à son tour, quelque chose de bon peut en produire de mauvais. » *Citations du Président Mao Tsé-Toung*, Éditions de Pékin, 1966, p. 244.

monde que leur confère leur puissance nouvelle. Pour Chieng, ils ont tort, car François Jullien oppose le « procès » chinois à la « création » occidentale. En somme, le temps de la Chine ne serait pas encore advenu, ce qui l'empêche d'agir comme une puissance leader.

Chenva Thieu, un autre homme d'affaires franco-chinois[1], plus jeune qu'André Chieng et sans doute un peu plus critique envers le régime, justifie, lui, la contrefaçon à laquelle se livre l'industrie chinoise par cette même opposition entre « création » occidentale et « procès » chinois : « La force, écrit-il, est du côté de celui qui s'empare de ce que les autres ont fait, comme s'ils l'avaient fait, en quelque sorte, pour lui. Au contraire, un Occidental pensera évidemment que le plus puissant est celui qui invente et répand son invention[2]. » Et il va encore plus loin en reprenant, sans doute sans le savoir, une vieille analyse d'Alain Peyrefitte à laquelle Simon Leys avait fait un sort[3] : pour lui, « les Chinois n'ont pas besoin de démocratie car ils sont d'origine céleste. Or, c'est le ciel qui désigne l'empereur, qui est le Maître de cérémonie. » On l'aura compris, l'empereur moderne de la Chine est le Parti communiste chinois. Chenva Thieu enchaîne et remarque que « si la Chine ne pratique pas le suffrage universel, elle pratique

---

1. Il exerce dans les services financiers et la production audiovisuelle. Il est aussi l'un des fondateurs du Club du XXIe siècle qui rassemble « l'élite républicaine issue de la diversité ».

2. *Manuel de chinoiseries à l'usage de mes amis cartésiens*, Anne Carrière, 2009, p. 30.

3. Voir Simon Leys, *Essais sur la Chine*, *op. cit.*

le contrat social, alors qu'en France, c'est l'inverse[1] ». On voit bien là les usages de ces balivernes pseudo-philosophiques d'un comparatisme douteux. Là encore, la « leçon » philosophique est limpide. On pourrait la synthétiser par une question : le contrat social n'est-il pas préférable au suffrage universel ?

Une vision partagée par Wang Jiann-Yuh, un franco-chinois normalien consultant : « Regarder la Chine sous le prisme de la démocratie est réducteur. » Il concède cependant que le régime actuel « évolue vers des formes de démocratie spécifiques », mais il note que « la démocratie n'est pas une garantie de prospérité ou de bonheur ». Il faudrait savoir : soit la Chine évolue vers la démocratie, soit la culture chinoise permet au peuple de s'en passer...

Comprendre n'est pas justifier. Et Chenva Thieu nous invite à appréhender ce qu'il dit être la philosophie qui sous-tendrait l'espionnage *made in China*. Laquelle ne relèverait pas d'une logique de guerre mais au contraire d'une volonté de paix. Selon le stratège Sun Tzu, le fameux auteur de *L'Art de la guerre*, un bon général est celui qui gagne sans verser de sang. Pour réussir cette performance, « la juste appréciation des forces en présence, les siennes et celles de l'ennemi » est essentielle. D'où « la légitimation de l'espionnage et de la feinte ». Chenva

1. Entretien avec l'auteur. Ce qui est une manière curieuse d'opposer le « contrat social », expression qui ne peut être prononcée sans que l'on songe à sa définition par Rousseau, et le suffrage universel, c'est-à-dire la démocratie, ou la représentation démocratique... vantée par le même Rousseau dans son grand traité de philosophie politique.

poursuit : « Il ne faut pas hésiter, par exemple, à simuler l'infériorité pour attiser l'arrogance de l'ennemi et précipiter sa faute. [...] Le bon général doit laisser ses troupes dans l'ignorance de ses plans, car, écrit Sun Tzu, si elle ne les connaissait pas, comment, à plus forte raison, l'ennemi pourrait-il les apprendre ? » Justement. Faut-il fermer les yeux et se boucher les oreilles sur les plans que concocte la Chine dans le monde et en France en particulier ?

« La Chine est grande, le Japon petit »

Joël Bellassen est un fonctionnaire de l'Éducation nationale heureux. Il est tombé dans la marmite linguistique chinoise dès après 1968. Une vieille marmite puisque, comme il aime à le préciser, c'est au Collège de France qu'a été créée la première chaire de chinois dans le monde, en 1813, suivie par celle à l'École spéciale des Langues orientales en 1840 ; le premier enseignement de chinois au lycée date de 1958, au lycée de Montgeron, dans l'Essonne.

En 1973, la Chine rétablit ses échanges universitaires avec la France. Coup de chance pour le jeune Bellassen qui obtient une bourse d'études de deux ans. À son retour, il est professeur de chinois. Vingt et un ans plus tard, en 2006, il est nommé inspecteur de chinois de l'Éducation nationale, il est le premier à recevoir ce titre. Le bilan de la progression de l'enseignement du chinois en France doit beaucoup à sa pugnacité, et il impressionne : avec 25 000 collégiens et lycéens (contre 2 600 en 1995 !) et 16 000 étudiants dont 4 000 pour un enseignement spécialisé, la langue chinoise s'est hissée au 5ᵉ rang des langues les plus étudiées, à quelques encablures de la « bande des quatre » (anglais, espagnol, allemand et italien). En 2010, l'Éducation nationale proposait 20 postes d'enseignants du chinois au CAPES (contre un en russe) ; ces professeurs, une fois recrutés, seront appelés à enseigner dans l'un des 485 établissements (contre 111 en 1998) qui proposent des cours de chinois.

Joël Bellassen éprouve la fierté du pionnier qui voit son choix de minoritaire conforté au-delà de toutes ses espérances. Aujourd'hui, le chinois fascine les cadres et les bourgeois qui, « bohèmes » ou pas, veulent obtenir l'enseignement du mandarin dans les lycées de centre-ville que fréquentent leurs enfants, au point que le ministère de l'Éducation nationale doit résister pour ne pas « donner plus à ceux qui ont déjà plus ». Le Hanban dispose de l'un des plus gros stands de la foire ExpoLangues. Bref, tout le monde parle de cette Chine à laquelle il a consacré toute son énergie et la plus grande partie de son existence.

Joël Bellassen n'a pas le sentiment d'être « sino-béat » ou « pro-Pékin ». Il confie même sans trop de difficulté son inquiétude sur le raidissement actuel du PCC, dont il a pu mesurer personnellement les effets récemment, lors du changement de président de l'Association mondiale des professeurs de chinois dont il est l'un des vice-présidents. S'il ne se sentait pas la fibre d'un « ambassadeur linguistique », il aurait sans doute démissionné... Mais sa passion pour la langue, son goût de l'altérité et les contingences de sa fonction l'amènent forcément à favoriser les desseins, avoués ou non, du PCC. Sans doute ses excellentes relations avec l'ex-ambassadeur de France en Chine Jean-Pierre Lafon ont-elles favorisé sa nomination au poste d'inspecteur du chinois, et chacun sait, dans le petit milieu sinisant français, qu'il possède d'excellentes connexions en Chine, où il s'est rendu des dizaines et des dizaines de fois. Il tient pour lui-même un journal de l'état de l'enseignement du chinois en France. Bien sûr, l'homme y affiche une neutralité en symbiose avec ses responsabilités, mais son texte, compilation de nombreux éléments et faits, montre que l'enthousiasme pour la langue, tout à fait légitime, est très proche d'un éloge de la puissance chinoise et du régime actuel. Quand Joël Bellassen écrit que « la Chine est aujourd'hui la première destination des expatriés européens », que « l'essor de l'enseignement du chinois est une tendance profonde qui reflète l'ouverture de la Chine dans tous les domaines, la puissance économique du monde chinois, et donc l'atout en terme d'insertion professionnelle que représente désormais le chinois », ou encore que « la Chine est devenue en peu de temps une puissance scientifique et technologique », et pourrait être à terme « le premier laboratoire du monde », sans même vérifier la portée relative de ces données[1], on ressent un certain malaise.

Quand il note que « le chinois va jusqu'à supplanter le français comme langue de spécialité dans les universités italiennes », que « la Chine, plus d'un milliard

---

1. Ainsi, par exemple, la notion de brevet et sa transposition juridique ne sont pas tout à fait les mêmes en Chine que dans les pays développés. Voir le chapitre 9, p. 252.

trois cent millions d'habitants, récemment entrée dans l'OMC, est le premier marché potentiel du monde, second pays pour les réserves de change, recevant depuis 1990 la moitié des investissements directs étrangers du monde », et qu'« elle est devenue la troisième puissance économique de la planète », ou enfin que « les Chinois deviendront à terme la première nationalité de visiteurs long-courrier en France devant les Américains », reflète-t-il seulement toute la réalité, très favorable à l'essor du mandarin ? La force de la statistique, le caractère univoque de ces chiffres et rangs gagnés récemment – pour chacun d'eux, il faudrait montrer quelles fragilités de la puissance chinoise ils traduisent – et le ton du récit finissent par donner l'impression d'un document de propagande, même si son auteur s'en défendrait.

Ce sentiment est conforté lorsque l'on interroge les enseignants quelque peu critiques qui ont fréquenté l'Association française des professeurs de chinois (AFPC) qu'il a longtemps dirigée et dans laquelle il est strictement impossible d'évoquer la situation réelle du peuple chinois ou les aspects les plus révoltants de la pratique dictatoriale du régime. L'un de ces universitaires critiques nous a rapporté une anecdote savoureuse. Le livre d'enseignement du chinois en France de Joël Bellassen s'ouvre par la phrase suivante : « La Chine est un grand pays, le Japon est un petit pays[1]. »

1. *Méthode d'initiation à la langue et à l'écriture chinoises* [1989], en collaboration avec Zhang Pengpeng, La Compagnie,

Cette phrase montre bien la toute relative neutralité de l'enseignement du chinois en France...

2008. La phrase inaugure la première leçon de grammaire du livre, p. 26. Elle est destinée à montrer qu'en chinois, c'est un verbe qui sert à exprimer l'idée « être grand » (ou « être petit »). Et ajoutons que, certes, tous les manuels d'apprentissage des langues sont construits sur des clichés, sur les lieux communs qui grossissent les traits culturels... ou politiques du pays.

9

Les oreilles du Vampire

Pour les responsables de l'ambassade de France à Pékin, l'amitié entre les peuples fait partie du train-train quotidien. Elle génère chaque jour que Dieu fait un mariage entre un ressortissant français de passage et une femme chinoise. Cette machine matrimoniale est un vrai casse-tête pour les services français. Sur toutes ces unions, combien concernent des cadres ou des patrons français œuvrant dans des secteurs sensibles ? Pas de paranoïa : la plupart de ces mariages n'ont pas été arrangées par des Mata Hari chinoises. Toutefois, les spécialistes de l'intelligence économique française ont la certitude, pour avoir collecté bien des preuves dans un certain nombre de cas, qu'une bonne partie de ces nouvelles épouses de cadres français se verra proposer, à un moment ou à un autre, d'« aider le peuple chinois » dans sa longue quête de la prospérité.

Au Royaume-Uni, l'actualité du monde des affaires bruit périodiquement d'histoires d'espionnage de grande envergure. En 2008, les services anglais mettaient en garde les cadres qui devaient se rendre à Pékin pour les Jeux olympiques contre les jeunes Chinoises qui les attendraient au coin des hôtels pour les piéger. Après trois ou quatre verres, on monte dans la chambre d'hôtel pour une nuit câline. Le lendemain, l'imprudent découvre que son Blackberry ou son ordinateur a été discrètement siphonné.

Le 31 janvier 2010, le quotidien anglais *The Sunday Times* révélait le très créatif système d'espionnage industriel mis au point par le régime[1] : les managers anglais « ciblés » avaient reçu en cadeau de visite des clés 3G qui, une fois connectées à leur PC, transmettaient aux services chinois toutes les informations contenues dans la machine !

Si, outre-Manche, cette révélation a fait grand bruit, peu d'affaires d'espionnage chinois ont défrayé la chronique française au cours de ces vingt dernières années. La presse a bien évoqué en 2005 le cas de Huang Lili, stagiaire chez l'équipementier Valeo. Issue de la région chinoise spécialisée dans l'automobile, la province du Wuhan, Huang Lili s'était fait prendre après avoir recopié quarante fichiers, dont des projets pour BMW et Renault. Un an plus tard, le Dr LB, Sino-Cambodgien naturalisé français, attaché au CNRS de Strasbourg, découvreur d'une cellule souche à haut potentiel dans la lutte contre la maladie d'Alzheimer, se faisait interpeller à l'aéroport alors qu'il s'apprêtait à

---

1. Cf. http://www.timesonline.co.uk/tol/news/uk/crime/article 7009749.ece

emmener dans ses bagages, à Canton, des échantillons réalisés dans son laboratoire de recherche. Le CNRS porta plainte, puis la retira un an plus tard. Le chercheur fut mis à la retraite, on lui a refusé l'éméritat, ce qui lui interdit de fait de poursuivre ses activités de recherche dans son ancien laboratoire.

Les rares cas d'affaires d'espionnage formellement établis et rendus publics sont loin de rassurer ceux qui, au sein de l'administration, sont chargés de sécuriser notre patrimoine scientifique. Pour plusieurs raisons. D'abord, ils sont confrontés à l'explosion des relations scientifiques entre la France et la Chine, à la multiplication des accords avec les laboratoires, les écoles d'ingénieurs, les universités scientifiques... qui sont autant d'occasions de renseignements. Ensuite, les analystes savent bien que l'information scientifique et technologique est une priorité stratégique pour les services chinois et pour les dirigeants du PCC, et ils ont maintenant pleinement conscience de la pression exercée en ce domaine. Les stratèges chinois ont intégré de longue date l'objectif économique du pays à son stade actuel : monter en gamme et ne plus se cantonner dans les fabrications de produits de consommation courante à faible valeur ajoutée. Pour cela, la recherche et l'innovation sont les deux moteurs de la réussite économique de demain. Et ils ont tout mis en œuvre pour compenser au plus vite les faiblesses de la Chine, qui se résorbent désormais : il y a encore sept ans, on pouvait constater un faible niveau des études scientifiques, une pénurie de chercheurs, héritage de la génération sacrifiée par la Révolution culturelle, et des carences dans le management de la recherche. Ce n'est plus vrai. Il reste une pénurie de « chercheurs de dimension internationale », alors la Chine s'efforce d'attirer les scientifiques *oversea chinese*. Mais les effectifs de chercheurs reconstitués ne suffisent pas à rattraper cinquante ans de retard en recherche ; pour effectuer en moins de vingt ans un tel rattrapage, objectif que s'est assigné le pays, il faut utiliser tous les moyens possibles, voire certains qui marquent les libertés prises par les autorités avec les codes de bonne conduite internationaux.

Les services chinois ont été restructurés depuis longtemps en fonction de ces objectifs. Comme l'a montré René Faligot dans son dernier ouvrage[1], la réorganisation des services chinois date de 1985. Le *diaochabu* – le KGB chinois – fut alors métamorphosé en *guoanbu* sous la direction d'un ingénieur qui donna la priorité au renseignement économique. Un immense réseau de veille se mit en place, organisé notamment – mais pas seulement, car les régions chinoises interviennent aussi dans ces domaines – autour du Bureau de recherches du Conseil d'État et d'organismes de veille dépendant de deux ministères, celui du Commerce (MOFCOM) et celui de la Science et Technologie (MOST).

LES CIBLES DU *GUOANBU*

La veille économique à la chinoise ne se contente évidemment pas de collecter de l'information « ouverte ».

1. René Faligot, *Les Services secrets chinois*, Nouveau Monde, 2008.

Elle procède à une recherche active de renseignements auprès de plusieurs publics : les étudiants chinois à l'étranger ; les cadres et chefs d'entreprise chinois à l'étranger, expatriés ou résidents définitifs à l'étranger ; les cadres et chefs d'entreprise d'outre-mer ; les cadres, chercheurs, enseignants et militaires étrangers dans le cadre de la coopération.

On estime à environ 2 millions le nombre de citoyens français qui résident dans les pays étrangers. La moitié seulement d'entre eux environ se fait enregistrer dans les ambassades et les consulats français. La Chine, elle, déploie des moyens efficaces pour contrôler ses ressortissants à l'étranger. Une anecdote illustre cette réalité de façon spectaculaire. Le ministère de l'Enseignement supérieur et de la Recherche a cherché à obtenir une information sur les étudiants chinois engagés dans des cursus de recherche. L'administration a dû y renoncer : les présidents d'université auxquels on a adressé la demande ont répondu que leur fonction n'incluait pas des tâches de police. Contrairement à la Chine, la France possède une solide tradition d'indépendance des universités…

L'information, le renseignement et l'action locale en faveur de la Chine sont bien une autre fonction de l'émigration chinoise. Les services français en ont pris conscience après les attentats du 11-Septembre, lorsque tout un dispositif de surveillance, regroupant les services de plusieurs ministères, a été mis en place. Parmi ces organismes, un comité interministériel de renseignement, dont les membres, spécialistes de la défense, de la sécurité, des Affaires étrangères, de l'Éducation nationale, de l'Intérieur, etc., ont bien été obligés de constater que, de tous les pays, la Chine est celui qui est le plus offensif et le plus agressif. Les Chinois déploient une véritable stratégie d'acquisition de l'information qui mobilise un grand nombre de leurs compatriotes expatriés, voire de personnes naturalisées qui fournissent des renseignements sans voir le mal dans leur action.

Le spectre de l'information est très large, englobant tous les domaines. Les théâtres de veille informative mobilisent tout un réseau d'informateurs : conférences professionnelles ou techniques, universités, stages, missions d'information, négociations de contrats, foires et salons… C'est là que se collecte la matière de l'information économique. Tout étudiant chinois à l'étranger, tout cadre travaillant hors de Chine, bref tout citoyen, civil ou militaire, est-il précisé, se doit d'obéir à une très officielle directive du Parti relevant du « Plan pour l'information nationale ». La directive précise que tout citoyen chinois doit « contribuer au progrès technologique de la Chine quand il se trouve à l'étranger ». Une fois dans le pays d'accueil ou de visite, cornaqué par l'ambassade, il pourra recevoir des consignes ou orientations pour l'application de cette loi générale : quelles informations sont utiles ; à qui les fournir, etc. Tout stagiaire d'entreprise, tout cadre sait qu'il peut et doit se rendre utile.

La collecte est d'autant plus efficace que les enfants de cadres du PCC sont très nombreux parmi les étudiants résidant à l'étranger. Un professeur d'une grande école d'ingénieurs française nous a ainsi indiqué qu'il avait pu vérifier que, parmi le quota d'étudiants chinois accueilli chaque année dans son établissement, ce sont 100 % de membres du Parti, et ce depuis plusieurs années !

Il semble bien que cette stratégie de veille informative soit menée dans le cadre du Front uni de la patrie, une organisation satellite du Parti chargée des relations avec les « compatriotes » hors de la Chine continentale – des Taïwanais aux Chinois d'outre-mer. Que font les services chinois de la masse de données recueillies ? Il est difficile de le savoir. On imagine la masse colossale des données à traiter, envoyées par plusieurs centaines de milliers de personnes de par le monde ! Le problème du traitement rappelle un peu celui qui s'était posé aux renseignements généraux français du temps de leur splendeur : traiter des milliers de conversations téléphoniques nécessite un personnel nombreux et compétent… Mais la Chine a les moyens humains et matériels de cette ambition. La police chinoise d'Internet ne compte-t-elle pas plus de 30 000 agents ?

Dans ces conditions, comment protéger notre patrimoine scientifique et technologique tandis que se multiplient les accords de coopération avec les universités, les écoles d'ingénieurs et les laboratoires ? Cette préoccupation doit mener d'abord à examiner tous les canaux d'irrigation de l'intelligence économique chinoise. Ce qui suit n'est évidemment pas exhaustif mais donne une idée de l'ampleur des efforts déployés pour accélérer le transfert des technologies utiles au développement de la Chine.

SEXE, AMITIÉ, VOYAGES...

MICE, comme *money*, *ideology*, *compromission* et *ego*. Telles sont les quatre grandes motivations exploitées par les services secrets dans le monde pour retourner des individus. Et les services chinois jouent admirablement de ce piano à quatre touches.

L'intelligence économique à la chinoise commence presque toujours par des invitations. Les patrons de laboratoires de recherche en reçoivent très souvent. Quand ils répondent à l'une d'elles, une limousine les accueille à l'aéroport, souvent pour les emmener dans un hôtel flambant neuf. Il s'agit de montrer au chercheur qu'à Pékin ou à Canton on le tient en très haute estime et que l'on reconnaît enfin ses immenses qualités. « Nous avons été très bien reçus » est la phrase typique des scientifiques ou des militaires invités en Chine. Beaucoup croient naïvement que cet accueil chaleureux est parfaitement désintéressé et relève tout simplement de la fraternité universelle dont se réclament leurs hôtes chinois. Certains pensent même que les honneurs rendus sont proportionnels à leur valeur sur le marché du savoir. Ça tombe bien, un tel sentiment correspond exactement à l'effet recherché par la puissance invitante. Au nom du « E » de MICE, bien sûr...

Les services chinois ne sont pas en reste sur le plan sexuel, ils sont capables de devancer les demandes, de procurer les objets de désir, quelles que soient les préférences de leur cible, et ce n'est pas une nouveauté comme l'avait d'ailleurs montré la fameuse affaire Boursicaut dans les années 1960, qui a été transposée au cinéma dans le film de David Cronenberg *Mme Butterfly*[1]. Une seule catégorie est plus difficile à circonvenir, la femme d'âge mûr. Qui envoyer à l'abordage de ce type de mère solidement amarrée à son foyer ? Un jeune homme ? Un quadragénaire ? Une autre femme ? Tout dépend évidemment…

En revanche, grâce à celles qui rejouent les belles venues de l'est, les services chinois avancent facilement leurs pions auprès d'une catégorie bien spécifique : le cadre nouvellement retraité.

Vincent Brisset[2] raconte ainsi qu'au milieu des années 1990 les services français concernés ont constaté avec effroi que la Chine invitait de nombreux cadres retraités du Commissariat à l'énergie atomique pour qu'ils donnent des conférences en Chine. Sur place, ils avaient l'occasion de rencontrer de jolies femmes ou de se confier à des collègues lors des soirées arrosées qui suivent généralement les colloques.

Les jeunes retraités français sont une cible prioritaire pour les services de l'intelligence économique chinoise. Ils ont du temps, aiment voyager et sont d'autant plus sensibles aux attentions qu'on leur porte que la fin de

1. Cette affaire désopilante – un comptable français tombé amoureux d'un Chinois déguisé en femme au point de l'épouser et croire qu'ils avaient conçu un enfant ensemble – est racontée par Roger Faligot dans *Les Services secrets chinois* (*op. cit.*, p. 463 et suivantes).

2. Entretien avec l'auteur.

leur carrière et leur inactivité nouvelle pèsent souvent sur leur moral. Les services français ont encore récemment attiré l'attention du CNRS sur la création d'une association d'anciens chercheurs, pas même sinisants, administrée par une épouse chinoise... Ici, c'est de toute évidence leur lien encore effectif avec les laboratoires qui est recherché. Le n° 51 du bulletin *Le Rayonnement du CNRS* donne d'ailleurs un compte rendu significatif du premier voyage de ce club « Chine » de retraités : « Le double but (tourisme et voyage officiel) a été atteint et pourra être répété en 2010 si les circonstances sont favorables. Certains voyageurs n'avaient pas compris initialement cet aspect et une meilleure explication préalable aurait été pertinente. Tous n'avaient pas la motivation de cette coopération scientifique, mais tous ont finalement apprécié l'accueil et les contacts. » Christian Harbulot, spécialiste du Renseignement de l'École de guerre économique, a, de son côté, refusé une invitation d'homologues chinois lorsqu'il a eu l'impression qu'il serait entré dans un engrenage ayant peu de rapport avec l'échange de connaissances.

Parfois, les choses vont plus loin et deviennent compromettantes. Un professeur de l'enseignement supérieur faisait passer des entretiens à des étudiants chinois en vue de sélectionner les meilleurs d'entre eux pour une formation scientifique française de renom. À l'une des étudiantes évaluées il n'avait pas donné la moyenne requise. Le professeur doit se déjuger : l'un de ses collègues, venu lui aussi pour faire passer les examens préalables, le supplie de remonter la note de cette étudiante : elle est excellente dans sa discipline à lui – la chimie –, et il lui promet de la prendre dans son groupe une fois qu'elle sera acceptée dans l'établissement universitaire. Mais, une fois à Paris, nouveau revirement : celui qui lui avait demandé de revoir la note refuse de prendre l'étudiante dans ses classes et lui avoue qu'il a reçu des mails de chantage à propos de l'aventure amoureuse qu'il a nouée avec elle. Qui le fait chanter ? Notre universitaire refuse de croire qu'il s'agit d'amis chinois de l'étudiante. Il penche plutôt pour « des Français jaloux ». Résultat : un divorce, un mariage et peut-être un honorable correspondant de la Chine dans une discipline sensible relevant de la défense nationale. À moins qu'en divorçant et en épousant son étudiante chinoise notre compatriote ne se soit en quelque sorte dégagé de toute emprise des services chinois. Mais, même dans ce cas, il n'est pas sûr du tout que son épouse jouisse de la même marge de manœuvre.

Yvonnick Denoël raconte, dans un livre évoquant le sexe dans le *business*[1], plusieurs aventures amoureuses de dirigeants de grandes entreprises, opérations relevant des services et de la guerre économique. L'affaire Rupert Murdoch est l'une des plus spectaculaires. À soixante-dix ans, Rupert Murdoch est tombé amoureux de sa traductrice chinoise. Après trente-deux ans de vie commune, il divorce de sa femme pour l'épouser. Coup de foudre ? Sans doute, mais il s'agit aussi d'un mariage de raison. Les affaires chinoises du groupe se portent mieux depuis ce mariage. L'épouse chinoise de Murdoch lui permet d'entrer au capital de China Netcom, société

1. *Sexus economicus*, Nouveau Monde, 2010.

créée par Jiang Mianheng, le fils du président Jiang Zemin. Mais les deux enfants de la nouvelle épouse permettront peut-être au groupe Murdoch de devenir une multinationale chinoise…

Yvonnick Denoël cite également le cas d'un dirigeant d'EADS, « ancien membre des cabinets ministériels et de Matignon », « l'un des plus beaux carnets d'adresses du secteur ». L'homme s'est « choisi une compagne chinoise que la direction de la sécurité du groupe considère comme un problème ». Lors d'une visite à Moscou, c'est la Direction générale de la sécurité extérieure (DGSE) qui alerte l'entreprise : « Les agents sur place ont mis la main sur une abondante documentation technique directement copiée à partir d'un classeur emporté par le dirigeant[1] ! » Le cadre imprudent a perdu son habilitation « secret défense », ce qui est un véritable camouflet dans ces milieux du management. Autre anecdote recueillie par les services français : le concubinage d'un spécialiste du nucléaire âgé de soixante-sept ans avec une jeune femme qui n'a pas la trentaine. Au fonctionnaire des services venu le mettre en garde, il a répondu, bien sûr, que la différence d'âge ne jouait aucun rôle dans le coup de foudre que lui et sa compagne avaient vécu…

UNE CERTAINE IDÉE DE LA COOPÉRATION

Le transfert de technologies est donc une priorité de l'industrie chinoise, et les entreprises françaises

1. *Ibid.*, p. 288.

sont obligées, les unes après les autres, de signer des contrats facilitant l'indépendance technologique des Chinois. Dans la foulée, ce sont les universités françaises et les laboratoires qui se voient à leur tour proposer des accords de transfert de technologies. Or, le problème est que ce type de proposition n'a pas forcément de sens, ni d'intérêt pour la France. Car, à la différence de la coopération dans le monde des affaires, les universités et les laboratoires de recherche sont financés par de l'argent public. Les entreprises qui bâtissent des accords de transfert de technologies le font pour gagner ou conserver des contrats, voire pour entrer dans le capital d'entreprises chinoises qui occuperont demain leur créneau sur le marché de la Chine continentale. Qu'ont à gagner les laboratoires avec ce type d'accords et de transferts, à part de multiplier les risques de pillage et de siphonnage de leurs recherches ? Et encore ces accords mettent-ils en péril non seulement la recherche publique, mais aussi celle qui est dite « industrielle », car la spécificité française veut qu'une part de cette recherche-là soit faite en amont par le secteur public : en France, les deux tiers de la recherche sont en effet financés par l'État.

La prudence devrait être de mise. Or, c'est sans contrepartie que la France a déjà signé deux accords d'importance. Le premier entre les pôles de compétitivité français et les zones de haute technologie chinoises, signé en 2005 par la Direction générale de la compétitivité, de l'industrie et des services (DGCIS) qui permet à des sociétés de transfert de technologies chinoises de s'implanter dans les 71 pôles de technologies français. Fin 2009 a été signé un accord entre le réseau C.U.R.I.E., association qui regroupe plus de cent membres et œuvre à la « valorisation de la recherche publique[1] », et une société shanghaienne d'État créée pour le transfert de technologies. L'accord inquiète les experts en intelligence économique, car il met en jeu un grand nombre de structures liées au ministère de la Recherche, à l'Agence nationale de la Recherche (ANR), au moment où la nouvelle loi sur les universités favorise et encourage l'exploitation par elles-mêmes des brevets développés par leurs équipes, et souvent en coopération avec les grands organismes de recherche (CNRS, INSERM, CEA, INRA...).

Cette inquiétude est bien fondée. La Chine n'utilisait en 2006 que 30 % de brevets locaux domestiques et 70 % de brevets étrangers. Le régime chinois s'est fixé pour objectif d'inverser le plus vite possible – le plan est à quinze ans – cette proportion qui coûte trop cher. Comment parvenir à cet objectif ? Le gouvernement a décidé de distinguer trois types d'innovations : l'innovation créatrice (qui restera marginale en Chine, du moins pendant un certain temps) ; celle qui relève de l'adaptation du *process* à la Chine (on est déjà ici à la limite par rapport à la conception occidentale de la propriété intellectuelle) ; enfin, une catégorie « nouvelle » qui n'existe qu'en Chine : le concept de « réinnovation ». Drôle de concept qui cache à peine le

1. Fondée en 1991, cette association regroupe 103 membres actifs : 75 universités, 20 écoles d'ingénieurs, 8 organismes de recherche, qui sont mis en connexion avec 40 membres associés : cabinets de conseil, industriels, capitaux risqueurs et structures de transfert de technologies diverses...

dessein chinois : traduire et récupérer, moyennant quelques aménagements mineurs, des découvertes effectuées sous d'autres latitudes. Les responsables chinois n'ont aucun scrupule dans ce domaine. Quand on discute avec eux de leurs pratiques en matière de propriété industrielle, ils rétorquent en souriant : « Nous attendons toujours les royalties de nos découvertes de la boussole, du papier ou de la poudre… »

Le scandale du dossier Galileo, passé largement inaperçu en France, donne une idée du comportement des autorités scientifiques chinoises. Pragmatisme ou cynisme ? À chacun de juger…

En septembre 2003, la Chine signait avec l'Union européenne un accord de partenariat par lequel elle se joignait au projet de mise au point de Galileo, service de radionavigation alternatif au GPS américain et au Glonass russe : « Cet accord prévoit des activités de coopération en matière de navigation et de distribution du temps par satellite dans un large éventail de secteurs, notamment la science et la technologie, la fabrication industrielle, le développement des services et des marchés, ainsi que la normalisation, la fréquence et l'homologation. Il prépare également la Chine à assumer un rôle financier important dans le programme, par le biais d'un intéressement à l'entreprise commune Galileo, qui est l'organe établi pour gérer le programme, et les activités menées par l'Agence spatiale européenne[1]. » La

1. Le site officiel de l'Union européenne, dans le « press release » : http://europa.eu/rapid/pressReleasesAction.do?reference=IP/03/1266&format=HTML&aged=1&language=FR&guiLanguage=en

Chine s'engagea alors à investir 200 millions d'euros, le coût prévisionnel était chiffré à 2,5 milliards d'euros par les Européens.

Trois ans plus tard, coup de théâtre : la Chine se retire du projet Galileo. Elle décidait de lancer son propre système, Beidu, qui n'aurait d'usage que dans le domaine militaire. Or, le 10 novembre 2006, l'agence de presse officielle Xinhua annonçait que le système Beidu serait opérationnel dès 2008 et comporterait un volet « ouvert », accessible à la population chinoise et à ceux qui souscriraient au service. En janvier 2010, les responsables européens du programme Galileo comprenaient qu'ils s'étaient bel et bien fait rouler dans la farine : non seulement il y avait eu le désengagement chinois, mais arguant du retard pris par le programme européen la Chine s'apprêtait à préempter la fréquence prévue par l'Union européenne pour Galileo auprès de l'Union internationale des télécommunications[1] ! Ce faisant, Pékin faisait fi des deux satellites européens déjà en activité, Glove A et B, et ignora les protestations écrites de Manuel Barroso, le président de la Commission européenne[2].

D'où la question qui se pose : pourquoi ce brusque changement de stratégie chinoise ? Les scientifiques de

1. Agence des Nations unies qui attribue les fréquences du spectre radioélectrique afin d'éviter les brouillages préjudiciables entre les stations de radiocommunication des différents pays.

2. Celui-ci a en effet écrit au Premier ministre chinois le 10 juillet 2009. Voir le site onlineradio : http://www.onlineradio.fr/author/luxy/

l'Empire du Milieu ont-ils pu accéder aux innovations de Galileo avant de rompre le partenariat et de décider de les exploiter pour leur propre compte ? La Chine s'est-elle, au moins, acquittée des 200 millions d'euros prévus par l'accord initial ? Le scandale pourrait être énorme, on comprend que l'Union européenne suive le dossier, sans que cela s'ébruite...

Le cas Baudoin SA

Baudoin SA est une PME industrielle qui fabrique des moteurs pour la Marine nationale, une entreprise prospère mais en difficulté financière. Baudoin avait un carnet de commandes bien rempli. Pour des raisons budgétaires, la Défense nationale a annulé un gros contrat. Un malheur n'arrivant jamais seul dans le dur monde des affaires, l'actionnaire de référence de Baudoin, Axa, décide lui aussi de laisser tomber la PME. La banque Fortis est sollicitée pour se substituer à Axa. Surgit la crise financière, exit Fortis. Crise de trésorerie. Mais après le retrait d'Axa, à la suite d'un lobbying efficace de certains députés tels Bernard Deflesselles (UMP), l'État revient sur sa décision concernant la commande de 200 moteurs. Sauf qu'entre-temps, Baudoin a déjà déposé le bilan. Les Chinois de Weichai se sont aussitôt mis sur les rangs pour racheter l'entreprise. Weichai est l'un des premiers motoristes mondiaux avec un chiffre d'affaires de 5 milliards d'euros en 2008. Il est coté à la Bourse de Hongkong et l'État chinois possède 14 % de son capital. Aujourd'hui, il fabrique de gros moteurs maritimes et emploie 35 000 personnes, principalement en Chine. L'achat de Baudoin lui permet de compléter sa gamme de moteurs. Le carnet de commande de 200 moteurs est évidemment très attirant pour la société chinoise qui propose 5 millions d'euros, à peu près la part d'Axa. Entre alors en jeu un autre acteur, repreneur potentiel, Bruno Guerre, dirigeant de Masson SA, qui se met sur les rangs pour le rachat de Baudoin. Il fait savoir que les deux entreprises – la sienne et Baudoin – sont les deux dernières PME françaises spécialisées dans la motorisation marine et qu'elles travaillent toutes deux pour la Marine nationale. Il réclame l'intervention du fonds souverain créé par le gouvernement français à l'automne 2008 pour soutenir les PME et sécuriser le capital des entreprises stratégiques. En outre, la législation française accorde le droit à l'État de s'opposer à la cession d'activités industrielles qui peuvent avoir un rapport avec la sécurité du territoire. Malgré le danger évident de transfert de technologies dans un domaine sensible, le 29 janvier 2009, Baudoin SA est vendue au groupe chinois Weichai par le tribunal de commerce de Marseille. La commission chargée par l'État de veiller au maintien de nos savoir-faire industriels a jugé, malgré l'opposition de plusieurs experts militaires, que cette cession pouvait être réalisée.

Les bourses d'étude chinoises

En octobre 2004, le ministre de l'Éducation Zhou Ji annonçait dans la ville de Wuhan, qui compte une célèbre université technologique, que, prenant conscience du déficit de la Chine en matière d'encadrement de la recherche et de l'innovation, l'État financerait plusieurs milliers de bourses de thèse (environ 5 000 par an !). Ces bourses venaient s'additionner à celles déjà prévues pour les étudiants de troisième cycle, post-doctorants, et les enseignants du supérieur, dont 90 % exercent sans avoir soutenu de thèse : seuls 5 400 chercheurs de l'Académie des sciences sur 53 000 agents ont un doctorat. Un organisme ad hoc, le China Scholarship Council (CSC), agence dépendant du ministère de l'Éducation chinois, est chargé de gérer l'attribution de ces bourses d'une durée de trois ans. Rien de bien inquiétant a priori, sauf que ces bourses concernent des études aussi bien en Chine qu'à l'étranger, que les « boursiers » postulant pour un cursus sur l'un des cinq continents sont sélectionnés par le seul CSC, sans droit de regard des institutions qui les accueilleront, et que le CSC a préféré négocier directement, sans passer par la voie officielle du ministère, avec un certain nombre d'établissements scientifiques français[1] qui valident cependant ces programmes.

1. Pour se faire une idée du nombre de programmes du CSC en Europe, et notamment en France : http://en.csc.edu.cn/Chuguo/3282226c7d39474fabbb5324f42deaaa.shtml

C'est ainsi que, dès l'année 2005-2006, le réseau des Instituts nationaux des sciences appliquées (INSA) et des universités technologiques accueillait 24 boursiers chinois, celui des Écoles centrales une vingtaine également, ainsi que le réseau des Écoles des Mines.

Plus préoccupant encore : le CSC développe un autre programme destiné à récompenser des citoyens chinois, pas forcément étudiants, et qui n'ont pas l'obligation de revenir avec un diplôme. Dans ce sens, le CSC a signé un accord avec le Comité national des œuvres universitaires (CNOUS). Les responsables du CSC contactent directement des responsables des laboratoires français en se réclamant de cet accord avec le CNOUS et de l'agrément de l'ambassade de France en Chine pour placer le « stagiaire » chinois, ainsi accueilli sans aucun droit de regard des scientifiques français, y compris dans des laboratoires sensibles qui touchent à la défense nationale, à la recherche nucléaire ou bactériologique[1].

Les aides au retour

La diaspora chinoise est constituée de dizaines de milliers de cadres et d'entrepreneurs de haut niveau. Elle est alimentée chaque année par l'arrivée dans la vie active de milliers de diplômés chinois qui ont fait

1. C'est ainsi que le futur directeur chinois d'un centre de recherche P4 concernant les agents pathogènes de classe 4 de haute dangerosité, a effectué un stage au Centre international de recherche agronomique pour le développement (CIRAD) de Montpellier.

leurs études aux États-Unis ou ailleurs et qui ne sont pas rentrés au pays. Or, la Chine continue de souffrir d'un cruel déficit scientifique et technique, qui perdure depuis la Révolution culturelle, laquelle avait vu le régime expédier des dizaines de milliers d'intellectuels dans les campagnes chinoises pour de longs séjours de travail forcé.

Selon le ministère chinois de l'Éducation, 170 800 étudiants ou chercheurs chinois sont restés à l'étranger entre 1978 et 2003 après la fin de leurs études ou de leurs séjours de recherche, contre 172 800 qui sont rentrés au pays ; 356 600 étudiants dans le monde sont aujourd'hui en plein cursus. Ces experts et scientifiques seraient bien utiles pour accélérer les capacités du pays à innover et à progresser dans les technologies nouvelles. Le directeur du Center of China's Transnational Relations de l'université de Hongkong (HKUST), David Zweig, a comparé[1] la qualité des *returnees*, les scientifiques revenus en Chine, et celle des scientifiques formés au pays. Son diagnostic est clair : les qualités scientifiques et méthodologiques des *returnees* sont significativement supérieures à celles des locaux. D'où la politique d'aide au retour organisée par le gouvernement chinois. C'est ainsi que certains ressortissants tout à fait intégrés dans leur pays d'accueil se voient proposer de recouvrer la propriété de leurs ancêtres avant 1949

1. Dans un article intitulé « Learning to compete : China's strategies to create a reverse braindrain » présenté à la conférence « Competing for Global Talents » à Singapour en janvier 2005.

s'ils disposent encore des titres de propriété familiaux[1].

La Chine a mis au point plusieurs programmes d'aide au retour. Trois organismes, l'Académie des sciences de Chine (CAS), le ministère de l'Éducation (MoE), la Fondation des Sciences naturelles de Chine (NSFC) disposent à cet effet de budgets spécifiques. Ces dispositifs financent les aides au retour partiel et les aides au retour définitif. D'autres programmes, tout aussi importants, concernent la création d'entreprise à caractère technologique et scientifique. Les aides au retour définitif sont principalement adressées aux cadres de la recherche âgés de moins de quarante ans, sollicités pour venir diriger des instituts ou manager des équipes de recherche. Les financements sont parfois très séduisants ; ils peuvent s'élever jusqu'à 100 000 euros pour un retour définitif au pays, certaines subventions vont jusqu'à 200 000 euros pour la création d'un laboratoire de recherche, une participation aux entreprises créées pour la valorisation de la recherche.

Les aides au retour partiel sont très utilisées pour le transfert de technologies : les chercheurs concernés bénéficient d'une prime mensuelle de 750 à 1 500 euros pour des séjours réguliers en Chine.

Certains chercheurs d'origine non chinoise bénéficient aussi de ces programmes. Bien entendu, nul ne saurait reprocher à la Chine de chercher à améliorer

---

1. L'entrepreneur franco-chinois Chenva Thieu nous a confirmé ce point, indiquant qu'il avait été personnellement contacté dans ce sens.

ses capacités scientifiques et technologiques. Mais force est de constater que tous les dispositifs évoqués précédemment sont tous orientés vers un transfert de technologies non monétisé – sauf pour le chercheur participant –, qui vise à faire remonter en Chine des savoirs acquis dans les pays développés. Toute l'ambiguïté de ces programmes réside à la fois dans le statut de la Chine, qui se revendique encore, quand ça l'arrange, des pays en développement, et dans la nature de la coopération scientifique. S'agit-il de favoriser les échanges entre scientifiques pour faire progresser le savoir ou de « siphonner » puis valoriser les découvertes mises au point ailleurs ?

LE *GUOANBU* TISSE SA TOILE

Comme on l'a esquissé précédemment[1], la diaspora chinoise joue un rôle essentiel dans l'expansion internationale du pays. Rien d'étonnant à ce que, là aussi, le *guoanbu* – le KGB chinois – tisse sa toile à Paris.

Le travail d'encadrement de la communauté chinoise est mené par l'ambassade de Chine à Paris. Le numéro trois de l'ambassade a pour mission de contrôler les organisations et associations chinoises françaises. C'est son service, par exemple, qui a encadré les contre-manifestations sur le passage de la flamme olympique à Paris, en mai 2008, ou encore, les manifestations d'étudiants qui ont eu lieu quelques

1. Cf. chapitre 5, p. 131 et suivantes.

semaines plus tôt, le 19 avril 2008, en soutien au régime de Pékin. Celles-ci avaient quelque chose d'irréel : jadis, les étudiants chinois qui manifestaient à Paris le faisaient contre la répression de Tiananmen. Ce jour-là, les milliers de jeunes chinois rassemblés place de la République avaient le même âge que leurs aînés qui, en 1989, faisaient face aux chars, mais eux se réunissaient pour soutenir le PCC et sa politique. De la distribution de t-shirts aux couleurs olympiques et chinoises à la confection des banderoles en passant par les slogans, l'organisation du rassemblement ne souffrait aucune improvisation.

Xiaoli[1], un jeune Chinois de vingt-trois ans que nous avons interrogé, était à la manifestation. Il raconte comment des hommes « qui ressemblaient à des policiers en civil chinois » ont ordonné à ceux qui brandissaient des pancartes trop agressives de les ranger. Signe parmi d'autres qui laissent deviner, derrière l'encadrement de cette manifestation, la patte de l'ambassade de Chine à Paris. Rapportée par *Marianne*[2], une réunion préparatoire a eu lieu à l'ambassade de Chine le lundi 14 avril 2008 autour de conseillers chargés de suivre les étudiants en France.

En deux décennies, l'ambassade est devenue un relai efficace du régime pour contraindre les Chinois de France à soutenir sa politique. Propagande, surveillance ou menace sont les moyens utilisés pour neu-

1. Pour des raisons de sécurité, son nom a été modifié.

2. « Quand l'ambassade prépare une manif... », par Elsa Le Cautec, *Marianne*, 26 avril 2008.

traliser, sur le sol français, toute opposition chinoise. Le *guoanbu* s'intéresse de très près à la diaspora.

Tout commence au lendemain de l'écrasement sanglant de Tiananmen. En France, la diaspora est très remontée contre le PCC. Au début des années 1990, rien qu'à Paris, les manifestations de Chinois rassemblaient, selon le dissident Cai Chongguo qui y a participé[1], jusqu'à plusieurs dizaines de milliers de personnes ! Les hauts dignitaires du régime, en visite officielle à l'étranger ou en France, étaient systématiquement hués par des manifestants chinois. Ulcérés, ceux-ci demandèrent à leurs ambassades de contrer ces opposants.

En France, une nouvelle génération de diplomates est arrivée en poste après la purge post-89. Plus jeunes, ils sont aussi politiquement plus durs que leurs prédécesseurs des années 1980. En pointe, l'ambassadeur de Chine Kong Quan, nouvellement nommé (mars 2008), n'hésite pas à proférer des menaces contre la France en cas de tension. En quinze ans de travail, Pékin a retourné la situation à son avantage.

Wu Baozhang, que nous avons rencontré, a travaillé quatre ans à l'ambassade avant de démissionner, en 1989. Il était journaliste pour l'agence d'État Xinhua depuis vingt-huit ans. « Le PCC est comme une pieuvre, explique-t-il. Dans chaque service, il y a une cellule du Parti. L'ambassadeur lui-même chapeaute l'organisation du Parti dans l'ambassade. Tout le personnel de l'ambassade n'est pas membre du PCC, mais

1. Notamment lors des fêtes du 14-Juillet.

en raison de cette double structure, c'est le Parti qui dirige tout le travail. À l'extérieur, il y a des associations théoriquement indépendantes, comme la chambre de commerce ou l'Union des étudiants chinois. Mais elles sont sous contrôle. » M. Wu nous a raconté comment s'était déroulée une élection du président de l'Union des étudiants chinois, à laquelle il avait assisté à l'ambassade. « Pour être valide, le vote doit être soumis à l'approbation de l'ambassadeur », nous dit-il. De nombreuses associations et structures de la communauté chinoise sont ainsi contrôlées. Il existe aussi toute une presse et des médias à destination des Chinois de France placés sous la coupe de Pékin : ces médias sont libres de faire rayonner la propagande du PC chinois en France.

Côté presse écrite, il est intéressant de noter que même les médias lancés par des Taïwanais sont sous l'influence de Pékin. C'était le cas du journal en mandarin *Nouvelles d'Europe* (*Ouzhou shibao*) avant qu'il ne soit fermé en 2009. Celui-ci était une filiale du groupe taïwanais United Daily New, propriété de Wang Xiaolan, une femme d'affaires pro-Pékin qui espère un jour étendre ses activités sur le continent. Mme Wang possède des intérêts en France : elle y a racheté le groupe Lanvin. Selon M. Wu, le directeur de *Nouvelles d'Europe* était nommé par Pékin.

LES CONTINENTAUX SUCCÈDENT AUX CHINOIS D'OUTRE-MER

« L'ambassade s'est engagée depuis plusieurs années dans une lutte pour contrôler la communauté chinoise », explique Zhang Jian, réfugié politique installé à Paris. Sur les trois balles qu'il a reçues place Tiananmen, en 1989, l'une est restée logée dans sa chair, petite bosse dure au-dessus de l'aine droite. Il travaille dans la restauration depuis plusieurs années mais ne parle toujours pas un mot de français. Pasteur évangélique, il connaît très bien la communauté chinoise de France.

« À l'origine, les Chinois de France sont surtout des *huaqiao*. Ces Chinois d'outre-mer issus de Taïwan, Hongkong ou d'Asie du Sud-Est sont plutôt hostiles au PCC. Aujourd'hui, la communauté chinoise issue du continent, plus docile, est plus nombreuse que ces *huaqiao*. » Selon lui, près de 200 000 sans-papiers et clandestins vivent en France. Parmi eux, beaucoup n'aiment pas le PCC, mais relaient sa politique. « Pas pour des raisons idéologiques, mais plutôt par intérêt, explique Zhang Jian. Les sans-papiers, par exemple, pour lesquels la vie ici est compliquée (ils n'ont pas accès à la couverture maladie universelle, CMU), ont besoin de l'ambassade pour rester en France » : les reconduites à la frontière sont précédées d'une reconnaissance de nationalité par l'ambassade d'origine avant expulsion. « En échange de son silence, de son aide pour une régularisation, l'ambassade détient un moyen de pression sur les sans-papiers. »

À quoi bon ce chantage ? Marc Paul est responsable de l'Association d'assistance scolaire, linguistique et culturelle (ASLC) créée en 1996 pour faire face aux difficultés des populations chinoises à leur arrivée en France. Elle est basée à Paris, au cœur de Belleville. « L'ASLC, explique Marc Paul, n'assiste pas les sans-papiers dans leurs démarches. Sauf dans certains cas exceptionnels », comme lorsqu'il a eu connaissance du cas d'un « sans-papiers exemplaire » qu'il a aidé dans ses démarches administratives. Pour faire renouveler son passeport, ce ressortissant s'adresse à l'ambassade. Quelques semaines plus tard, Marc Paul retrouve son homme là où il s'y attendait le moins : dans le service d'ordre de la manifestation du 19 avril 2008. Il ne trouve pas d'autres explications que l'échange de bons procédés avec l'ambassade, très probable.

Si le chantage fonctionne avec les sans-papiers, les commerçants chinois de France ont eux aussi tout intérêt à caresser Pékin dans le sens du poil. L'essentiel des marchandises dont ils font commerce en France provient de Chine. À la moindre incartade politique, ils seraient asphyxiés sur simple consigne des autorités chinoises : de même que Pékin a assuré la prospérité des frères Tang en leur donnant le monopole de la distribution de la bière Tsingtao, le PCC peut tout aussi bien fermer le robinet de tel ou tel commerce. Les associations de commerçants Wenzhou sont contrôlées par l'ambassade, qui influence l'élection de leurs présidents, ainsi que nous l'ont rapporté plusieurs acteurs de la communauté. Ce sont deux commerçants Wenzhou qui ont fourni le principal soutien financier et logistique à la manifestation du 19 avril. Ils ne l'auraient jamais fait sans le feu vert de l'ambassade.

Les commerçants issus des premières vagues de *huaqiao* sont aussi sous influence. En 1998, Wu Jianmin, ambassadeur de Chine en France, avait donné une conférence de presse avec les dirigeants de Tang Frères et de Paris Store. Wu Baozhang était présent ce jour-là. Il nous a raconté comment l'ambassadeur avait pressé publiquement les deux patrons à se réconcilier avant le défilé de la fête de printemps, pour constituer un « front uni » dans un contexte tendu avec Taïwan.

Pour Pékin, il est indispensable de maintenir sous influence Wenzhou et *huaqiao,* et de se les concilier. Tang Frères, par exemple, a investi dans plusieurs usines au pays.

Lors d'un scandale sanitaire qui a touché les restaurants chinois en France en 2004, l'ambassade a réuni les principaux restaurateurs de la communauté et leur a ordonné de ne plus accorder d'interviews aux médias français afin qu'ils ne ternissent pas l'image du pays. Il est intéressant que dans de telles circonstances l'ambassade s'adresse à des citoyens français d'origine chinoise comme si elle avait affaire à ses ressortissants. Selon Roger Faligot[1], 10 % des 4 000 patrons de restaurants chinois servent de paravent à des activités du *guoanbu* et de la mafia chinoise.

Pour l'ambassade, le contrôle des étudiants ou des jeunes actifs chinois qui arrivent en France n'est pas moins important. Il s'agit de les empêcher de se

1. *Les Services secrets chinois, op. cit.*

structurer en opposition à la dictature, voire de les contraindre à manifester un soutien actif. C'est ainsi qu'un site indépendant comme www.revefrance.com, très populaire parmi les jeunes Chinois en France, passe par les ciseaux de la censure. De façon plus discrète qu'en Chine même. Sont « nettoyées » les discussions sur Tiananmen, par exemple. Ou encore cet appel à manifester lancé après le meurtre d'un étudiant, Yan Ming, poignardé le 16 mars 2008 lors d'une altercation avec de jeunes Maghrébins. Des étudiants chinois, vivement émus, avaient aussitôt lancé sur un forum du site un appel à manifester contre la violence et le racisme. Mais le président de l'Union des étudiants s'y était opposé fermement, au nom de la « stabilité » à l'approche des Jeux olympiques. Comme par hasard, les centaines de billets de soutien à la manifestation avaient aussitôt été retirés de revefrance. Moins d'un mois plus tard, revefrance était le fer de lance des organisateurs de la manifestation en soutien à Pékin. Pour M. Chen, un important responsable associatif de la communauté chinoise, « l'ambassade supprime tout ce qui ne va pas dans la logique politique du régime. Les étudiants peuvent être volés, frappés, tués, ce n'est pas très important. Qu'ils restent calmes, ne fabriquent pas de problème, en revanche, est essentiel. »

M. Gao, un dissident qui a trouvé refuge en France après Tiananmen, cite le cas de quatre étudiants chinois qu'il connaît et qui ont été approchés en France par des agents du *guoanbu*. « Ces quatre-là ont refusé d'être recrutés pour surveiller les autres étudiants. Mais beaucoup d'autres ont peur, et acceptent. Le climat de peur qui est distillé auprès des Chinois résidant en France est le meilleur instrument de dissuasion et de contrôle politique. » Gao donne l'exemple d'un étudiant chinois qui lui a demandé de retirer tous les billets postés sur son blog, par crainte de représailles. Un autre ancien de 1989, Wang Longmeng, qui poursuit sa carrière d'acteur en France, cite aussi le cas d'une étudiante qui lui a fait part du fait qu'elle avait refusé les avances du *guoanbu*. Ceux qui acceptent de devenir les antennes discrètes du KGB chinois sur le sol français peuvent rapporter à leur hiérarchie de nombreuses informations : par exemple, les fréquentations de tel étudiant, ou sa présence à une conférence politique, mais aussi des informations d'ordre économique ou scientifique. Stéphane Corcuff nous a rapporté que, dans certains cours qu'il dispense sur la Chine et Taïwan à l'Institut d'études politiques de Lyon et à Langues' O, il lui arrive régulièrement de voir des « étudiants » chinois non inscrits (ce sont des cours magistraux, et non des TD, donc les présences ne sont pas contrôlées) qu'il n'a jamais vus. Lorsqu'il remarque leur présence, il laisse passer un peu de temps, puis leur pose une question en public, comme il le fait pour d'autres étudiants, et ne reçoit pour réponse qu'un silence gêné ; ces auditeurs peuvent être de l'âge habituel des étudiants, et ont peut-être ce statut d'ailleurs ; ils sont parfois, cependant, plus âgés et restent souvent à l'écart dans les salles ou les amphis. Ils ne reviennent pas.

Selon M. Wu, les agents du *guoanbu* ont souvent une couverture de journaliste officiel, à l'agence

Xinhua par exemple. Ce qu'affirme aussi Roger Faligot[1].

Une fois collectés, les renseignements les plus sensibles peuvent être envoyés en Chine. Tous les Chinois connaissent le *dang'an*, ces « grandes archives » qui fichent la totalité des 1,3 milliard d'habitants du pays. Chaque dossier est constitué pendant la scolarité de l'intéressé, et le suit toute sa vie, sans qu'il y ait jamais accès. Y sont consignés ses résultats scolaires, sa carrière professionnelle, mais aussi sa religion ou ses opinions politiques. « Une ligne dans le *dang'an*, et ta vie entière est foutue », disait autrefois la rumeur. Pour certains, ce gigantesque fichier aurait moins d'importance que jadis. Nombre d'entreprises chinoises embauchent les diplômés pour leurs compétences et se fichent de leur profil politique. Mais pour ceux qui veulent faire carrière dans l'administration, le Parti ou l'armée, un mauvais *dang'an* est très gênant. Et pour les affaires, les bonnes relations avec le Parti sont indispensables. Or, la majorité des étudiants chinois qui viennent étudier en France sont issus des classes qui se sont enrichies au cours des dernières années et sont proches du pouvoir : fils et filles de diplomates, de fonctionnaires, de responsables du Parti, de commerçants[2]. Et tous connaissent l'existence du *dang'an*. Pour Xiaopan, étudiante à Kunming, l'érosion des

1. *Ibid.*

2. Les princes, c'est-à-dire les enfants des dignitaires du PCC, font leurs études aux États-Unis ou, au pire, en Grande-Bretagne ou en Australie.

grands groupes sociaux encadrés par le régime donne une utilité accrue au *dang'an* pour surveiller la trajectoire des individus.

La France n'est pas un cas isolé. Lorsque Chen Yonglin, ancien premier secrétaire du PC à l'ambassade de Chine en Australie a demandé l'asile politique à Canberra, celui-ci a rapporté que sa mission consistait à surveiller les Chinois à l'étranger qui étaient liés à Falungong, mais aussi les étudiants, les réfugiés politiques, les anciens de Tiananmen… Il déclara aussi que près de mille personnes avaient été utilisées comme informateurs parmi les étudiants et les Chinois d'outre-mer, notamment les responsables d'associations issus du Fujian ou de Wenzhou.

Censure d'Internet, contrôle des médias et des réseaux économiques, propagande, surveillance et menace sur la diaspora : en toute discrétion, Pékin tente de reproduire la chape de plomb que la dictature exerce sur la société chinoise. Cela se passe aujourd'hui, en France et dans le monde[1].

1. Contactée pour avoir son point de vue sur les questions soulevées dans cette enquête, l'ambassade de Chine nous a répondu qu'elle n'avait pas d'informations à nous transmettre. Notre interlocuteur a qualifié de « traître à son pays » M. Wu Baozhang, qui a travaillé vingt-huit ans pour l'agence d'État Xinhua, dont cinq en France. Après la répression de Tiananmen, M. Wu a rejoint RFI, où il a dirigé le service en mandarin treize ans durant. Pour M. Wu, « ces treize années furent les meilleures de ma vie professionnelle, car je n'étais plus surveillé par un commissaire politique en permanence derrière mon épaule ».

10

Google : la Chine attaque

Au moment où nous finissions la rédaction de ce livre, on apprenait le retrait de Google de Chine en avril 2010. Le leader américain du Web se retire du premier marché mondial puisque, selon les chiffres officiels, le nombre d'internautes chinois aurait atteint 384 millions à la fin de l'année 2009. Fallait-il voir dans l'explosion du nombre d'internautes un relâchement du contrôle qu'exerce le PCC sur les médias et les moyens de communication ? Un signe d'ouverture du régime ? La première étape d'une marche inéluctable vers la liberté ? Selon certains observateurs, quelque peu optimistes, la Toile, nouvelle forme d'agora démocratique, serait un point d'appui pour le développement d'un mouvement démocratique en Chine. Il suffit de se rendre dans l'un des multiples cafés Internet géants que l'on trouve dans le pays pour constater que les internautes chinois ne se précipitent pas sur leurs claviers pour *chat*er du destin de Hu Jia ou de

Liu Xiaobo. Ils n'ont jamais entendu parler ni de l'activiste des droits civiques ni du dissident, tous deux emprisonnés, dont la notoriété à l'étranger est, hélas, inversement proportionnelle à ce qu'elle est dans leur pays. Ils préfèrent largement regarder des films en *streaming* ou jouer en ligne à *World of Warcraft*. Internet, nouvel opium du peuple chinois ? Il est compréhensible que les hiérarques de Pékin ne s'émeuvent pas de l'engouement populaire pour la Toile. Ils font même preuve d'espièglerie en allant y « clavarder » avec les internautes, comme l'ont fait récemment Hu Jintao ou Wen Jiabao, qui semblent peu inquiets de l'« activisme » sur le Web. Et pour cause : « La Chine régule Internet de façon légale, afin de construire un réseau informatique plus sûr, plus utile et qui profite au développement économique et social[1] », proclame l'agence officielle Xinhua. Traduction : la Chine a bâti autour de son Internet une « grande muraille » dotée d'une police spécifique dont les effectifs s'élèvent à 30 000 agents. Sont bloqués les sites relatifs aux mouvements Falungong, aux dissidents tibétains et ouïghours, aux militants des droits de l'homme, ainsi que des réseaux sociaux, comme Facebook ou Twitter. Les forums de discussion sont nettoyés de toute prose déviante. Même si certaines barrières sont contournables grâce à l'utilisation d'un proxy, la « grande muraille » reste très efficace. Et si cela n'est pas suffisant, il est toujours possible de bloquer tout accès à

1. « La Chine qualifie sa régulation d'Internet de légale et raisonnable », Xinhua, 25 janvier 2010.

Internet. C'est ainsi qu'entre le 5 juillet 2009 et le mois de mars 2010, la Toile a été réduite au silence, « débranchée », dans toute la province du Xinjiang, comme on éteint la lumière en sortant d'une pièce, comme nous avons pu le constater sur place. Huit mois durant, ses habitants ont été privés de Web. Enfin, le 2 avril 2010, les animateurs du site Internet du Club des correspondants de la presse étrangère (FCCC) ont annoncé une cyberattaque qui a saturé le système en l'inondant de fausses requêtes. Le site a été ralenti de façon à le rendre impraticable. Le FCCC a été fermé à la suite de cette agression numérique.

Loin de se cantonner à la censure, Pékin est aussi en mesure de faire d'Internet un relais de sa propagande, en orientant les discussions sur les forums Internet. Enfin, sans franchir physiquement les frontières, Internet est aussi un instrument de guerre, le moyen d'attaquer l'ennemi sans avoir à se dévoiler. La Chine s'est même spécialisée dans ce type d'opérations militaires, comme Google, d'autres firmes et des administrations d'État américaines l'ont appris à leurs dépens. La Chine a élaboré en 1999 une doctrine de conflit cybernétique qui s'appuie sur deux structures[1] : la première est étatique, il s'agit des 2e et 3e bureaux de l'Armée populaire de Libération (APL) chargés du renseignement militaire. La seconde est semi-privée : le gouvernement fait appel à des hackers chinois. Les buts poursuivis par les cyber-attaquants lors de ces

1. Pascal Gauchon et Jean-Marc Huissoud, *Les 100 mots de la géopolitique*, PUF, coll. « Que sais-je ? », 2010.

« *blitzkrieg* de l'ère d'Internet » sont nombreux, ils vont de l'espionnage industriel ou militaire à la désinformation en passant par la destruction de défenses informatiques ou le vol de documents et d'informations archivés dans les serveurs de l'adversaire.

L'attaque lancée contre Google en 2009 n'est donc pas la première de ce type ni la plus importante. En 2003, les États-Unis ont été la cible d'attaques de grande ampleur que le Département d'État avait baptisées *Titan Rain*. Ces opérations concertées avaient visé de grandes firmes américaines comme Lockheed Martin ou Sandia, mais aussi des organismes fédéraux comme le Département de la Défense et celui de l'Énergie et la NASA. Les attaquants ne se sont jamais dévoilés, même s'il est avéré que le point de départ des attaques était la province de Canton.

Dans le cas de l'affaire Google, l'offensive serait partie de l'université de Jiaotong, à Shanghai. Tout a commencé lorsque la firme américaine a révélé en décembre 2009 que ses serveurs aux États-Unis avaient été l'objet d'attaques d'une ampleur inédite. Les hackers chinois auraient en effet réussi à briser les défenses des ordinateurs de l'entreprise pour fracturer les boîtes de messagerie électronique de dissidents chinois et pour dérober le code source du moteur de recherche. Pour accéder au marché chinois, la firme américaine n'avait pourtant pas hésité, comme Yahoo !, à se plier aux exigences de Pékin en pratiquant l'autocensure. Sur le moteur en mandarin de la firme américaine, les recherches sur les événements de Tiananmen ou sur le Tibet étaient en effet irrémédiablement censurés. Malgré cela, Google n'a pas réussi à pénétrer le marché chinois à la même hauteur que dans le reste du monde. Son moteur de recherche ne recueille que 30 % des parts de marché, deux fois moins que Baidu, son concurrent local. Constatant que ses efforts ne lui épargnaient pas les attaques des hackers chinois, la société américaine a choisi de se replier sur Hongkong, après avoir tenté de négocier avec les autorités chinoises, inflexibles sur la question de la censure.

Comment interpréter le retrait de Google de Chine ? L'épisode sonne d'abord le glas de l'idée d'un Web irrésistible qui sauterait à saute-mouton par dessus les frontières. La Chine n'est pas, loin s'en faut, le seul pays à contrôler Internet. La situation de quasimonopole dans laquelle on a laissé s'installer Google donne un excellent alibi aux régimes totalitaires pour imposer des moteurs de recherche « nationaux ». La bataille entre liberté et totalitarisme est ainsi transformée en une lutte opposant deux monopoles, l'un public, (Baidu), l'autre privé (Google).

L'intransigeance des autorités chinoises montre à quel point le contrôle social des citoyens chinois et la privation de leurs libertés sont vitaux pour le régime.

Enfin, l'épisode Google est un signe adressé aux managers occidentaux : le marché chinois s'était montré très hospitalier lorsque le pays avait besoin de capitaux, dans les années 1980 et 1990. Aujourd'hui que la Chine se sent plus forte, les relations avec les investisseurs deviennent plus compliquées, comme le montrent d'autres conflits survenus durant la même période, qu'il s'agisse de la rupture entre Danone et Wahaha ou du procès du groupe australien Rio Tinto. Dans cette dernière affaire, les dirigeants de l'entreprise disent négocier des accords de partenariat en Mongolie et en Guinée au moment où, à Shanghai, quatre de leurs responsables se faisaient condamner à des peines de sept à quatorze ans de prison pour « corruption » et « vol de secrets commerciaux » au profit de groupes chinois. L'affaire a d'autant plus inquiété ceux qui font du business en Chine que les représentants des autorités consulaires australiennes n'ont pas été autoriés à suivre le procès, contrairement à ce que prévoit la loi chinoise.

Jonathan Watts, éditorialiste du *Guardian*, analyse l'affaire Google avec lucidité. L'épisode doit avant tout se lire sur un plan économique et industriel : « Les espoirs de voir l'Internet changer la Chine se sont transformés en peurs de voir la Chine changer l'Internet[1]. » En fait, le vol des codes sources de Google était dramatique pour l'entreprise américaine : quelle serait la valeur des annonces publiées par Google si ce dernier en perdait le contrôle ? Les annonceurs n'auraient plus confiance, et le prix des annonces chuterait. On oublie d'ailleurs trop souvent que tout ce qui nuit à Google profite… à son concurrent chinois Baidu. Enfin Google est loin d'être un cas isolé : d'autres sociétés occidentales ont été attaquées sur un plan informatique. Selon James Mulvenon, spécialiste des relations militaires sino-américaines, ces attaques « visaient le

1. « How internet giant Google turned on gatekeepers of China's Great Firewall », Jonathan Watts, *The Guardian*, 14 janvier 2010.

cœur des industries innovatrices américaines. C'est une campagne pour transférer systématiquement la propriété intellectuelle de l'Occident à la Chine. L'objectif est que des sociétés chinoises remplacent les sociétés étrangères en Chine même, avant de les défier à l'extérieur du pays[1] ».

Après avoir délocalisé leurs usines et leurs centres de recherche, après avoir proclamé *urbi et orbi* que la croissance chinoise était notre planche de salut pour sortir de la crise, les élites occidentales constatent avec amertume que les dirigeants chinois sont moins dogmatiques qu'eux en matière de libéralisme. Sur place, les représentants des filiales de groupes américains et européens subissent la nouvelle règle du *business in China* : pour accéder aux appels d'offres, les entreprises occidentales doivent passer sous les fourches caudines d'un processus de certification léonin, le « CCC » pour China Compulsory Certificate : ainsi la commission examinant la demande de soumission d'une entreprise européenne comprend des concurrents de son secteur d'activité[2] ! C'est comme si, dans les années 1960, on avait proposé aux responsables de Renault ou Peugeot de donner leur aval à l'arrivée de Toyota et Honda !

---

1. Cité par Peter Hartcher, « Cyber attacks take aim at the heart of the American empire », *Sydney Morning Herald*, 2 février 2010.

2. Voir l'article d'Arnaud de la Grange dans *le Figaro* du 22 mars 2010 : « Censure, marchés biaisés : le climat des affaires se tend en Chine » ; voir aussi le dossier de *La Tribune,* 28 mars 2010 : « La Chine qui triche ».

Cocus et pas contents, les apparatchiks de la mondialisation protestent. Ils dénoncent « le protectionnisme déguisé » des autorités chinoises. Déguisé ? Assez peu, en fait. Président du HEC Eurasia Institute, Jacques Gravereau déplore que « nos entreprises ont sans doute mangé leur pain blanc sur le marché chinois » et que, « après avoir longtemps engrangé capitaux et technologies venus de l'extérieur, la Chine entreprend maintenant de protéger ses champions nationaux, quitte à s'asseoir sur les principes d'une OMC dont elle a pourtant quémandé l'admission pendant quatorze ans ».

L'économie chinoise est donc en train de se refermer. Il reste à savoir combien de temps nos dirigeants vont mettre à en tirer toutes les conséquences.

11

Le baiser du Vampire

Que veulent les dirigeants de la Chine ? Faute d'une réponse claire à cette question, les diplomaties américaine et européenne adoptent des comportements erratiques. Lundi, la puissance économique chinoise imposerait de s'agenouiller devant elle pour ne pas perdre l'accès à « son immense marché », ou pour ne pas mettre en difficulté « nos entreprises installées là-bas ». Mardi, il conviendrait de protester contre le yuan faible qui plombe nos exportations et freine la consommation intérieure en Chine. Mercredi, la Chine redevient un pays totalitaire et il importe alors d'embrasser le dalaï lama, l'ennemi numéro un du Parti communiste chinois. Ainsi de suite.

L'histoire diplomatique récente alterne coups de menton impuissants et humiliations consenties. Lors d'un séminaire de la Fondation Res Publica, en février 2010, Jean-Paul Tchang, homme d'affaires franco-chinois, mettait en garde les hauts fonctionnaires et les diplomates français réunis ce soir-là[1] : « Ne croyez pas, disait-il en substance, que les dirigeants chinois ont une vision claire de leurs objectifs. La crise les a déstabilisés. Ils ont perdu leur professeur d'économie, Henri Paulson[2], dont ils n'imaginaient pas qu'il puisse se tromper à ce point. Ils sont ouverts et cherchent encore leur stratégie. »

Jean-Paul Tchang a raison et tort à la fois. Le désarroi des dirigeants chinois devant une crise économique mondiale qu'ils n'avaient guère anticipée – en tout cas encore moins que les Occidentaux – est réel. Mais l'hésitation ponctuelle à laquelle il les conduit ne doit pas nous tromper. Les dirigeants chinois ont une vision très claire de leurs objectifs et des moyens dont ils entendent se doter pour y parvenir.

Il suffit d'écouter. La Chine est désormais omniprésente dans le paysage politique mondial. Elle parle aussi haut et fort qu'elle a été longtemps discrète. Elle est devenue bavarde, mais nous avons souvent du mal à comprendre ce qu'elle veut, et encore moins ce qu'elle est. Trop loin de nous, trop grande, trop opaque, trop déroutante, éloignée de nos schémas mentaux, disent certains, la Chine découragerait l'entendement occidental.

Pourtant, le nouveau discours chinois existe bel et bien. Il a d'abord tourné autour du concept

1. Le 22 février 2010 à la Maison de l'Amérique latine à Paris.

2. Ancien patron de Goldman Sachs, nommé secrétaire au Trésor par le président George W. Bush. On lui doit le plan éponyme adopté par les États-Unis contre la crise financière internationale en septembre 2008.

d'« émergence pacifique » ou d'« ascension pacifique ». Mark Leonard, un ex-conseiller de Tony Blair, auteur d'un ouvrage stimulant sur la diplomatie chinoise[1], a restitué les difficultés d'accouchement de ce concept. La formule « ascension pacifique » aurait en effet été critiquée à la fois par les communistes conservateurs, lesquels craignaient qu'elle ne laisse croire aux dirigeants taïwanais qu'ils pourraient imposer sans conflit l'indépendance de leur île, et par les « libéraux », partisans de l'intégration complète de la Chine dans la mondialisation, pour lesquels le terme d'émergence est encore trop agressif. D'où son évolution dans un sens encore plus « souriant ».

Le président Hu Jintao utilisait en avril 2004 l'expression « développement pacifique », mais elle fleurait sans doute trop son khrouchtchévisme bon teint[2]. Jacques de La Maisonneuve, général à la retraite, raconte que, lors d'une séance de travail à l'École du Parti qui forme les cadres dirigeants et où sont désormais invités quelques experts occidentaux triés sur le volet, il avait lui-même fait remarquer que le concept d'émergence, qui évoque la figure du dragon, est encore trop agressive pour les partenaires de la Chine. Et ce n'est pas sans déplaisir qu'il a vu depuis

1. *Que pense la Chine ?*, Plon, 2008.

2. On se souvient qu'à la mort de Staline, en 1953, son successeur Nikita Khrouchtchev avait développé le concept de coexistence pacifique, la compétition entre les deux géants américain et soviétique se déplaçant sur le terrain du progrès économique et social afin de séduire les classes moyennes des deux pays et, au-delà, celles du monde développé.

les dirigeants de Pékin lui substituer l'idée d'« harmonie internationale », strict pendant de celui de « société harmonieuse » utilisé pour la politique intérieure. Selon Maisonneuve, cette « heureuse évolution » a peut-être été suggérée par le philosophe François Jullien[1]. *So cool China* ?

La Guerre hors limites, un bestseller parlant

Revenons au réel : la formule clé de la diplomatie publique[2] chinoise doit être comprise dans sa dimension orwellienne. Autrement dit, la Chine veut certainement émerger, devenir une grande puissance. En revanche, le faire de façon pacifique n'est pas le problème des dirigeants chinois. Simplement, les chefs du PCC ont compris que les guerres d'aujourd'hui ne sont plus militaires mais économiques.

Le concept de guerre asymétrique est devenu à la mode dans les sphères dirigeantes chinoises voici quelques années. Les dirigeants chinois trouvent là un terrain auquel appliquer la théorie d'un Sun Tzu qui considérait la guerre comme une erreur de stratégie.

Le vrai pouvoir est de parvenir à ses fins sans tirer un seul coup de feu. D'où l'idée de « croître dans l'obscurité », apparue dans *La Guerre hors limites*, un ouvrage écrit en 1999 par deux colonels de l'Armée

1. Entretien avec l'auteur du 29 juin 2009.
2. Cf. définition p. 9 (Avertissement).

populaire de Libération[1], Qiao Liang et Wang Xiang sui[2]. Ignoré à sa sortie, l'ouvrage fut un best-seller en Chine après les attentats du 11-Septembre.

Les deux auteurs y annonçaient d'abord que l'obsession de l'armement lourd était une erreur majeure de l'Amérique qui ne lui éviterait ni l'avènement d'un « superterrorisme » ni des attentats très meurtriers. Pour les deux dignitaires de l'armée chinoise, la stratégie militaire de l'Empire du Milieu doit intégrer la guerre économique : « Les soldats n'ont pas le monopole de la guerre. » Si le milliardaire Soros a pu déclencher des crises, la Chine peut provoquer de véritables cataclysmes avec ses 1 000 milliards de dollars de réserves de change[3]. Qiao et Wang, que cite Paul André[4], écrivent que « ce n'est que lorsqu'une chose ne pouvait être obtenue par les moyens courants, sans la moindre hésitation, qu'ils [nos ancêtres] recouraient à des moyens extraordinaires. C'est sur cette base que Clausevitz a pu écrire cette phrase célèbre qui a servi d'acte de foi à plusieurs générations de soldats et de politiciens : la guerre est la continuation de la politique par d'autres moyens. Depuis la fin de la guerre froide, il est plus difficile de dire pourquoi on se bat. Les alliances sont mouvantes, “toute amitié est mouvante,

1. Cet ouvrage est notamment cité par Mark Leonard dans *Que pense la Chine ?* (*op. cit.*), et par Paul André dans sa thèse (*op. cit.*)

2. *La Guerre hors limites*, Payot, Rivages, 2003.

3. A fortiori, doivent-ils penser, avec les quelque 2 400 milliards dont elle dispose à l'orée des années 2010.

4. *La Notion d'État dans la pensée chinoise*, *op. cit.*

seul l'intérêt personnel est constant". Or, le kaléidoscope de la guerre est mû par l'intérêt personnel et il offre à l'observateur des images qui changent constamment. [...] Des changements sont intervenus dans les notions de guerre et d'armes. La problématique de résolution du conflit consistant à recourir au massacre incontrôlé pour contraindre l'ennemi à une reddition inconditionnelle n'est plus qu'une relique d'une époque dépassée. La guerre a pris congé du temps des boucheries de type Verdun. »

D'où la conclusion de Paul André que nous reprenons volontiers à notre compte : « Les Chinois font de l'économie la continuation de la politique par d'autres moyens[1]. » Et la pierre angulaire de leur stratégie, à l'intérieur du pays comme en dehors de ses frontières.

DIPLOMATIE DU SOURIRE OU DU CYNISME ?

Les exportations ne sont plus le seul vecteur d'intégration de la Chine dans la mondialisation. La poursuite de la croissance implique d'augmenter et de garantir l'approvisionnement du pays en énergies et en matières premières ; et même l'acquisition de terres agricoles en remplacement de la diminution drastique des terres arables à laquelle conduit la croissance chinoise. Pour parvenir à cet objectif, la diplomatie chinoise se moque de heurter la conscience occidentale et les droits de l'homme. Ce n'est pas un hasard si, en

1. *Ibid.*, p. 447.

Afrique par exemple, la Chine a conclu ses premiers accords d'approvisionnements avec des dictatures rejetées par les puissances occidentales comme le Soudan ou l'Angola. En fait, le concept bushiste d'État voyou a rendu un fier service à la Chine. Les dirigeants de ces pays mis au ban de la communauté internationale et inquiets de leur isolement ont accueilli avec bienveillance les offres commerciales et diplomatiques de Pékin. Un accueil d'autant plus chaleureux que lesdites offres ne sont assorties d'aucune restriction ou condition, à l'exception d'une seule, celle, facile à satisfaire, de soutenir la Chine contre Taïwan dans les instances internationales.

Restituant la logique du « vrai » néolibéralisme, qui exclut toute prise en compte de considérations morales dans les affaires, la diplomatie chinoise prône une relation « adulte » : *business as usual*, *business above all...* Il s'agit de bâtir des accords « *win-win* » dans lesquels les intérêts des deux pays sont préservés et renforcés. La diplomatie du sourire est d'abord celle du cynisme, qui surfe sur les échecs prévisibles (et prévus) de la politique des droits de l'homme et de l'ingérence humanitaire.

La rupture avec la logique « occidentale » est totale. Non seulement parce que le gouvernement chinois se refuse à toute ingérence (ce qui lui permet de refuser toute critique sur sa politique intérieure, y compris au Tibet ou au Xinjiang vis-à-vis des Ouïghours), mais aussi parce que, à la différence de l'Amérique ou de l'Europe, ses ressources en capitaux paraissent illimitées et sa capacité de décision ultrarapide. La monnaie et les fonds de pension qui aident de plus en plus les multinationales chinoises à conquérir les marchés occidentaux dans des secteurs à forte valeur ajoutée sont les deux autres adjuvants de la percée économique chinoise. En matière monétaire comme dans le domaine des droits de l'homme, les dirigeants chinois refusent de prendre en compte leur responsabilité dans l'évolution du monde.

QUE DIT LA CHINE AU MONDE ?

Voici donc les quatre ou cinq choses que nous savons de la Chine. Un, l'économie chinoise n'est pas une économie de marché : selon les estimations, le poids de l'État dans le PIB chinois varie de 70 à 85 %, un ratio que l'on ne retrouve dans aucun pays capitaliste. Deux, les dirigeants chinois ont cependant rompu depuis le début des années 1990 avec l'idéologie communiste ; les moyens de l'objectif final – le socialisme – sont devenus la véritable fin, c'est-à-dire rester au pouvoir est le dessein qui rassemble la bureaucratie chinoise. Pour tenir les rênes du pays, les chefs du PCC considèrent qu'ils doivent proposer au peuple un « contrat social » fondé sur une croissance forte lui permettant d'accéder (ou de rêver d'accéder) à la « petite prospérité ». Trois, pour parvenir à cet objectif, la Chine doit utiliser tous les leviers dont elle peut disposer : le faible coût de la main-d'œuvre, la faiblesse de la monnaie chinoise pour faciliter ses exportations, sa puissance financière pour alimenter l'industrie chinoise en ressources énergétiques et matières premières, monter en gamme et opérer à son avantage des transferts de technologies qui permettront sous peu à ses jeunes multinationales de concurrencer les géants américains, européens et japonais.

Quatre, la diplomatie publique chinoise propose aux pays émergents et aux milieux d'affaires du monde entier un modèle d'hégémonie alternatif à celui des États-Unis, qui s'appuie sur la souveraineté nationale – fondée ou non sur le suffrage universel –, la paix et le commerce.

Ces quatre constats se lisent très facilement dans les déclarations et les actes de la diplomatie chinoise. Comment les puissances occidentales, et notamment nous-mêmes, Européens et Français, y répondons-nous ?

Jusqu'à présent, le dumping social de la Chine a laissé nos dirigeants si ce n'est indifférents, du moins très prudents. La théorie néolibérale leur offre, il est vrai, de multiples arguments en faveur du laisser-faire. Rappelons brièvement ce mantra libéral qui nous a été ressassé des années durant : les écarts de salaires entre Chinois et Européens (ou Américains) vont se réduire ; les Chinois ont bien le droit de sortir de la misère (version « de gauche » du libéralisme) ; laissons la Chine (et les autres pays émergents) devenir l'atelier du monde, et gardons pour nous les produits à haute valeur ajoutée ; la consommation des produits *made in China* redonne du pouvoir d'achat aux Occidentaux : qu'importe si leurs salaires baissent s'ils leur permettent d'acheter infiniment plus de choses ; ce sont les grands groupes mondiaux qui profitent de la croissance chinoise (et demain de l'immense marché chinois), donc leurs actionnaires américains et européens...

Tous ces arguments ont été démentis par la réalité économique : les écarts de salaires entre Chinois et Européens ne se sont pas réduits ; les inégalités ne cessent de progresser en Chine depuis le tournant de Tiananmen ; loin de se cantonner dans le bon marché, la Chine fabrique aujourd'hui des produits et des services de plus en plus sophistiqués – on a vu que cette montée en gamme constituait l'un de ses objectifs stratégiques auquel elle consacre des moyens importants ; les ouvriers, les employés et les classes moyennes voient leurs revenus baisser dans le monde entier. Payer 3 euros son jean chez Carrefour ne dispense pas d'entretenir ses enfants au-delà de trente ans s'ils sont au chômage ou rémunérés comme des stagiaires[1] ; enfin, l'intérêt des grands groupes mondiaux européens et américains se distingue de plus en plus de l'intérêt général des pays dont ils sont issus.

Approfondissons ce dernier constat qui peut, davantage que les précédents, être contesté. Il fut un temps où « ce qui était bon pour General Motors était bon pour l'Amérique ». Plus personne n'oserait prétendre cela concernant celle qui est devenue la première entreprise américaine, Wal-Mart (405 milliards d'euros de chiffre d'affaires en 2009 pour

1. Aucune exagération : 72 % des jeunes adultes entre dix-huit et trente-neuf ans restent *habiter* chez leurs parents en Italie, et nous nous approchons à grands pas de ce « modèle » en France.

1,9 million de salariés). Mondialisés, les groupes ont depuis longtemps minimisé leur charge fiscale, quand leur siège social est encore situé dans leur pays d'origine. Ainsi les entreprises de notre CAC 40 n'acquittent-elles qu'environ 10 % d'impôts en moyenne[1] quand les PME sont, elles, taxées à 40 % ! Dans ces conditions, ces sociétés peuvent bien dégager des budgets de communication et de mécénat destinés à améliorer l'image de leurs marques. En février 2010, on apprenait par un document de travail publié par la Direction générale du Trésor et de la politique économique (DGTPE) que la Chine était responsable de la destruction de deux emplois industriels sur cinq en France, soit 700 000 emplois en trente ans[2]. Ajoutons que la Chine joue évidemment un rôle dans les trois autres emplois perdus puisqu'elle est devenue le point de référence de l'industrie mondiale, qu'elle suscite des « imitations » tout aussi efficaces dans de nombreux pays émergents : le salaire chinois risque d'empêcher le salaire brésilien, turc ou polonais de monter.

Certains économistes affirment que les investissements des grands groupes en Chine bénéficient aux économies

1. Voir *Marianne*, 17 septembre 2005 : « Oui, Total a les moyens de baisser le prix de l'essence », par Emmanuel Lévy.

2. Cf. le rapport du Conseil des prélèvements obligatoires : *Les Prélèvements obligatoires des entreprises dans une économie globalisée*, octobre 2009. Voir aussi l'article d'Emmanuel Lévy dans Marianne2.fr : http://www.marianne2.fr/63-des-destructions-d-emploi-dans-l-industrie-francaise-dues-a-la-mondialisation!_a189534.html

des pays dont ils sont issus. Ce n'est plus vrai, car ils se substituent à des investissements non réalisés sur place. Quant aux profits, ils sont réinvestis ailleurs. Seuls les managers en gardent pour eux une part de plus en plus substantielle, tandis que les petits actionnaires ou les retraités en ramassent quelques miettes.

La Chine impose le silence sur le yuan

Comment les Américains et les Européens ont-il réagi au dumping monétaire chinois, dont on a pu mesurer l'importance[1] ? Antoine Brunet, économiste, directeur d'AB Marchés, raconte que, durant les années 2000, nombre d'experts ont cru à l'existence d'un accord « Bretton Woods 2 » par lequel, en échange de la passivité américaine sur le cours du yuan, les Chinois s'engageaient à acheter de la dette américaine[2]. Notons que, durant ces mêmes années 2000, les Européens, de leur côté, ne soutenaient guère les Américains dans leurs efforts, craignant que la sous-évaluation – toute relative – de l'euro par rapport au dollar ne les empêche d'argumenter en faveur d'une réévaluation du yuan[3], la concurrence entre Européens et Américains faisant le reste.

1. Voir chapitre 1, p. 41 et suivantes.
2. Antoine Brunet, « La Chine à l'offensive contre le dollar », 22 mai 2009.
3. Cette explication est avancée par Thomas I. Palley, *« Triangular trouble : euro, dollar and yuan »*, *Asia Times Online,* 15 octobre 2007.

Quoi qu'il en soit, la crise a brusquement changé la donne entre les trois partenaires. Non seulement la Chine n'accepte toujours pas de réévaluer sa monnaie[1], mais elle interdit désormais à ses partenaires d'évoquer le sujet ! C'est ainsi que Pékin a imposé que soit supprimée toute discussion sur les monnaies de l'ordre du jour des réunions du G20 convoqués après la crise financière, de même qu'au sommet de l'APEC (Coopération économique pour l'Asie-Pacifique) de novembre 2009. Quant aux Européens, aujourd'hui durement pénalisés par la faiblesse du yuan, mais aussi du dollar (entre 2000 et 2010, l'euro s'est apprécié contre le yuan pendant que ce dernier s'appréciait contre le dollar), Wen Jiabao les a envoyés aux pelotes en leur demandant de commencer par balayer devant leur porte et de mettre fin au protectionnisme. Venant d'un pays qui impose des actionnaires chinois à toutes les créations de filiales locales, qui refuse toujours de lutter contre la contrefaçon et qui a décidé d'appliquer le principe de la préférence chinoise à tous les appels d'offres lancés grâce au plan de relance de 2008 (400 milliards d'euros), le reproche prête à sourire. Mais, comme les Américains, les Européens se sont contentés de prendre acte de la volonté de la Chine, que l'on désigne déjà comme le nouveau maître du monde[2], ces remarques arrogantes sont restées sans réponse.

---

1. Sauf de façon marginale.
2. C'était d'ailleurs le titre d'un dossier, par ailleurs excellent de l'*Expansion* en décembre 2009.

Américains et Européens ont pris acte de la nouvelle puissance financière chinoise et acceptent en fin de compte le déséquilibre des échanges qu'elle a installé dans le monde. Jean-Luc Gréau en rappelle les chiffres spectaculaires : « Les réserves de change chinoises représentent près de 2 300 milliards de dollars, le Japon reste proche des 1 000 milliards de dollars, la Russie détient 450 milliards de dollars, l'Inde et la Corée, entre 250 et 300 milliards de dollars chacun[1]. »

Cela a été fort peu évoqué, mais alors que la Chine n'avait joué qu'un rôle mineur dans les précédentes crises du système néolibéral, notamment lors de la crise asiatique de 1998 et de la bulle Internet-nouvelles technologies de 2001, elle a lourdement pesé sur la crise de l'automne 2008. Antoine Brunet rapporte ainsi que, dès juillet 2008, « l'organisme qui gère les réserves de change de l'État chinois décidait de sortir des obligations Agencies (Freddie Mac et Fannie Mae) pour se concentrer sur les seules obligations du Trésor américain. [Les dirigeants chinois] accentuent ainsi la crise des Agencies, et contraignent monsieur Paulson à les nationaliser le 7 septembre pour un coût de 200 milliards de dollars. Un stress qui conduira les dirigeants américains à lâcher Lehman Brothers huit jours plus tard. La Chine ne jouant plus le jeu, la panique s'était emparée de l'administration américaine[2] ».

1. Entretien avec l'auteur.

2. Citation extraite de l'article « La Chine à l'offensive contre le dollar », publié le 19 mai 2009 par le site latribune.fr.

La Chine pousse encore l'avantage après l'élection de Barack Obama en interrompant en janvier 2009 ses achats de bons du Trésor dont l'échéance est à plus de deux ans. En mars 2009, la Chine prend position en faveur de la fin du dollar comme monnaie de réserve. Elle propose que le monde adopte une monnaie internationale qui serait constituée par un panier de devises, comme l'avait imaginé Keynes avant les accords de Bretton Woods. En l'occurrence, il s'agirait d'utiliser les DTS, c'est-à-dire les droits de tirage spéciaux du Fonds monétaire international (FMI)[1].

L'idée de faire d'un panier de monnaies nationales une « hyper-monnaie » de réserve mondiale n'est d'ailleurs pas stupide, loin de là, la fin de la suprématie américaine étant inscrite à l'agenda monétaire

1. La proposition de la Banque populaire de Chine rédigée avec une élégance syntaxique et sémantique qui tranche sur les discours habituels, très langue de bois, des dirigeants chinois, au point qu'on se demande si le texte, lequel sert d'argumentaire, n'a pas été rédigé par un économiste occidental : « Les pays qui émettent les monnaies de réserve sont confrontés en permanence au dilemme entre leur politique monétaire nationale et les besoins des autres pays. D'une part, leurs autorités monétaires ne peuvent pas se concentrer sur leurs objectifs nationaux en oubliant leurs responsabilités internationales. D'autre part, elles ne peuvent pas poursuivre en même temps des objectifs nationaux et internationaux contradictoires. Il advient ainsi qu'elles ne répondent pas correctement à la demande de liquidités mondiales parce qu'elles essayent d'enrayer les pressions inflationnistes chez elles. Ou qu'elles donnent trop de liquidités aux marchés mondiaux en voulant stimuler leurs demandes nationales. Le dilemme de Triffin est toujours là... »

international. Mais, au-delà du principe, cette proposition assortie du refus de la Chine d'entamer toute discussion sur la sous-évaluation évidente du yuan montre bien la nouvelle arrogance du pouvoir chinois. Comme l'écrit Valérie Niquet, « la crise financière qui a frappé l'Occident et les discours répétés à l'envi sur le "miracle chinois" et le "siècle de la Chine", pourtant démentis par nombre d'analystes chinois eux-mêmes, ont, semble-t-il, fini par persuader une partie de la direction chinoise au moins qu'elle pouvait tout se permettre. Condamnée à subir un ordre international dans lequel elle n'avait longtemps pas eu sa place, la République populaire de Chine a cru pouvoir désormais imposer son propre agenda et ses propres normes[1] ».

La concurrence libre et non faussée *made in Bruxelles*[2] doit donc s'accommoder de la politique monétaire chinoise qui maintient le yuan à une parité très faible et très favorable de ce fait aux exportations chinoises. Théoriquement, la concurrence libre et non faussée devrait s'appliquer aux États qui font partie de l'Union européenne. Pour le plus grand malheur des Européens, elle régit de fait et de façon non réciproque les relations entre les États européens et la Chine.

1. « La Chine n'a pas les moyens de son arrogance envers Washington », Marianne2, 8 février 2010 (http://www.marianne2.fr/La-Chine-n-a-pas-les-moyens-de-son-arrogance-envers-Washington_a185031.html).

2. Elle est la pierre angulaire du Traité constitutionnel européen et du traité d'Amsterdam.

LE MODÈLE CHINOIS EXPLOSE SUR LE GOOGLE CHINOIS

L'Union exige des pays européens qu'ils respectent des règles dont se contrefichent les dirigeants chinois. Question de rapport de force ? Ce n'est pas si évident puisque, comme l'explique Jean-Luc Gréau, « les critiques sur le taux de change fixe chinois viennent de pays comme le Brésil ou l'Indonésie qui ont, eux, un taux de change flottant. Ils sont de plus en plus critiques sur la politique de taux de change chinoise. Lors de la réunion du G20 à Saint-Andrews, en septembre, le Brésil n'a pas hésité à critiquer la Chine directement sur la question[1]. »

Depuis les années 2000, les déficits commerciaux des États-Unis et de l'Union européenne ont littéralement explosé, passant de 83 milliards en 2001 à 258 millions de dollars en 2007 pour les premiers et de 75 milliards de dollars en 2000 à 252 en 2008 pour la seconde. Or, non seulement l'Amérique et l'Union européenne se plient à la volonté chinoise, mais la Chine compte de plus en plus d'alliés parmi les experts économiques occidentaux. Nous avons déjà observé comment plusieurs de nos économistes les plus réputés – Michel Aglietta, Patrick Artus – sont devenus les avocats pugnaces de la dévaluation chinoise. Nouriel Roubini, lui, annonce tranquillement que le yuan pourrait d'ici à dix ans prendre la place du dollar : « Quelle devise pourrait le remplacer ? La

1. Entretien avec l'auteur.

livre sterling, le yen japonais et le franc suisse restent des monnaies de réserve mineures, ces pays n'étant pas de grandes puissances. L'or est toujours une relique barbare dont la valeur n'augmente que lorsque l'inflation est élevée. L'euro est pénalisé par les préoccupations relatives à la viabilité à long terme de l'Union monétaire européenne. Reste le yuan. Il faudra beaucoup de temps pour que le yuan devienne une monnaie de réserve, mais cela pourrait se produire[1]. »

La puissance nouvelle de la Chine influence une autre catégorie de dirigeants : les élites des autres pays émergents. Là encore, l'efficacité du modèle chinois, la fulgurance avec laquelle la Chine a rejoint puis dépassé la plupart des grands pays développés font d'autant plus mouche qu'elle est plus que respectée par les dirigeants occidentaux. La Chine, qui est pourtant devenue en deux décennies l'un des pays les plus inégalitaires du monde, est censée incarner ainsi la revanche des pays pauvres sur les pays riches, alors qu'une étude citée par l'agence officielle Xinhua vient de révéler que 2 932 milliardaires (plus de 100 millions de yuans) sur 3 220 en Chine sont des « princes rouges », c'est-à-dire des enfants de hauts responsables, dont la fortune a été acquise par des moyens illégaux. Les autorités chinoises se réjouissent que sur Baidu, le Google chinois, les occurrences du terme « modèle

1. Article repris sur le site Contreinfo : http://contreinfo.info/article.php3?id_article=2737%20%20Nouriel%20Roubini,%20New%20York%20Times,%2014%20mai%202009

chinois » ont été multipliées par six[1] entre 2006 et 2009. Les élites africaines sont bluffées par la puissance chinoise. Les chefs d'État du Brésil et de l'Argentine sont contents de sortir du giron américain pour conclure des accords avec la Chine. Le Venezuela, tout heureux d'avoir trouvé un client fidèle et insatiable pour son pétrole, cajole les leaders du PCC. La Russie ou l'Afrique du Sud aimeraient bien copier ce qui, dans le modèle chinois, est applicable sous leurs latitudes.

Le modèle chinois repose sur la taille et la puissance de l'empire. La puissance inspire le compromis. La taille inspire le respect : comment nourrir et enrichir un peuple de 1,3 milliard d'individus ? Qui prétendrait le faire aussi bien et aussi vite que les dirigeants du PCC ? Vu sous cet angle, le régime chinois apparaît de plus en plus comme un « dictateur bienveillant[2] », et le sacrifice des libertés démocratiques en Chine comme un dégât collatéral bien mineur en regard des enjeux…

---

1. Voir l'article de Qian Gang, « How should we read China's "discours of greatness" ? », sur le site China Media Project (http://cmp.hku.hk/2010/02/23/4565/).

2. Ce concept a été créé par Jean-Jacques Laffont, aujourd'hui décédé, ex-patron de l'École d'économie de Toulouse. Il nous a été signalé par Bernard Maris, que nous remercions ici.

Le complexe psycho-économique des Occidentaux

La Chine est autant une construction occidentale que l'œuvre des Chinois eux-mêmes. Comme l'analyse Valérie Niquet, « le monde entier veut intégrer la Chine, et croire à une évolution "pacifique" du système sous l'influence de l'ouverture économique, mais les dirigeants chinois de leur côté craignent par-dessus tout cette évolution qui pourrait mener à la fin de la dictature du Parti communiste ». Mais cette lucidité échappe apparemment à nos dirigeants. Aux États-Unis, la « cause chinoise[1] » unit les présidents, qu'ils soient républicains ou démocrates. Dans son ouvrage très instructif, *The China Fantaisy*[2], le journaliste américain James Mann rapporte et analyse les propos des élites américaines sur la Chine qui peuvent être synthétisés en un « *soothing scenario* », un scénario lénifiant en quelque sorte inverse du *China bashing*. Son essai débute par deux citations des présidents américains qui ont précédé Obama à la Maison-Blanche. George W. Bush a déclaré durant sa campagne présidentielle en 1999[3] : « La liberté économique crée l'habitude de la liberté tout court. Et l'habitude de la liberté crée l'espoir de la démocratie… Commerçons librement

1. Il s'agit évidemment de la cause du PCC et non de celle du peuple chinois.

2. Penguin Books, New York, 2007.

3. Traduction par l'auteur. L'extrait est tiré de son premier discours de politique étrangère.

avec la Chine, et le temps jouera pour nous... » Avant lui, Bill Clinton avait été dans le même sens, assurant que « l'avènement de la démocratie en Chine [était] inévitable, comme l'a été la chute du Mur de Berlin[1] ». En visite à Pékin en 2005, Tony Blair, alors Premier ministre de Sa Majesté, proclamait qu'il y avait « un mouvement irrésistible vers la démocratie en Chine[2] ». Plus récemment encore, en janvier 2009, le fameux stratège américain Zbigniew Brzezinski, invité à Pékin, a proposé à Barack Obama et à Hu Jintao de mettre en place un G2 informel par lequel les États-Unis et la Chine discuteraient ensemble des problèmes du monde[3]. Brzezinski juge ce partenariat essentiel pour éviter le « choc des civilisations » et résoudre les questions afghane et pakistanaise. Voici quelques années, le même Brzezinski proposait un autre G2, avec l'Union européenne cette fois.

En réalité, l'État fédéral américain comme l'Union européenne sont, on l'a vu, davantage sensibles aux intérêts de leurs champions industriels et bancaires qui profitent depuis des années du dumping social et monétaire chinois, que du bien-être et du pouvoir d'achat de leurs salariés et de leurs classes moyennes. D'où une redoutable dialectique qui s'est mise en marche : plus les gouvernements américain et européens plient devant la

1. Traduction par l'auteur.

2. *Ibid.*

3. Son discours a été repris dans le *Financial Times* du 13 janvier : « The group of Two can change the world » (Le G2 peut changer le monde).

Chine, plus les grandes entreprises s'adaptent à cette situation en délocalisant en Chine leurs activités, et notamment, de plus en plus, leurs centres de recherche, et plus leurs dirigeants accentuent en retour leurs pressions en faveur d'un statu quo monétaire. Bref, la Chine dispose d'alliés puissants au cœur même des États développés, tout à fait disposés à accepter sa croissance et ses exportations à condition que cela profite à leurs managers et à leurs actionnaires. Ces alliés pensent que la Chine est devenue la principale source de croissance du monde, à laquelle tout ou presque doit être sacrifié : non seulement les droits de l'homme, la défense des minorités, mais aussi le pouvoir d'achat et la dignité des salariés des pays développés.

Voilà trente ans, la Chine était totalement dépendante du monde capitaliste, de ses produits, de ses méthodes et, surtout, de ses investissements. Les Chinois avaient besoin de sortir de cette dépendance et il est appréciable qu'ils y aient réussi. Mais était-il indispensable de renverser la situation ? Même si les dirigeants chinois n'y sont sans doute pas pour rien, nous sommes entrés dans un régime de dépendance inversée, « psycho-économique ». Nos élites mondialisées sont, de fait, déclinistes. Au mieux, nous disent-elles de façon subliminale, nous pouvons espérer quelques miettes de la croissance chinoise : les dividendes des multinationales installées en Chine, les achats par les Chinois de services à haute valeur ajoutée, le tourisme chinois en Europe et aux États-Unis, etc.

À ce titre, les réactions des dirigeants américains et européens à la crise économique mondiale sont très inquiétantes. Un diagnostic réel de la situation des économies des pays développés leur montrerait que cette crise n'a pas été le fruit des excès des banquiers, mais le résultat d'un long processus dans lequel l'aspiration du travail industriel par la Chine et les autres pays émergents a fini par provoquer une baisse de la demande et un appauvrissement des classes moyennes. Les *subprimes* sont moins la cause que la conséquence de cette baisse de la demande. Un rebond de l'économie ne pouvait donc se concevoir qu'en renforçant la demande par une réindustrialisation et des plans d'investissements publics. Le deuxième volet de ce plan de sortie de crise a été à peu près retenu – encore que de façon très modérée, alors que le premier reste totalement ignoré pour des raisons strictement idéologiques, le libre-échange étant devenu le totem des sociétés développées. Au lieu d'accélérer la relocalisation des activités industrielles, la plupart des dirigeants occidentaux semblent miser avant tout sur la force d'entraînement de la croissance chinoise. Fidèles à leur conception des économies nationales fondées sur l'exportation, nos dirigeants prétendent qu'en vendant leurs produits ou leurs services en Chine Veolia, Schneider, LVMH et Air Liquide créent des emplois en France. Ce n'est pas faux évidemment, mais ces retombées sont loin d'être à la hauteur du chômage de masse provoqué par la désindustrialisation européenne.

La crise a marqué un basculement dans la perception des rapports de force. Les représentants de la Chine ont considéré que la récession était une crise occidentale, refusant d'envisager toute contribution internationale :

si Hu Jintao occupait le centre de la photo du G20 de Londres, le 2 avril 2009, comme l'a noté l'économiste Jacques Mistral[1], il a refusé la discussion sur le taux de change du yuan, de même que la Chine a évité toute discussion sur son engagement écologique à Copenhague[2]. Pire, lors du sommet sino-américain de juin 2009, les autorités chinoises se sont permis de jauger la politique économique et sociale des États-Unis ! Cité par Jacques Mistral, un journaliste avait souligné une phrase incroyable du communiqué commun : « Les deux parties ont analysé et commenté la préparation du plan de santé américain et convenu qu'il était important que la préparation de ce plan se situe dans un cadre budgétaire mieux maîtrisé à un horizon d'une dizaine d'années[3]. » En 2009, la Chine, deuxième client du dollar derrière le Japon, dispose ainsi d'un droit de regard sur la politique

1. Voir la note de la Fondation Res Publica : « La France et l'Europe dans les tenailles du G2 », colloque du 18 janvier 2010.

2. Lors du sommet de Copenhague, la Chine n'a pas hésité à donner une leçon d'histoire très sino-centrée aux autres participants. Selon Xie Zhenghui, de l'Académie des Sciences chinoise, sur 3 600 ans d'histoire, la civilisation chinoise a connu ses heures les plus florissantes lorsque les températures étaient les plus élevées. Inversement, l'Empire chinois a décliné durant les périodes de refroidissement. « C'est une leçon à retenir pour notre époque », a souligné Xie Zhenghui. Pour la Chine, « le plus vite la température augmentera, le mieux ce sera »… Un autre expert ajoute : « À long terme, le réchauffement ne sera pas une catastrophe mais une bénédiction pour la Chine. » (« China gives history lesson on warming », *South China Morning Post*, 8 décembre 2009.)

3. « La France et l'Europe dans les tenailles du G2 », Res Publica, *op. cit.*

sociale américaine ! Cette ingérence que la Chine refuse pour la question tibétaine ou ouïghoure, lui paraît tout à fait naturelle lorsqu'il s'agit de préserver les intérêts des épargnants chinois !

Mais l'Amérique n'est pas le seul pays qui voit sa souveraineté grignotée par l'Empire du Milieu. Guoguang Wu a recensé, dans un article récent[1], de nombreux cas dans lesquels la Chine parvient à imposer ses conceptions politiques à des entreprises ou à des États. L'auteur cite pêle-mêle le Canada, la France (punie commercialement pour avoir manifesté quelque empathie envers le dalaï lama), l'Australie. Agacée par la visite du dalaï lama, l'ambassade de Chine à Ottawa s'est autorisée à publier un communiqué menaçant : « Ne jouez pas avec les relations sino-canadiennes dont la valeur s'élève à 20 milliards de dollars par an ! » On ne saurait être plus clair… En Australie, le gouvernement a dû faire taire l'opposition lors d'une visite de Hu Jintao au Parlement australien devant ses menaces de ne pas donner suite à des accords de coopération économique. L'auteur cite aussi les concessions, parfois gravissimes comme dans le cas de Yahoo !, que sont amenés à faire les patrons des grandes entreprises désireux de faire du *business* avec la Chine. Conclusion de Guoguang Wu : dans le fonctionnement actuel de l'économie de marché, un régime autoritaire comme celui de la Chine a plus d'efficacité puisqu'il est en mesure de « bloquer l'accès des capitaux internatio-

1. « Une ombre planant sur les démocraties étrangères », *Perspectives chinoises*, février 2009.

naux à son marché intérieur » et qu'il peut « filtrer certaines activités économiques selon des objectifs politiques ». Voilà pourquoi, selon Guoguang Wu, le monde occidental est sans doute en train de basculer dans une « dépendance inversée » vis-à-vis de ce tiers-monde qui fut si dépendant de lui.

Les démocraties dévalent ainsi une pente périlleuse. Le système néolibéral est peut-être en train de dévoiler sa vraie nature : officiellement, le marché est comme un poisson dans l'eau de la démocratie ; mais dans les faits, l'infinie patience du monde des affaires et des politiciens envers la Chine confirment au contraire que le marché n'a nul besoin de la démocratie pour prospérer. C'est exactement la démonstration au monde que veulent réussir les dirigeants chinois. Ils sont bien partis pour y parvenir.

Les quatre handicaps de la Chine

Cette vision désastreuse et mercantile si répandue dans le monde des affaires et du pouvoir politique occidental, est ignorante des nombreux obstacles placés sur la route du développement de la Chine. Le premier, souvent évoqué dans la presse économique, est la bulle immobilière chinoise. Alors que l'inflation immobilière était déjà forte avant 2008, l'essentiel du plan de relance chinois a été siphonné par les entreprises d'État agissant dans le domaine du BTP et de l'immobilier. À Shanghai, Pékin ou Nankin, les enchères pour les achats de terres atteignent des sommets alors qu'il faut déjà quatre-vingts ans de salaire (2 400 euros par an en moyenne) à un jeune diplômé chinois pour acquérir son logement[1].

Le second obstacle sur la route de la Chine est démographique. L'un des ressorts cachés de la croissance chinoise, qui n'est jamais mesuré par les économistes, est le « bonus démographique », selon l'expression des spécialistes[2]. Que veulent-ils dire par là ? En optant pour l'enfant unique en 1979, les dirigeants chinois se sont aménagé une trentaine d'années de bonus de croissance. La diminution drastique et brutale du nombre des enfants commence par améliorer le ratio entre actifs et inactifs, décisif pour l'accroissement des richesses : il y a actuellement 70 % d'actifs âgés de quinze à soixante ans, un taux meilleur que celui de l'Inde où les familles ont en moyenne 2,5 à 3 enfants. Mais, à long terme, la diminution du nombre d'enfants, combinée avec l'allongement de la durée de vie, risque d'avoir un impact désastreux lorsque les enfants uniques, devenus adultes, devront supporter une génération antérieure plus nombreuse : le ratio entre actifs et inactifs, actuellement de 2,3 actifs pour un inactif, va passer à 1,5 actif pour un inactif. « Les générations de l'enfant unique, analyse Isabelle Atané de l'INED, vont devoir loger, nourrir et soigner leurs

1. Voir l'article publié sur le site Contreinfo : « Il faut "Faire exploser la bulle immobilière chinoise", suggère *Le Quotidien du Peuple* » (http://contreinfo.info/article.php3?id_article=2875).

2. Elle nous a été signalée par Emmanuel Todd, que nous remercions ici.

parents, grands-parents et beaux-parents. Dans les villes, à Pékin par exemple, on fait quelque chose pour éviter la catastrophe. Mais rien ne peut être fait dans les campagnes[1]. » La Chine est devenue vieille avant de devenir riche.

Le troisième obstacle de la Chine est économique : le pays est devenu très dépendant à la fois du dollar et de son commerce extérieur. Le chantage des Chinois sur le dollar est de portée limitée car la Chine, détentrice de 750 milliards de bons du Trésor, serait très appauvrie par un effondrement de la monnaie américaine. Pour le moment, le gouvernement compense le recul du commerce extérieur (25 % en 2009) par de l'investissement public. Mais cette situation, si elle perdurait, provoquerait fermetures d'usines et chômage de masse en Chine[2].

La pollution de l'air et surtout des eaux est la quatrième faiblesse chinoise. La dégradation de l'environnement atteint des dimensions inimaginables. Après la courte parenthèse des JO où le Bureau des manipulations climatiques a montré son efficacité[3], Pékin a retrouvé son smog déprimant. L'urbanisation délirante s'effectue au détriment des terres arables tandis que la désertification progresse dans tout le pays. Pékin man-

1. Entretien avec l'auteur.

2. Alors que le taux de chômage atteindrait aujourd'hui déjà 12 % selon les analystes.

3. À coups, on s'en souvient, de canonnades en direction du ciel, où l'ordre doit régner comme sur la terre chinoise… Voir Luc Richard, *Pékin 2008. Pourquoi la Chine a déjà gagné*, *op. cit.*

que d'eau pour ses 20 millions d'habitants et le recours au fleuve Bleu pour approvisionner la ville aura des effets catastrophiques. Les autorités n'ont pas réussi pour le moment à créer des mesures incitatives efficaces pour le maintien des activités agricoles et du patrimoine écologique du pays.

L'arrogance et le triomphalisme de Pékin sont en fait très déconnectés de la réalité chinoise, mais ils s'appuient sur l'immense admiration que suscite la croissance de l'Empire du Milieu. Un peu partout dans le monde en effet, la Chine est enviée pour son efficacité. Personne n'ose encore faire le lien entre cette efficacité et le régime chinois, mais il ne tardera pas à s'imposer.

Libéraux et conservateurs, comme aux États-Unis ?

Prenons les commentaires provoqués par la crise économique mondiale de 2008-2009. La Chine a été le premier pays à réagir par un plan de relance vigoureux, dès novembre 2008. En mars 2009, 60 % des crédits octroyés par la direction du PCC étaient déjà utilisés. Qui peut se targuer d'une aussi grande réactivité ? Dès l'automne 2009, il apparaissait que la Chine était en train de retrouver son taux de croissance d'avant la crise. Les journalistes économiques et les experts ont tous salué la performance, souvent sans expliquer ce que cette sortie de crise avait d'artificiel, provoquée exclusivement par les investissements dus à des injections massives de capitaux publics.

Allons plus loin. En encourageant la Chine à s'ouvrir à la mondialisation, les Occidentaux étaient persuadés que la démocratie et le suffrage universel seraient forcément l'étape qui suivrait le retour au marché. Double erreur. D'abord, le marché est plus qu'entravé en Chine. Il existe peut-être pour le coiffeur du coin de la rue ou le vendeur de beignets, mais vraisemblablement pas pour toutes les entreprises qui dépassent la cinquantaine de salariés. (Voilà un vrai sujet de thèse d'économie : peut-on ouvrir un salon de coiffure en Chine sans l'aval du PCC ?) Après bien d'autres, les dirigeants de Danone viennent d'en faire la cruelle expérience[1]. Il y a désormais 150 000 avocats en Chine, dont un bon tiers sont des adhérents du PCC[2]. Cependant, nous a confié un membre de l'ambassade de France en Chine, il est impératif d'éviter tout contact avec la « justice » chinoise. Or, sans droit, pas de marché. Même Adam Smith ou Friedrich Hayek l'ont écrit avant nous.

Ensuite, quand bien même une forme de marché libre finirait par émerger dans la société chinoise, rien n'indique qu'il aboutirait à l'instauration de la démo-

1. La « justice » chinoise a donné raison à son partenaire chinois Wahaha, qui a racheté la société de *joint-venture* pour une somme non communiquée mais estimée très inférieure à la valeur des parts et aux investissements du groupe français. Les Chinois considèrent de leur côté la joint-venture a longtemps été une « machine à cash » pour Danone.

2. Selon le témoignage de Jean-Paul Tchang.

cratie, car les relations entre marché et démocratie n'ont rien d'automatique, comme l'ont montré de nombreux exemples historiques[1].

Certes, les amis de la Chine mentionnent le fait que le PCC montrerait des signes d'évolution démocratique. La mise en place d'élections dans les villages donne quelques espoirs de démocratisation. Le début de vie intellectuelle qui émerge autour des think tanks chinois, dont nous avons cité quelques exemples, est un autre signe. Enfin, la mise en scène de deux tendances au sein de la direction du PCC – libéraux et conservateurs – pouvant représenter l'équivalent du paysage politique américain, suscite l'espoir d'un début de débat démocratique. Ils préfigurent bien le contre-argumentaire du PCC face aux droits de l'homme : il y aurait, d'un côté, « la démocratie et les droits de l'homme à l'occidentale » et, de l'autre, la « démocratie à la chinoise » qui se concentrerait dans le Parti, ou les « droits de l'homme à la chinoise » pour lesquels le droit de manger à sa faim puis de s'enrichir serait plus important que le droit d'expression ou de vote.

L'histoire nous dira bientôt si ces indices supposés de libéralisation relèvent d'un simulacre organisé par un « Parti communiste darwinien », selon l'expression de Nicholas Bequelin, un chercheur de l'association Human Rights Watch basé à Hong-

1. Citons l'Espagne de Franco, le Portugal de Salazar, le Chili de Pinochet, laboratoire du néolibéralisme, la Corée du Sud, Taïwan entre 1949 et le milieu des années 1990, la Tunisie, l'Arabie saoudite, la Libye, etc.

kong[1], ou s'ils anticipent l'avènement d'une démocratie pluraliste.

Mais on ne peut éviter, à cette étape, de formuler l'hypothèse inverse[2] : et si, au lieu que ce soit le marché qui diffusait la démocratie en Chine, c'était au contraire l'Empire du Milieu qui poussait l'Occident à s'en débarrasser ? Nos vieilles démocraties sont, il faut le dire, très bien préparées au dépérissement démocratique. La professionnalisation a remplacé le militantisme dans les partis politiques. Les lobbies leur succèdent peu à peu comme acteurs d'un jeu que l'on pourrait qualifier de postdémocratique. Ainsi les 5 000 bureaux pékinois des provinces chinoises font-ils songer aux 15 000 lobbyistes installés à Bruxelles. Les programmes politiques de la droite et de la gauche se sont rapprochés un peu partout dans le monde[3].

1. Entretien avec l'auteur.

2. Emmanuel Todd a formulé cette hypothèse dans son dernier ouvrage *Après la démocratie* (*op. cit.* p. 242) : « Nous attendons avec impatience que la Chine modernisée combine dans sa pratique politique suffrage universel et pluralisme des partis. Mais [...] nous devons faire preuve d'audace et renverser la problématique routinière des droits de l'homme. Nous devons, à l'inverse, nous demander – compte tenu de la taille de la Chine, du rôle de plus en plus central qu'elle joue dans la détermination des niveaux de revenus américains et européens – si le Parti communiste chinois ne nous indique pas aussi l'objectif politique à atteindre : la dictature, appelée chez nous gouvernance. »

3. Selon un sondage IFOP-Dimanche Ouest du 21 mai 2006, 61 % des Français affirment ne pas voir de différence entre la gauche et la droite en ce qui concerne « les grands problèmes et enjeux nationaux ».

Cette convergence stimule une montée sans précédent de l'abstention populaire. Si bien que la démocratie apparaît de plus en plus aux élites des pays développés comme une relique dépassée et nuisible à l'efficacité économique. Les électeurs et les citoyens se révèlent gênants pour tous les grands projets qui mobilisent l'intelligence des dirigeants : l'affaiblissement des services publics, la privatisation de la protection sociale et de la sécurité, la constitution de l'Union européenne, les accords mondiaux de libre-échange, le droit à polluer, la libre circulation des travailleurs sans respect des législations sociales[1], etc.

Autre ressemblance entre les deux mondes, la fin de la promotion sociale et l'endogamie sociale et familiale qui s'annonce dans tous les pays développés, où de véritables dynasties patronales se sont constituées, nous rapprochent aussi de la Chine, où la noblesse de parti transmet le pouvoir aux princes rouges.

Toutes ces évolutions sont autant de cailloux sur le chemin d'une convergence postdémocratique avec la Chine. Ce serait, en quelque sorte, le baiser du Vampire du Milieu aux démocraties occidentales.

À nous d'inventer un autre genre de convergence avec le peuple chinois. Nous n'avons évidemment pas de solutions clés en main à suggérer. Mais il nous semble que ce rapprochement ne pourra s'effectuer sans un affrontement – non militaire bien sûr – avec les dirigeants du PCC. Une hypothèse à laquelle, hélas, nos dirigeants ne paraissent guère préparés.

1. Il s'agit de la circulaire Bolkenstein.

Table des matières

Photocomposition Nord Compo
Villeneuve-d'Ascq

Impression réalisée par
CPI BRODARD ET TAUPIN
La Flèche
en avril 2010

Dépôt légal : avril 2010
N° d'impression : 57757
49-42-2725-7/01

Imprimé en France